अस्मिता
और
अन्यता

अस्मिता और अन्यता

आलोक टंडन

वाणी प्रकाशन

वाणी प्रकाशन
4695, 21-ए, दरियागंज, नयी दिल्ली 110 002
शाखा
अशोक राजपथ, पटना 800 004
फ़ोन : +91 11 23273167 फ़ैक्स : +91 11 23275710
www.vaniprakashan.in
vaniprakashan@gmail.com
sales@vaniprakashan.in

ASMITA AUR ANYATA
by Alok Tandon

ISBN : 978-93-87889-21-7
Criticism

प्रथम संस्करण

मूल्य : ₹ 395

सिटी प्रेस, दिल्ली-110 095 में मुद्रित

वाणी प्रकाशन का लोगो मक़बूल फ़िदा हुसेन की कूची से

स्मृतिशेष गुरुवर प्रो. हृदय नरायन मिश्र को
जिन्होंने मेरी वैचारिक ऊर्जा
को ठोस ज़मीन और सही दिशा प्रदान की

भूमिका

अकसर यह सवाल हम सभी को सोचने पर विवश करता है कि विज्ञान और प्रौद्योगिकी के चारों ओर घूमती इस दुनिया में सांस्कृतिक अस्मिता की रक्षा के नाम पर इतनी धर्मान्धता, कट्टरता और अलगाववाद क्यों? क्या यह विभिन्न धार्मिक-सांस्कृतिक समूहों द्वारा आधुनिकता के साथ तालमेल न बैठा पाने का अवांछित परिणाम है? इस प्रश्न का उत्तर पाने के लिए आधुनिकता और संस्कृति के अन्तःसम्बन्धों को समझना अनिवार्य है। जब से हमने एक 'सार्वभौम आधुनिकता' के स्थान पर अलग-अलग ढंग की 'आधुनिकताओं' के प्रत्यय को अपनाया है, यह जटिलता और बढ़ गयी है। फिर पश्चिम में विकसित हुई आधुनिकता का अपना अँधेरा पक्ष भी है और परम्परागत संस्कृतियों में भी सब कुछ अपनाये रखने योग्य भी नहीं है। हमारे सामने एक ऐसी मूल्य-दृष्टि विकसित करने की चुनौती है जो पश्चिमी आधुनिकता और भारतीय परम्परा, दोनों के उज्ज्वल और काले पक्षों के साथ न्याय कर सके। भारतीय आधुनिकता के प्रारूप को गढ़ने के लिए इस चुनौती को स्वीकार करना अनिवार्य है।

औपनिवेशिक दासता की पीठ पर चढ़कर आयी आधुनिकता का हमारा अनुभव और रिश्ता उभयधर्मी (स्वीकार/अस्वीकार/टकराव) रहा है। यूरोप की तरह परम्परा से पूर्ण विच्छेद का रास्ता हमने अख़्तियार नहीं किया। हमने कई रास्ते अपनाये जिनमें पहला था, परम्परा के पुनरुत्थान (दयानन्द) दूसरा था, परम्परा और आधुनिकता का समन्वय (राममोहन राय); तीसरा था, पश्चिमी आधुनिकता का (शत-प्रतिशत तो नहीं) स्वीकार और चौथा था परम्परा और आधुनिकता दोनों की आलोचना के द्वारा एक नये मार्ग का सृजन। इसके परिणामस्वरूप, स्वतन्त्रता आन्दोलन के समय में ही भारतीय आधुनिकता के कई मॉडल सामने आये। इनमें गाँधी, नेहरू, अम्बेडकर और धार्मिक राष्ट्रवाद के समर्थकों को गिनाया जा सकता है। आज स्वतन्त्रता के सत्तर वर्षों के बाद भी यह प्रश्न प्रासंगिक बना हुआ है कि भारतीय आधुनिकता का स्वरूप कैसा हो? उसमें परम्परा का कितना

अंश स्वीकार्य या अस्वीकार्य होगा? भविष्य का कौन-सा स्वप्न उसे दिशा-निर्देश देगा? यह सांस्कृतिक बहुलता पर टिकी होगी या फिर अतीत के किसी स्वर्णिम युग की काल्पनिक संस्कृति पर? हमारे सांस्कृतिक संकट और तज्जन्य विभ्रम की पहचान, पिछले दिनों राष्ट्रवाद को लेकर छिड़ी बहस से, आसानी से की जा सकती है। दरअसल, हमें उस विवेक मन्त्र की तलाश है जो चप्पू की तरह हमारी विचार-नौका को खेकर परम्परा और आधुनिकता के भँवर से निकालकर किनारे ला सके।

भूमण्डलीकरण, जो आधुनिकता की ही तार्किक परिणति है, ने संस्कृति और आधुनिकता के बीच सम्बन्धों में नया आयाम उद्‌घाटित किया है। समय और स्थान की दूरियाँ कम हो जाने से इस दौर में विभिन्न सांस्कृतिक समूह एक-दूसरे से क्रिया-प्रतिक्रिया करने को बाध्य हैं। इसने एक ओर अन्तर्सभ्यतिक संघर्ष को जन्म दिया है तो दूसरी ओर अन्तर्सभ्यतिक संवाद की सम्भावनाओं को भी उजागर किया है। इसमें विभिन्न सांस्कृतिक समूहों के बीच आपसी सम्बन्धों का प्रश्न-विमर्श केन्द्र में आ गया है। बहुसंस्कृतिवाद, अन्तःसंस्कृतिवाद और परासंस्कृतिवाद के मॉडल चर्चा में हैं। इनके बीच विवेकपूर्ण चयन के लिए इसकी समीक्षा अनिवार्य है। पुस्तक का प्रथम लेख इसी प्रयास का नतीजा है।

आधुनिकता के केन्द्रीय मूल्य वैज्ञानिक तर्क और व्यक्ति की स्वतन्त्रता हैं। किन्तु हमारे चारों ओर तेजी से फैलता-फूलता धर्मान्धता का व्यवसाय इस बात का गवाह है कि हम टेक्नोलॉजी से प्राप्त सुविधाएँ पाने की होहड़ में किसी से भी पीछे नहीं हैं किन्तु टेक्नोलॉजी को जन्म देने वाली वैज्ञानिक चिन्तन पद्धति अपनाने से हमें परहेज़ है। हमारा यह अन्तर्विरोध विज्ञान और धर्म के स्वरूप और उनके अन्तःसम्बन्धों की सही समझ न होने का परिणाम भी है। उपभोक्तावादी संस्कृति से लैस आधुनिक जीवन-शैली को ही हम आधुनिकता का पर्याय मानकर उसके साथ अनेक अवैज्ञानिक अन्धविश्वासों को भी संस्कृति की रक्षा के नाम पर अपनाये हुए हैं। छद्‌म आधुनिकता और छद्‌म धार्मिकता की इस साँठ-गाँठ से निजात पाने के लिए हमें एक ऐसी जीवन-दृष्टि की आवश्यकता है जो अतिशय वैराग्य और अमर्यादित उपभोग के बीच मध्य मार्ग का निर्देश करे, उन मूल्यों को भी प्रश्रय दे जो अर्थ-साध्य नहीं है। ऐसी ही जीवन-दृष्टि की तलाश में जो अर्जित हुआ है, उसे इन लेखों के माध्यम से पाठकों के साथ साझा करने का साहस कर रहा हूँ। किसी अन्तिम हल का दावा मेरा नहीं है। समस्या के विविध पहलुओं पर संवाद को जन्म दे सकूँ, ऐसी प्रत्याशा ज़रूर है और इसी में मेरे प्रयत्न की सार्थकता भी होगी।

उन सभी मित्रों, साथी-सहयोगियों के प्रति मैं कृतज्ञ हूँ जो इस वैचारिक योजना में मेरे साथ प्रकट-अप्रकट रूप में रहे हैं, तरह-तरह से सहयोग दिया है। सबसे ज़्यादा मैं श्री अभय कुमार दुबे का कृतज्ञ हूँ जिनकी प्रेरणा के बग़ैर यह पुस्तक प्रकाशन तक पहुँच ही न पाती। वाणी प्रकाशन के स्वत्वाधिकारी श्री अरुण माहेश्वरी जी के प्रति मैं विशेष आभारी हूँ जो उन्होंने इस पुस्तक को अपने नामी प्रकाशन संस्थान के योग्य समझा। और अन्त में, उन सभी पाठकों के प्रति भी मैं आभार व्यक्त करता हूँ जो इसे पढ़ने और मुझसे संवाद करने की कृपा करेंगे।

–आलोक टंडन

अनुक्रम

अस्मिता और अन्यता : सम्बन्ध, समस्या और समाधान

यह सच है कि अस्मिता और अन्यता की समस्या दर्शन की चिरन्तन समस्या है किन्तु समय-परिवर्तन के साथ-साथ उसके स्वरूप, व्याख्या और निदान में भी अन्तर परिलक्षित होता है। पहले जहाँ यह दार्शनिकों के बीच 'दूसरे मनस् की समस्या' (Problem of other mind) के रूप में चर्चा का विषय थी, वहीं आज यह विभिन्न मानव-समूहों ('हम और वे'), ऐतिहासिक संस्कृतियों के बीच शान्तिपूर्ण सह-अस्तित्व की समस्या के विश्लेषण और निदान तक आ पहुँची है। निश्चय ही इसके पीछे, मुख्य कारक के रूप में, सूचना और सम्प्रेषण तकनीक से लैस भूमण्डलीकरण है जिसने विभिन्न सांस्कृतिक समुदायों को आमने-सामने इस तरह ला खड़ा किया है कि पहले की तरह भिन्नता, अन्यता की अवहेलना करना सम्भव ही नहीं है। इसलिए ज़रूरी है कि हम विभिन्न सांस्कृतिक अस्मिताओं के टकराव के परे, भिन्नताओं के साथ रहने की, अस्मिता और अन्यता की समस्या के निदान के लिए सुझाये गये प्रारूपों (मॉडलों) का मूल्यांकन करें। यही इस लेख का विषय है। लेकिन इससे पहले यह जानना भी ज़रूरी है कि आख़िर अस्मिता से हमारा तात्पर्य क्या है? अस्मिता प्रदत्त होती है या इसमें चयन की भी कोई भूमिका है? अस्मिता-निर्माण में अन्य की क्या भूमिका है? स्व-अस्मिता और जातीय अस्मिता में क्या सम्बन्ध है? अस्मिता का संकट क्या है? इसका पुनरुउत्थानवाद और आतंकवाद से क्या सम्बन्ध है? अस्मिताओं में टकराव क्यों होता है? अस्मिता-केन्द्रित राजनीति की उपलब्धि और सीमायें क्या हैं? क्या अस्मिताओं का शान्तिपूर्ण सह-अस्तित्व सम्भव है? यदि हाँ तो उनका उपाय क्या है? क्या सर्वसमावेशीवाद, बहु-संस्कृतिवाद, अन्तःसंस्कृतिवाद या परा-संस्कृतिवाद द्वारा इसका हल सम्भव है? या फिर हमें इसका हल संकीर्ण अस्मिताओं से परे, सार्वभौमिकता के किसी संस्करण में खोजना होगा।

(1)

अस्मिता के प्रश्न का आज सही उत्तर पाना जितना मुश्किल जान पड़ता है उतना ही कठिन है इस प्रश्न से बच पाना। ऐसा इसलिए है क्योंकि अपने आपमें ही यह प्रत्यय, समस्यात्मक (Problematic) है। यह किसी सवाल का जवाब न होकर स्वयं एक सवाल है—मैं कौन हूँ? चूँकि इस सनातन प्रश्न का कोई सार्वभौमिक उत्तर आज तक नहीं दिया जा सका है, इसलिए अस्मिता के सवाल को समझने के लिए उन परिस्थितियों को भी समझना आवश्यक जान पड़ता है जिसमें यह प्रश्न पूछना आज महत्त्वपूर्ण हो गया है।

दरअसल-व्यक्तिगत अस्मिता का प्रश्न आधुनिक युग की देन है। पूर्व-आधुनिक समाजों में व्यक्ति की अस्मिता उस समूह की अस्मिता थी जिसका कि वह वंशानुगत सदस्य था। वैयक्तिकता से पूरी तरह इनकार तो नहीं था तो भी यह सामूहिकता पर ही टिकी हुई थी। व्यक्ति अपने को समूह के सदस्य के रूप में देखता था जिसमें व्यक्तिगत निर्णय की सम्भावनाएँ न के बराबर थीं। इसलिए अस्मिता का सवाल व्यक्ति से ऐसे जुड़ा हुआ नहीं था, जैसा कि आज है। मध्ययुगीन समाजों में 'वफ़ादारी' के गुण को सर्वोच्च स्थान प्राप्त था। इसलिए 'मैं कौन हूँ?' प्रश्न का उत्तर यह था कि 'मैं' किसके प्रति वफ़ादार हूँ। व्यक्ति जिस समूह के प्रति वचनबद्ध होता था, उसी से उसकी अस्मिता निर्धारित होती थी।

उपरोक्त से यह समझना आसान हो जाता है कि किस तरह अस्मिता का सवाल एक ओर सामाजिक सम्बन्धों के पुराने ताने-बाने के बिखर जाने और परम्परागत विचार का सन्दर्भों का खो जाने के परिणाम है, वहीं दूसरी ओर यह पश्चिमी दुनिया में, विशेषकर 18वीं शताब्दी के बाद से, व्यक्ति की अवधारणा के विकास के साथ जुड़ा हुआ है। व्यक्तिगत अनन्यता की अवधारणा व्यक्तिवाद के विकास के साथ ही विकसित हुई। व्यक्तिवाद ने व्यक्ति को उस समूह से स्वतन्त्रता की मान्यता दी जिसका वह सदस्य था और साथ-ही-साथ व्यक्ति के स्वयं के साथ सम्बन्ध को एक गहनता प्रदान की। जैसा कि चार्ल्स टेलर ने दर्शाया है, 'आन्तरिकता' (interiority) के प्रत्यय का विकास आधुनिक युग का पहला नैतिक उद्‌गम था जो मुख्य रूप से ईसाइयत की देन थी। जब अन्तरात्मा ईश्वर की प्राप्ति में आत्मनिर्भर मान ली गयी तो सामाजिक सम्बन्धों की महत्ता घट गयी और वैयक्तिकता एक निजी मसला बनकर रह गया। व्यक्तिवाद के विकास में जहाँ एक ओर डेकार्ट के तर्कवाद ने सामान्य जीवन और निजी क्षेत्र को महत्त्व प्रदान कर योगदान दिया, वहीं जॉन लाक के सामाजिक बाध्यता पर इच्छा-स्वतन्त्र को वरीयता के सिद्धान्त ने उसे मज़बूती प्रदान की। किन्तु

आत्मपरकता के इसी तत्त्वशास्त्र में प्रारम्भ से ही एक द्वन्द्व विद्यमान था। प्रामाणिकता के आदर्श के साथ एक बिखरे हुए व्यक्ति को एकरूपता देने के प्रयास में टकराव था। टेलर ने इस बात को सफलतापूर्वक दर्शाया है कि किस प्रकार आधुनिकता ने समतावादी व्यक्तिवाद और स्व-अभिव्यक्ति में क्रान्ति, दोनों को एक साथ प्रश्रय दिया। आत्म-अभिव्यक्तिवाद ने व्यक्ति को अपने प्रामाणिक आत्मा की खोज के लिए प्रेरित किया जो किसी बँधे-बँधाये ढाँचे पर निर्भर नहीं थी। इस तरह अस्मिता खोज का विषय बन गयी। लेकिन यह खोज इतिहास में नहीं, भविष्य में की जानी थी। आधुनिकता ने जहाँ एक ओर परम्परागत विश्वासों को सन्दिग्ध बना दिया तो दूसरी ओर अस्मिता के सवाल को प्रकृति के क्षेत्र से निकालकर सामाजिक-संस्थागत क्षेत्र में स्थापित कर दिया। उदारवादी आधुनिकता की दृष्टि में मनुष्य की अस्मिता उसकी चयन की शक्ति में निहित है। इसलिए अस्मिता अब अतीत में खोज का विषय नहीं वरन् भविष्य में चयन का विषय बन गयी।

अस्मिता को लेकर आधुनिकता में दो विचार-दृष्टियाँ सामने आयीं। उदार परमाणुवादी दृष्टि से अलग-अलग व्यक्ति ही मिलकर समाज का निर्माण करते हैं और यान्त्रिक तर्क ही उसकी स्वतन्त्रता को आधार प्रदान करता है। मनुष्य की गरिमा उसके आत्यन्तिक स्वभाव में न होकर उन अधिकारों में समाहित होती है जो सभी को समान रूप से प्राप्त होते हैं। समुदायवादियों ने समाज से कटे 'स्व' की उक्त उदारवादी धारणा की जमकर आलोचना की और कहा कि व्यक्ति समाज के बिना जीवित नहीं रह सकता। अकेले व्यक्ति की अवधारणा का खण्डन करते हुए उन्होंने स्पष्ट किया कि मनुष्य की स्थिति ऐसी है कि वह सदा किसी विशिष्ट सामाजिक-सांस्कृतिक-नैतिक-राजनीतिक क्षेत्र में साँस लेता है, भले ही वह उससे दूरी बनाये रखे। वह हमेशा एक अतीत से जुड़ा रहता है उसकी अस्मिता का निर्धारण करता है और भविष्य का सन्दर्भ उसकी अस्मिता का पुनर्परीक्षण करता है। विद्वानों ने इसे अलग-अलग नाम दिये हैं किन्तु सभी का अर्थ यही है कि हर किसी को विरासत में एक समुदाय प्राप्त होता है जो उसके मूल्यों-मान्यताओं को जड़ें प्रदान करता है और जो उसकी इच्छाओं और चयन की सीमायें निर्धारित करती हैं। चार्ल्स टेलर के शब्दों में–

"My identity is defined by engagements and identifications which provide the framework that will help me to determine, can by case, what is good or who has merit, or what one should do, or what I approve or disapprove. If sets the limits wherein I can position myself."[1]

यहाँ पर यह प्रश्न उठाया जा सकता है कि चूँकि आधुनिकता परम्परागत रूप में प्रदत्त अस्मिता के स्थान पर मनुष्य के स्वतन्त्र अस्मिता के निर्माण की पक्षधर है, अतः उसकी भूमिका-संस्कृति विरोधी होनी चाहिए। किन्तु ऐसा मानना ग़लत होगा। सिद्धान्त रूप में सांस्कृतिक अस्मिता व्यक्तिगत स्वतन्त्रता को अवरोध नहीं प्रदान करती। जुड़ाव का अर्थ बन्दी होना नहीं है। अपने समुदाय की मान्यताओं, व्यवहारों की आलोचना करना सदा सम्भव है और उनके बीच चयन की स्वतन्त्रता भी, किन्तु यह आलोचना व्यक्ति और समुदाय के सम्बन्धों पर ही टिकी होती है। किमलिका के शब्दों में–

"People who consider that autonomy is important also consider that national culture is important, because national culture build the context, in which they can best develop and exercise their autonomy."[2]

बीसवीं शताब्दी के अन्तिम दशकों में आधुनिक समाजों में तेज़ी से आये परिवर्तनों के फलस्वरूप उनके सांस्कृतिक परिदृश्य में दरारें स्पष्ट होने लगीं। समय और स्थान की अवधारणा में परिवर्तन हो जाना, सामाजिक सम्बन्धों का दायरा लोकल से ग्लोबल हो जाना और सामाजिक संरचना का एक-केन्द्रित से बहुकेन्द्रित हो जाना आदि परिवर्तनों के फलस्वरूप वर्ग, लिंग, नस्ल, जातीयता, राष्ट्रीयता जो व्यक्ति की सामाजिक अस्मिता को आधार प्रदान करते आये थे उनमें विखण्डन की प्रक्रिया तेज़ हो गयी। इससे एक अखण्ड वैयक्तिक अस्मिता भी ख़तरे में पड़ गयी। एक 'स्थाई स्व का अभाव' जिसे 'dislocation' या 'de-centering of the subject' भी कहते हैं, सामने आया। इसे हम अस्मिता का उत्तर-आधुनिक प्रारूप भी कह सकते हैं। इसी के साथ अस्मिता का स्थायी या मूलभूत प्रत्यय जो ज्ञानोदय के समय से वैयक्तिक अस्मिता को आधार देता आया था, विदा हो गया प्रतीत होता है।

अस्मिता के प्रत्यय के ऐतिहासिक विकास-क्रम के उपरोक्त विवेचन से हम अस्मिता के तीन प्रत्ययों को आसानी से निःसृत कर सकते हैं। ध्यान देने योग्य बात यह है कि अस्मिता के इन प्रत्ययों के साथ-साथ 'अन्य' की अलग-अलग अवधारणा भी जुड़ी हुई है।

(क) ज्ञानोदयीय अवधारणा–इसमें वैयक्तिक अस्मिता एकरूप केन्द्रित मनुष्य की अवधारणा पर टिकी है जिसमें तर्क, चेतना और कर्म करने की क्षमता है। इसमें व्यक्तित्व का केन्द्र एक भीतरी सारतत्त्व (Core) माना गया जो, मूलरूप से जीवन भर समान बना रहता है। इसी सारभूत तत्त्व को अस्मिता की संज्ञा दी

गयी। यह बहुत ही व्यक्तिवादी और मर्दवादी अवधारणा है। इसके निर्माण में 'अन्य' की कोई ख़ास भूमिका नहीं दिखती।

(ख) सामाजिक अवधारणा–यह इस मान्यता पर आधारित है कि आन्तरिक सारतत्त्व अपने में आत्मनिर्भर नहीं है अपितु इसके निर्माण में 'महत्त्वपूर्ण दूसरों' की विशेष भागीदारी होती है जो प्रतीक, मूल्य और अर्थबोध-संस्कृति की दुनिया और व्यक्ति के बीच मध्यस्थता की भूमिका निभाते हैं। इसके अनुसार अस्मिता का निर्माण 'स्व' और समाज के बीच अन्तःक्रिया के द्वारा होता है। व्यक्ति में एक भीतरी सारतत्त्व होता है जिसे वास्तविक स्व कह सकते हैं किन्तु यह बराबर बाहरी दुनिया से संवाद द्वारा परिवर्द्धित होता रहता है। इस दृष्टि से अस्मिता व्यक्ति को सामाजिक-सांस्कृतिक संरचना के साथ सिलने (Sutures) का कार्य करती है। इस तरह यह कर्ता और संस्कृति दोनों को स्थायित्व प्रदान कर उन्हें एक-दूसरे से जोड़ने और एकरूप तथा पूर्वानुमेय बनाने का कार्य करती है। स्पष्ट है कि इस अवधारणा में अस्मिता निर्माण, 'महत्त्वपूर्ण अन्य' के बिना सम्भव ही नहीं है।

(ग) उत्तर-आधुनिक अवधारणा–उत्तर-आधुनिक कर्ता की अस्मिता में किसी स्थाई, मूलभूत तत्त्व को स्थान नहीं है। इस प्रारूप में अस्मिता एक 'moveable feast' बन जाती है जो विभिन्न सांस्कृतिक संरचनाओं के अनुरूप बराबर बनती और बदलती रहती है। इसका स्वरूप जैविक न होकर ऐतिहासिक होता है। कर्ता विभिन्न समय-स्थानों पर विभिन्न अस्मिताओं का वाहक होता है। ये अस्मिताएँ किसी एक सुसंगत 'स्व' के चारों ओर एकत्र नहीं होती। हमारे अन्दर विपरीत दिशाओं की ओर खींचती अन्तर्विरोधी अस्मिताएँ भी होतीं हैं। यदि हम जन्म से मृत्यु तक एकरूप अस्मिता का अनुभव करते हैं तो यह 'स्व' के आख्यान के निर्माण के कारण है। किसी एकरूप, सुसंगत, सुरक्षित, पूर्ण, अखण्ड अस्मिता की बात कल्पना मात्र है। असलियत में हम सम्भावित अस्मिताओं के बहुरूपों से घिरे रहते हैं, जिनमें हम किसी एक के साथ थोड़े समय के लिए एकात्मकता अनुभव कर सकते हैं। इसकी सैद्धान्तिकी में सारा ज़ोर विच्छिन्नता, विस्थापन, विखण्डन आदि प्रत्ययों पर है। इसमें समाज, भिन्नता (Difference) से जाना जाता है जो वैयक्तिक अस्मिता के निर्माण के लिए अनेकों स्थितियों का निर्माण करती है। लेकिन इसमें अस्मिता के निर्माण को लेकर नयी समस्याएँ भी पैदा होती हैं–

(i) अस्मिताएँ एक-दूसरे की विरोधी भी हो सकती हैं।

(ii) नये विरोध समाज में बाहर और व्यक्तियों के मन के भीतर, दोनों जगह हो सकते हैं।

(iii) किसी एक अस्मिता को 'प्रधान अस्मिता' (Master Identity) की संज्ञा नहीं दी जा सकती। लोग किसी एक सन्दर्भ विशेष से अपने व्यवहार को बाँधना नहीं चाहते।

(iv) आपस में प्रतिस्पर्धा करती अस्मिताओं का उदय।

(v) वर्ग-केन्द्रित राजनीति के स्थान पर अस्मिता-केन्द्रित राजनीति का उदय।

उपरोक्त विवेचन के आधार पर हम अवश्य ही कुछ ऐसे निष्कर्ष निकाल सकते हैं जिनके आधार पर हम अस्मिता और अन्यता के सम्बन्धों का नया व्याकरण गढ़ सकते हैं जो हमारे सामाजिक जीवन को अस्मिताओं के टकराव से मुक्त रख सके।

अस्मिता की सारतत्त्ववादी व्याख्या जो उसे 'प्राकृतिक' समझने की भूल करती है, वास्तविक अस्मिताओं को समझने में हमें मदद नहीं करती। इससे न तो समूहों के आन्तरिक विभेदों को समझा जा सकता है और न ही व्यक्ति के आन्तरिक अन्तर्विराधों को। साथ ही दोनों, व्यक्तिगत और सामाजिक, स्तरों पर परिवर्तन की भी सटीक व्याख्या सम्भव नहीं है।

अस्मिता की उत्तर-आधुनिक समझ की दिक़्क़त यह है कि इसके द्वारा हम अस्मिताओं के आधार पर किये जा रहे दावों का उचित मूल्यांकन नहीं कर सकते क्योंकि अस्मिताएँ सामाजिक-आर्थिक संरचना से कटी हुई स्वेच्छाचारी व्यवहार करती हैं। अब सवाल यह उठता है कि उपरोक्त दोनों (सारतत्त्ववादी और उत्तर-आधुनिक) से अलग वैचारिक ढाँचा क्या होगा जो अस्मिता की यथार्थवादी समझ से न्याय कर सके।

किसी भी वैयक्तिक अस्मिता का निर्माण उसके सामाजिक वातावरण में ही होता है। 'मैं' का अर्थ है अस्तित्ववान होना किन्तु इतना मात्र अस्मिता के लिए काफ़ी नहीं है। अस्मिता वह है जो व्यक्तित्व को अर्थ प्रदान करती है। चूँकि अस्तित्व कभी व्यक्ति का अकेले नहीं होता, इसलिए अस्मिता का एक आवश्यक सामाजिक आयाम भी होता है। अतः वैयक्तिक अस्मिता की परिभाषा उसके सामाजिक सन्दर्भ से काटकर नहीं दी जा सकती। समूह अपनी अस्मिता का कुछ भाग भाषा और संस्थाओं के माध्यम से वैयक्तिक अस्मिता को स्थानान्तरित कर देता है। इसीलिए 'मैं' और 'हम' को बिना दूसरे (Other than I and We) को सन्दर्भित किये परिभाषित नहीं किया जा सकता। अतः हम कह सकते हैं कि अस्मिता-निर्माण का न केवल विषयी के साथ होता है अपितु दूसरों की अस्मिता के साथ भी होता है। व्यक्ति की अस्मिता के हमेशा दो आयाम होते हैं—पहला, जो उसे एक विशिष्ट विषयी का दर्जा देता है और दूसरा, जो उसे सामाजिक विषयी बनाता है।

चूँकि अस्मिता की चेतना दूसरों के अस्तित्व को मानकर ही सम्भव है, इसलिए प्रत्येक अस्मिता दूसरों के साथ एक संवाद से जुड़ी रहती है। यह संवाद भाषा के माध्यम से होता है। अतः भाषा से अस्मिता का अनिवार्य सम्बन्ध होता है। प्रत्येक संवाद की तरह यहाँ भी टकराव की सम्भावना बनी रहती है। दरअसल, व्यक्ति और समूह दोनों की अस्मिता के लिए 'विशिष्ट दूसरों' से टकराना आवश्यक होता है। यह टकराव ही अस्मिता को सम्भव बनाता है। व्यक्ति दूसरों से सम्बन्ध को मान्यता तब तक नहीं दे सकता, जब तक वह अपनी अस्मिता को मान्यता न दे। उसी तरह दूसरों की अस्मिता को मान्यता दिये बिना कोई अपनी अस्मिता को मान्यता नहीं दे सकता। अतः अस्मिता और अन्यता में परस्पर निर्भरता का सम्बन्ध है।

चूँकि सामूहिक कर्म किसी शुभ के सन्दर्भ में ही सम्भव है, अतः यह व्यक्तियों को एक सांस्कृतिक संरचना से बाँध देता है। संस्कृति सामाजिक सम्बन्धों की प्रतीकाश्रित मध्यस्थता का कार्य करती है। संस्कृति देखी-सुनी जाती है। अतः हम कह सकते हैं कि अस्मिताएँ सामाजिक दायरे में सांस्कृतिक मध्यस्थता द्वारा ही पहचान पाती हैं।

उपरोक्त विवेचन से यह तो स्पष्ट ही है कि अस्मिता को किसी अमूर्त सारतत्त्व के आधार पर परिभाषित करना ग़लत है। अस्मिता कोई गतिहीन तत्त्व नहीं बल्कि गतिशील वास्तविकता है। अतः इसे द्वन्द्वात्मक तर्क द्वारा ही समझा जा सकता है। चूँकि इसमें एक विशिष्ट स्थायी तत्त्व भी रहता है अतः इसके सारतत्त्व (Continuity) को समझना अनिवार्य है। यह सारतत्त्व परिवर्तन के साथ ही होता है। बिना परिवर्तन के कोई अस्मिता नहीं हो सकती। इसे शरीर के उदाहरण से समझा जा सकता है। परिवर्तन के साथ ही शरीर किसी विशिष्ट व्यक्ति का ही रहता है। उसमें परिवर्तन की शक्ति निहित होती है। कहने का तात्पर्य यह है कि अस्मिता जन्मजात नहीं होती अपितु समाज-निर्मित होती है। चाहे वह कितनी भी स्थायी जान पड़े। इसलिए उसमें परिवर्तन सम्भव है। मनुष्य किसी नाटक के पात्र की तरह नहीं है जिसकी पूर्व निर्धारित लिखी हुई भूमिका हो। वह निर्धारक और निर्धारित दोनों है। सीमित ही सही, उसमें अपनी अस्मिता-निर्माण और प्रदत्त अस्मिता से परे जाने की क्षमता है। इसी में आशा की किरण भी दिखाई देती है। अस्मिता सुदूर अतीत में खोज का विषय मात्र नहीं वरन् भविष्य के चयन का विषय भी है।

जटिल, आधुनिक समाजों में प्रत्येक व्यक्ति की अनेक अस्मिताएँ होती हैं जो अलग-अलग सन्दर्भों में प्रभावी होती हैं। उदाहरण के लिए, एक ही व्यक्ति

बनिया, वैष्णव, हिन्दू, बिहारी, व्यापारी, भारतीय, राजनेता आदि हो सकता है जो सन्दर्भ के अनुरूप अस्मिताओं को वरीयता प्रदान करता है। मन्दिर जाते समय यदि उसका हिन्दू होना अधिक महत्त्व रखता है तो बाज़ार में उसका व्यापारी होना ज़्यादा महत्त्वपूर्ण है। अतः अस्मिता-विमर्श हमेशा अस्मिताओं का विमर्श होता है, यह याद रखना भी ज़रूरी है। हमें किसी एक अस्मिता को प्रधान या मूल अस्मिता मानने से बचना चाहिए। जैसा कि अमर्त्य सेन ने दर्शाया है, इस संसार में बहुतेरे टकराव और हिंसा किसी एक अस्मिता को अनन्य, प्रधान और चयन से परे मानने के भ्रम पर टिके हुए हैं। यह सही है कि अस्मिताओं में चयन की स्वतन्त्रता किसी भी सन्दर्भ में सीमित ही होती है लेकिन होती अवश्य है। उसे झुठलाकर हम अपने पैरों में अपने आप कुल्हाड़ी मार लेंगे। सेन के ही शब्दों में–

"A sense of identity can be a source not merely of pride and joy, but also of strength and confidence..And yet identity can also kill-and kill with abandon. A strong and exclusive sense of belonging to one group can in many cases carry with it the perception of distance and divergence from other groups. Within groups solidarity can help to feed between group discord."[3]

किन्तु यहीं हमें यह भी नहीं भूलना चाहिए कि पिछले कई दशकों में, भूमण्डलीकरण के बढ़ते क़दमों के विरोध में, सांस्कृतिक अस्मिताएँ एक चुनौती के रूप में उठ खड़ी हुई हैं। धार्मिक आतंकवाद के रूप में इसका चरम प्रारूप विश्वशान्ति के लिए ख़तरा बना हुआ है। सवाल उठता है कि ऐसा कैसे हुआ? क्या कुछ अस्मिताएँ हमारे लिए अन्य के मुक़ाबले अधिक महत्त्वपूर्ण होती हैं या फिर भूमण्डलीकरण का सन्दर्भ में ही कुछ ख़ास बात है जिस कारण हमारे लिए सांस्कृतिक अस्मिता अति महत्त्वपूर्ण हो उठी? लगता है, दोनों बातों में थोड़ा-थोड़ा सच है। अस्मिता की मूल्यवत्ता जीवन में गहरे अर्थबोध और पहचान की ज़रूरत से जुड़ी हुई है। जाति, धर्म, राष्ट्र पर आधारित अस्मिताएँ इन ज़रूरतों को अन्य अस्मिताओं से ज़्यादा प्रभावशाली ढंग से पूरा करती दीखती हैं। इसी कारण इनसे हमारा भावनात्मक जुड़ाव अन्यों के मुक़ाबले ज़्यादा होता है। जब किन्हीं कारणों से इनको ख़तरा महसूस होता है तो ये आत्मरक्षा में उभरकर हिंसा के लिए उद्यत हो उठती हैं। भूमण्डलीकरण जिस दोहरे विस्थापन को जन्म देता है, उसमें व्यक्ति न केवल अपने जन्मस्थान से उखड़ जाता है, अपितु उन मान्यताओं, समूह और संस्कृति से कट जाता है जिसका वह सदस्य था। ऐसे में वह अस्मिता के संकट से घिर जाता है और अपनी जातीय, धार्मिक, कबीलाई पहचान में सुरक्षा ढूँढ़ने लगता है। इसके अलावा, जैसा कि मैनुअल कैसल्स ने दर्शाया है, जब भूमण्डलीकरण

में आर्थिक, सामाजिक, राजनीतिक जीवन पर से व्यक्ति की पकड़ छूटने लगती है तो व्यक्ति जीवन में अर्थ की खोज और भूमण्डलीकरण के विरोध के लिए उन अस्मिताओं की ओर मुड़ जाता है, जहाँ उसका कम या ज़्यादा वश चलता है। इसीलिए परिवार, जाति, धर्म पर आधारित अस्मिताएँ उस पर हावी हो जाती हैं। ये उसकी व्यक्तिगत और समूहगत अस्मिता की ज़रूरतों को पूरा करके उसे बिखराव के अस्मिता-संकट से उबार तो लेती हैं किन्तु कई बार पुनरुत्थानवाद, आतंकवाद की दलदल में भी फँसा देती हैं। यदि ऐसी चरम स्थिति नहीं भी आती है तो भी, आज के दौर में, अपने-अपने अधिकारों और पहचानों की रक्षा हेतु लोग समूहगत अस्मिताओं के इर्द-गिर्द जमा होकर अस्मिता की राजनीति करने लगते हैं जिसका व्यापक असर सभी समाजों में देखा जा रहा है। इसके चलते मानव मुक्ति का सपना खो गया-सा लगता है, जो चिन्ता का विषय है।

अस्मिताओं के टकराव में दो कारणों को और देखा जा सकता है। धोखा, अपमान और बेइज़्ज़ती की ऐतिहासिक स्मृति हिंसा-प्रति हिंसा के ऐसे दुष्चक्र को जन्म देती है जिसका आवश्यक परिणाम जातीय घृणा और विद्वष ही होता है। इसी के चलते टकराने वाले समूह एक-दूसरे के भीतर पनपने वाले विभेदों को भुलाकर एक काल्पनिक समूह 'वे' को जन्म देते हैं और समस्त ऐतिहासिक नुक़सानों की ज़िम्मेदारी उन पर डाल देते हैं। ऐसे में एक-दूसरे के बारे में कई तरह की रूढ़िवादी धारणाएँ भी जन्म लेती हैं जो आग में घी का काम करती हैं।

यहीं पर यह प्रश्न उठाना समीचीन होगा कि क्या अमर्त्य सेन द्वारा प्रस्तावित उपायों से अस्मिताओं के बीच हिंसक टकराव से बचा जा सकता है? शुद्ध तार्किक दृष्टि से देखने पर उनमें कोई खोट दिखाई नहीं देता किन्तु क्या वे उतने प्रभावी भी हो सकते हैं? हमारी अस्मिताएँ अनेक हैं, उनमें कोई प्रधान नहीं है, सभी का महत्त्व सन्दर्भ के अनुसार है। सांस्कृतिक अस्मिता भी हमारी नियति नहीं है, सीमित ही सही हमें सांस्कृतिक स्वतन्त्रता का हक़ है आदि बातें निश्चय ही, अस्मिता के बारे में हमें कई भ्रमों से निजात दिला देती हैं। लेकिन ये काफ़ी नहीं है। मानव व्यवहार केवल तर्क का मसला नहीं है, कई बार तर्क केवल बाद में युक्तिकरण के माध्यम मात्र होते हैं, वास्तविक कारक कहीं मानव मनोविज्ञान की गहरी अँधेरी गुफाओं में छिपे रहते है जिन्हें केवल सही समझ से बदला नहीं जा सकता। इसके अलावा परिस्थितियों की मार से भी बचना मुश्किल होता है। सेन ने स्वयं माना है कि कई परिस्थितियों में (विशेषकर भारत में साम्प्रदायिक दंगों में, आतंकी हमलों में, श्रीलंका, मध्यपूर्व आदि की स्थितियों में) सांस्कृतिक अस्मिता में चयन की स्वतन्त्रता बहुत क्षीण हो जाती है। 'आप' वही होते हैं

जो 'अन्य' आपको मानते हैं। अतः सेन के प्रस्तावों से सहमत होते हुए भी हमें कहना पड़ता है कि वे काफ़ी नहीं हैं। हमें मानव-मन की गहराइयों में भी झाँकना होगा, जहाँ अस्मिताएँ जड़ीभूत होती हैं। साथ ही हमें अपने नैतिक और राजनीतिक प्रयत्न भी जारी रखने होंगे जो यदि टकराव का अन्त न कर सकें तो भी अस्मिताओं का शान्तिपूर्ण सह-अस्तित्त्व कायम रह सके। क्या अस्मिता आधारित राजनीति से यह सम्भव है?

आधुनिक समाजों में अस्मिताओं का महत्त्वपूर्ण बने रहने का एक कारण यह भी है कि वस्तुओं, सेवाओं, संसाधनों का बटवारा उन्हीं के अन्तर्गत होता है। हम अपने को जैसा समझते है या जैसा दूसरे हमें मानते हैं–इस बात को बहुत दूर तक प्रभावित करता है कि हमारे जीवन में कौन-से अवसर उपलब्ध होंगे, हम कहाँ रह सकते हैं, किससे शादी कर सकते हैं और कैसी शैक्षिक और रोज़गार की सम्भावनाएँ होंगी। दरअसल, अस्मिताओं का निर्माण जिन सामाजिक सम्बन्धों के अन्तर्गत होता है, वे शक्ति सम्बन्ध होते हैं। इसीलिए अस्मिताएँ समाज में सामान्य भिन्नताओं की ओर इशारा करते हुए बराबरी के सम्बन्ध में नहीं रहतीं बल्कि एक ग़ैर-बराबरी, ऊँच-नीच के स्तरीकृत सम्बन्ध में स्थित होती हैं। इसलिए समाज में संसाधनों के बँटवारे में अस्मिताएँ विशेषाधिकार शोषण, दमन, बहिष्करण, हाशियाकरण की माध्यम बन जाती हैं। यह अस्मिताओं के मध्य संवाद के स्थान पर टकराव और संघर्ष का आधार तैयार करता है और इसी से अस्मितावादी राजनीति का जन्म होता है। भारत की जाति व्यवस्था और जाति आधारित राजनीति इसका उपयुक्त उदाहरण है। न्याय और सम्मान की प्राप्ति के लिए निम्न जातियों और स्त्रियों का संघर्ष ऐसी ही परिघटना है। पूर्व में भाषा और धर्म की अस्मिताओं के आधार पर राजनीति के इतिहास से हम सभी परिचित हैं। देखना यह है कि अस्मितावादी राजनीति, अस्मिताओं के बीच सम्बन्धों का कैसा स्वरूप गढ़ रही है? क्या भविष्य में इस राजनीति से अस्मिता और अन्यता के बीच शान्तिपूर्ण सम्बन्ध की कल्पना की जा सकती है?

यदि हम स्वतन्त्रता प्राप्ति के बाद के भारतीय परिदृश्य पर नज़र डालें तो इस बात से इनकार नहीं किया जा सकता कि उदारवादी लोकतन्त्र में दलित अस्मिता के चारों ओर संगठित राजनीति के लिए अवसर प्रदान किये जिसके परिणामस्वरूप उनको वे सुविधाएँ और राजनीतिक सत्ता प्राप्त हुई जो पहले से चली आ रही ग़ैर दलित अस्मिता राजनीति के अन्तर्गत सम्भव न थी। लेकिन साथ ही हम इस दलित राजनीति की सीमाओं को भी नज़रअन्दाज़ नहीं कर सकते। किसी भी अस्मितावादी राजनीति की तरह यह अलगाववादी है जिस कारण यह

अन्य वंचित समुदायों की न्याय की लड़ाई से जुड़ी हुई नहीं रह पाती। भारतीय समाज में आरक्षण को लेकर चलने वाला संघर्ष इसका जीता जागता उदाहरण है। दूसरी समस्या यह है कि दलितों के भीतर ही विभेदीकरण है जिसे यह राजनीति नज़रअन्दाज़ करना चाहती तो है किन्तु कर नहीं पाती। नतीजा एक तरह की आन्तरिक कलह और विभिन्न दलित गुटों का अपने हितों को लेकर सक्रिय होना है जो कभी स्थिरता नहीं आने देते। सबसे बड़ी समस्या यह है कि अस्मितावादी दलित राजनीति उसी दलित पहचान को और अधिक मज़बूत बनाती है जिसके परे जाना उसका मूल उद्‌देश्य था। हम सभी जानते हैं कि अम्बेडकर का 'जाति नष्ट करो' का सपना किस तरह कांशीराम-मायावती तक आते-आते चूर-चूर हो गया। अतः हम कह सकते हैं कि अस्मिता-केन्द्रित राजनीति से भले ही किसी वंचित का कुछ भला हो जाये, यह अस्मिता और अन्यता की मूल समस्या का हल नहीं है। यह मनुष्य को संकीर्ण अस्मिताओं में क़ैद कर उन्हें दूसरों के ख़िलाफ़ खड़ा कर देता है, जहाँ संवाद और संकीर्ण अस्मिताओं से परे किसी नैतिक-सामाजिक सम्बन्ध की गुंजाइश समाप्त हो जाती है।

(2)

हमारे उपरोक्त विवेचन से यह तो स्पष्ट ही है कि अस्मिताओं के टकराव का हल मूलतत्त्ववादी या आतंकवाद या अस्मिता-केन्द्रित राजनीति नहीं हो सकती। इसके लिए हमें मूल समस्या—हम भिन्न होते हुए भी साथ-साथ कैसे शान्तिपूर्वक जियें—का हल खोजना होगा। विचारकों ने इसके लिए कई मॉडल सुझाये हैं। सर्वसमावेशीवाद (Assimilationism) और बहुसंस्कृतिवाद (Multiculturalism) तो कुछ समय से प्रचलन में है किन्तु सफल होते नहीं दिखते। ऐसे में अन्तःसंस्कृतिवाद (Interculturalism) और परासंस्कृतिवाद (Transculturalism) भी चर्चा में है। संक्षेप में इनकी समीक्षा किये बिना हमारा उद्‌देश्य पूरा नहीं होगा।

सर्वसमावेशीकरण का फॉर्मूला पुरानी Melting pot theory का नया संस्करण है। यह परम्परागत सांस्कृतिक भिन्नताओं के स्थान पर मानवीय अधिकारों और नागरिकता के आधार पर एकता की वकालत करता है। यह सार्वभौमिक मनुष्य की परिकल्पना पर आधारित है जो सभी में एक-सी आधारभूत चेतना को चिह्नित करती है। लेकिन दिक़्क़त यह है कि ऐसा सूक्ष्म चेतना सम्पन्न सार्वभौमिक मनुष्य वास्तविकता में कहीं दिखाई नहीं देता जिसे थॉमस नेगल के 'No Where Man' या क्वाइन के 'Cosmic exile' के समकक्ष रखा जा सके। व्यक्ति और समूह अपनी

सांस्कृतिक पहचानों को न केवल सुरक्षित रखना चाहते हैं अपितु उनकी स्वीकृति, मान्यता और आदर भी चाहते हैं। इसके अलावा समाजों में सामाजिक-आर्थिक ग़ैर-बराबरी के चलते एकता का यह मॉडल जड़ नहीं जमा सकता।

दूसरा तरीक़ा बहुसंस्कृतिवाद का है जो सांस्कृतिक भिन्नताओं को स्वीकार कर उन्हें राजनीतिक संस्थानों और शासन की नीतियों में उचित स्थान देने का पक्षधर है। यह सर्वसमावेशीवाद की तुलना में अधिक यथार्थवादी और बहुलतावादी है। लेकिन इसके सामने इस दुविधा का कोई हल नहीं दीखता कि विभिन्न सांस्कृतिक अस्मिताओं की स्वीकृति के साथ व्यापक सामाजिक और राष्ट्रीय एकता को कैसे पाया जाये। वास्तव में कुछ अस्मिता-केन्द्रित टकरावों का कोई हल इसके अन्तर्गत नहीं दिखाई देता। फिर, जैसा कि भीखू पारिख तक ने माना है, बहुसंस्कृतिवाद अभी तक अपने मूल सिद्धान्तों की स्पष्ट दार्शनिक व्याख्या नहीं कर सका है। इसके अलावा सिद्धान्त और व्यवहार में अन्तर बना ही रहता है। भिन्नताएँ समान तल पर न होकर एक सीढ़ीदार संरचना में उपस्थित होती हैं और उत्पीड़ित की मानसिकता को जन्म देकर अस्मिता-जन्य टकराव की राजनीति को आधार प्रदान करती हैं। इस तरह बहुसंस्कृतिवाद का स्वप्न खण्डित हो जाता है।

उक्त चुनौती का सामना करने के लिए तीसरा मॉडल अन्तःसंस्कृतिवाद का है जो ज़्यादा व्यावहारिक प्रतीत होता है। उपरोक्त दोनो मॉडलों से यह इस रूप में भिन्न है कि यह अस्मिता की किसी सारतत्त्ववादी समझ को अस्वीकार करता है, चाहे वह सार्वभौमिक मनुष्य की हो या संस्कृति की। अस्मिता कोई जड़ पदार्थ नहीं है बल्कि अन्यता के सम्पर्क में लगातार होने वाले परिवर्तन का परिणाम है। अतः शुद्ध अस्मिता की अवधारणा एक वैचारिक निर्मिति है। इसलिए अतीत में खोयी हुई किसी शुद्ध अस्मिता की खोज एक प्रतिक्रियावादी दुःस्वप्न मात्र है।

भिन्नताओं की स्वीकृति से परे जाकर अन्तःसंस्कृतिवाद इस बात पर ज़ोर देता है कि सभी संस्कृतियाँ अपने आपमें अन्तःसांस्कृतिक ही हैं। सांस्कृतिक अन्तःक्रिया और लेन-देन यद्यपि कई भीतरी और बाहरी तनावों से कभी पूरी तरह मुक्त नहीं होती किन्तु सभी समाज समानता और भिन्नता के बीच का अपना सन्तुलन पा सकते हैं। हाँ, उन्हें यह ज़रूर ध्यान में रखना होगा कि 'अन्तिम हल' ऐसा कुछ नहीं होता और कुछ हद तक तनाव सर्जनात्मक विकास के लिए ज़रूरी है। नागरिकता का अर्थ समान संवैधानिक और क़ानूनी नियमों का पालन है न कि सांस्कृतिक एकरूपता। किन्तु यहीं पर प्रश्न भी उठाया जा सकता है कि क्या सांस्कृतिक टकराव से बचने के लिए अन्तःसंस्कृतिवाद के पास आवश्यक वैचारिक और व्यावहारिक औज़ार हैं? अन्तःसंस्कृतिवाद में दो कमियाँ परिलक्षित

होती हैं। एक, संस्कृतियों में आन्तरिक विमर्श की अपर्याप्तता और दो, विभिन्न संस्कृतियों के बीच सम्बन्धों के किसी फलक (Interface) की कमी। इसी कारण अल्पसंख्यक अस्मिता की अनदेखी एक घायल अस्मिता को जन्म देती है जो संस्कृति का इस्तेमाल लड़ाई के लिए एक प्रतिरक्षात्मक औज़ार की तरह करती है और अन्तःसांस्कृतिक सहजीवन को असम्भव बना देती है। बाहरी भिन्नता का स्वीकार तभी सम्भव है, जब हम भीतर की भिन्नता को भी स्वीकारें। अतः अन्तःसांस्कृतिकता का विमर्श प्रजातन्त्र और बहुलतावाद से जुड़ा हुआ है।

अन्तःसंस्कृतिवाद की पूर्व मान्यता है कि संस्कृतियाँ अलग-अलग गोलों की तरह है, जिनके बीच समानता और आपसी समझदारी को एक-दूसरे को काटते गोलों के बीच के क्षेत्र की तरह देखा जा सकता है। किन्तु जब हम किसी संस्कृति के आन्तरिक विभेदों पर नज़र डालते हैं और उसे किसी भौगोलिक-राजनीतिक सीमा से बँधा हुआ नहीं पाते हैं तो अपने में पर्याप्त, समांगी गोले का रूपक अपनी प्रासंगिकता खो देता है। संस्कृति की अनन्यता और समरसता मात्र एक वैचारिकी का रूप ले लेती है जो कभी-कभी सांस्कृतिक राष्ट्रवाद के रूप में भी अभिव्यक्ति पाती है। दिक़्क़त यह भी है कि अलग-अलग गोलों के रूप में संस्कृतियों का विचार उनको एक अलगाववादी स्वरूप प्रदान करता है, जिस कारण उनमें सद्‌भावपूर्ण आपसी संवाद के स्थान पर टकराव ज़्यादा पनपता है। अन्तःसांस्कृतिक संवाद की तो शुरुआत ही नहीं हो पाती और 'क्षितिजों का सम्मिलन' (Fusion of Horizons) मात्र काग़ज़ी रह जाता है, ठीक उसी तरह जैसे अन्तधार्मिक संवाद भी सिवा एक-दूसरे को बर्दाश्त करने से आगे नहीं जा पाता। और फिर प्रतिनिधित्व की समस्या तो है ही कि यह कैसे तय हो कि कौन किस संस्कृति का प्रतिनिधि हो सकता है, जबकि आज संस्कृति की सीमायें घुलमिल गयी-सी लगती हैं। अतः ज़रूरी है कि हम अन्तःसंस्कृतिवाद की जगह परासंस्कृतिवाद के मॉडल पर विचार करें।

परासंस्कृतिवाद अपने वर्णात्मक और मूल्यात्मक, दोनों रूपों में, आज प्रासंगिक होता जा रहा है। यह बात व्यक्ति और समूह, दोनों स्तरों पर सच प्रतीत होती है। संस्कृतियाँ तेज़ी से वर्णसंकर रूप लेती जा रही हैं। अपने वर्णसंकर स्वरूप में हम सभी अस्मिता-बहुल जीवन जीते हैं। ऐसे में अस्मिता-निर्माण का सवाल विभिन्न सांस्कृतिक उद्‌गमों से प्राप्त अवयवों के समाकलन (Integration) करना मात्र है। एक बार जब हम व्यक्ति की अस्मिता के निर्माण में आन्तरिक रूप में अन्यता की भूमिका स्वीकार कर लेते हैं तो सामाजिक रूप से बाहरी अन्य को स्वीकारना आसान हो जाता है। अतः समस्या बाहरी संस्कृतियों को समझने की

न होकर, अन्यता के साथ अन्तःक्रिया करने की है। समझ मददगार हो सकती है किन्तु अकेले पूरक नहीं, हमें अस्मिता और अन्यता के बीच अन्तःक्रिया को बढ़ाना होगा।

हमारे उपरोक्त विवेचन का यह अर्थ बिल्कुल नहीं है कि परासंस्कृतिवाद का मतलब एक वैश्विक सभ्यता के निर्माण हेतु संस्कृतियों की बढ़ती एकरूपता का स्वीकार है। यह तो बहुलता की स्वीकृति है लेकिन इसका रूप पहले से बदला हुआ है। परम्परागत रूप में बहुलता का उद्गम अलग-अलग संस्कृतियाँ थीं लेकिन नये रूप में बहुलता उन परासांस्कृतिक संजालों का परिणाम है जो अलग-अलग स्थानों में, अलग-अलग सांस्कृतिक रेशों से अलग-अलग रूपों में बुने गये हैं। इसीलिए परासंस्कृतिवाद के परिणामस्वरूप एक नये प्रकार की सांस्कृतिक बहुलता का निर्माण होता है जिनमें कुछ तत्त्व समान तो कुछ भिन्न होते हैं। ये सांस्कृतिक अस्मिताएँ, पुराने ढंग की अस्मिताओं के मुक़ाबले एक-दूसरे ज़्यादा जुड़ी हुई हैं। अतः परासांस्कृतिक भिन्नता अपनी संरचना में ही अन्यता के साथ के संघर्ष के स्थान पर सह-अस्तित्त्व में जीती है।

परासंस्कृतिवाद अपने में भूमण्डलीय और स्थानीय, दोनों तत्त्वों को स्थान प्रदान करते हुए दोनों के परे जाने की क्षमता दर्शाता है क्योंकि परासांस्कृतिक अस्मिता का एक पक्ष वैश्विक है तो दूसरा स्थानीय। अतः अन्त में हम कह सकते हैं कि सर्वसमावेशीवाद, बहुसंस्कृतिवाद, अन्तःसंस्कृतिवाद की तुलना में परासंस्कृतिवाद सांस्कृतिक अस्मिताओं के बीच सम्बन्धों को एक नये ढंग से देखने के कारण, सांस्कृतिक-अन्य के साथ, अपनी सांस्कृतिक अस्मिता खोये बग़ैर, शान्तिपूर्वक जीने की बेहतर सम्भावना प्रदान करता है। यह अलगाव नहीं, लेन-देन, अन्तःक्रिया और समाकलन को बढ़ावा देता है।

सन्दर्भ

1. चार्ल्स टेलर, *सोर्सेज आफ़ सेल्फ़,* कैम्ब्रिज यूनिवर्सिटी प्रेस, कैम्ब्रिज, 1989, पृ. 27
2. बिल किमलिका, *मॉडर्निटी एंड नेचुरल आइडेंटिटी,* पृ. 12
3. अमर्त्य सेन, *आइडेंटिटी एंड वायलेन्स,* एलेन लेन, पेंगुइन बुक्स, 2006, पृ. 1-2

अन्तर्साभ्यतिक संघर्ष और संवाद की सम्भावनाएँ

"The future survival of humankind may depend on our readiness...to pause in front of the other's otherness...the otherness of nature as well as that of historically grown cultures of peoples and countries."

–Hans-Georg Gadamer

सोवियत यूनियन के पतन और 'शीत युद्ध' की समाप्ति के कुछ ही दिनों बाद 1993 में अन्तर्राष्ट्रीय राजनीति के अमरीकी विशेषज्ञ सैमुअल पी. हंटिंग्टन ने भविष्य के बारे में एक नयी और निराशापूर्ण थीसिस पेश की। यह मानते हुए कि शीतयुद्ध की समाप्ति के साथ विचारधाराओं का टकराव समाप्त हो चुका है, हंटिंग्टन ने वैश्विक स्तर पर उभरते हुए नये टकराव 'सभ्यताओं के बीच संघर्ष' की रूपरेखा प्रस्तुत की। 'फॉरेन अफ़ेयर्स' मैगज़ीन में उनका लेख छपते ही इस पर सभी जगह तीव्र प्रतिक्रिया हुई। बाद में 1996 में यह पुस्तकाकार 'द क्लैश ऑफ़ सिविलाइजेशनस एंड द रिमेकिंग ऑफ़ वर्ल्ड ऑर्डर' शीर्षक से छपा। इसमें यह स्वीकारे बग़ैर कि राष्ट्रीय और विचारधारात्मक प्रतिस्पर्धाओं का पूरी तरह अन्त हो चुका है, उनकी स्थापना थी कि अब संघर्ष का केन्द्र-स्थान बदलकर सभ्यताओं के बीच संघर्ष की ओर चला गया है। इसका मतलब है कि राष्ट्र-राज्य वैश्विक स्तर पर प्रभावशाली भूमिका तो निभायेंगे किन्तु उनके हितों के बीच टकराव पहले के मुक़ाबले सांस्कृतिक और सभ्यतागत कारकों से अधिकाधिक प्रभावित होते जायेंगे क्योंकि असली अन्तर्विरोध वर्चस्वशाली पश्चिम और अन्य दूसरी सभ्यताओं के बीच है जिनमें कोई समानता नहीं है। पश्चिम और शेष सभ्यताओं से जुड़े राष्ट्रों और समुदायों के बीच संघर्ष से ही भविष्य में विश्वशान्ति और स्थिरता को सबसे बड़ा ख़तरा है।

निश्चय ही हंटिंग्टन की उपरोक्त भविष्यवाणी काफ़ी उकसाने वाली थी जिसने इस बात पर सवालिया निशान ही लगा दिया कि सभ्यताएँ/संस्कृतियाँ शान्तिपूर्ण

सह-अस्तित्त्व में रह सकती हैं और एक-दूसरे से सीख और आदान-प्रदान कर सकती हैं। प्रतिक्रियास्वरूप इस विचार ने भी ज़ोर पकड़ा कि सभ्यताओं के मध्य संवाद सम्भव है। 1998 में ईरान के राष्ट्राध्यक्ष मोहम्मद खटामी ने इसकी महत्ता पर ज़ोर देते हुए संयुक्त राष्ट्र संघ द्वारा सन् 2001 को 'सभ्यताओं के मध्य संवाद' का वर्ष घोषित करवाने में सफलता प्राप्त की। इसी के चलते पोप जॉन पॉल द्वितीय ने हर वर्ष जनवरी की पहली तारीख़ को सभी से 'शान्ति दिवस' के रूप में मनाने की अपील की जिससे संस्कृतियों के मध्य संवाद को बढ़ावा दिया जा सके। लेकिन जैसा कि हम जानते हैं 2001 का वर्ष इस कार्य के लिए शुभ साबित नहीं हुआ। 11 सितम्बर को आतंकवादियों ने न्यूयार्क में वर्ल्ड ट्रेड सेण्टर के दो टावरों को गिरा दिया जिसमें हज़ारों लोग मारे गये। दो साल के बाद अमेरिका और मुस्लिम राज्य इराक़ के बीच युद्ध छिड़ गया। कई विश्लेषकों ने इसे हंटिंग्टन के सिद्धान्त की सफलता के रूप में आँकने का प्रयत्न किया। बाद की आतंकवादी गतिविधियाँ जिनके पीछे किसी-न-किसी धार्मिक-सांस्कृतिक समूह के हाथ ने इस धारणा की पुष्टि में और भी तथ्य जोड़ दिये। ऐसे में यह प्रश्न उठना स्वाभाविक ही था कि क्या सभ्यताओं के रूप में वर्तमान मानव समाज का वर्गीकरण उचित है? क्या सम्भ्यताओं/संस्कृतियों में संघर्ष अवश्यम्भावी है? क्या उनके बीच संवाद की कोई गुंजाइश नहीं बची है? यदि है तो उसका प्रारूप क्या हो सकता है और हमें इसके लिए क्या करना होगा? प्रस्तुत लेख में इन्हीं प्रश्नों पर विचार करने का प्रयत्न किया गया है।

(1)

यह ठीक से समझने के लिए कि सभ्यताओं/संस्कृतियों के बीच संवाद की कितनी ज़रूरत और सम्भावनाएँ बची हैं, हमें हंटिंग्टन की थीसिस-सभ्यताओं के बीच टकराव की परीक्षा करनी होगी। उसके पक्ष और विपक्ष के तथ्यों/तर्कों की समीक्षा करनी होगी। इस दृष्टि से देखने पर हमें हंटिंग्टन की कई बातों के लिए तारीफ़ भी करनी होगी।

विशेषताएँ

(i) हटिंग्टन ने वैश्विक राजनीति के अध्ययन में चली आ रही यूरोप-पश्चिम केन्द्रीयता को एक नये पैराडाइम से बदल दिया जो परम्परागत इतिहास-अध्ययन से काफ़ी भिन्न है।

(ii) राष्ट्र-राज्यों की प्रमुख भूमिका के स्थान पर वैश्विक स्तर पर

संस्कृतियों की भूमिका को वरीयता देने से सामान्य व्यक्ति की जीवन-शैली को महत्त्व मिला।

(iii) परम्परागत रूप से राज्यों के अन्तर्राष्ट्रीय संघ के स्थान पर उभरते हुए वैश्विक समाज पर अपना ध्यान केन्द्रित किया।

(iv) हंटिंग्टन ने सभ्यता की परिभाषा 'the highest cultural grouping of people and the broadest level of cultural identity people have' कह कर की जिसके अन्तर्गत समान वस्तुनिष्ठ तत्त्वों, जैस–भाषा, इतिहास, धर्म, रीति-रिवाज, संस्थाओं और लोगों के विषयनिष्ठ आत्म-तादात्मीकरण का समावेश होता है। यद्यपि उपरोक्त अर्थ में कोई भी सभ्यता अपने में पूर्ण और ऐतिहासिक रूप से स्थिर नहीं होती। उनमें आपसी लेन-देन, अन्तःक्रिया और बदलाव की प्रक्रिया हमेशा जारी रहती है। किन्तु फिर भी वैश्विक स्तर पर सभ्यताओं को अर्थपूर्ण अस्तित्वगत सत्ता के रूप में पहचाना जा सकता है। हालाँकि उनके बीच की विभाजक रेखाएँ शायद पैनी नहीं होतीं किन्तु फिर भी उनमें वास्तविक रूप से अन्तर होता है।

(v) हंटिंग्टन पश्चिम को वैश्विक सत्ता के ऐसे तारामण्डल के रूप में देखते हैं जो शेष विश्व से टकराव की स्थिति में है क्योंकि शेष विश्व अब विश्व का निर्माण ग़ैर-पश्चिमी ढंग से करना चाहता है और इसके लिए अब उसके पास संसाधन भी उपलब्ध हैं।

(vi) वर्तमान में अन्तर्राष्ट्रीय संस्थाओं और अन्य एजेंसियों के माध्यम से पश्चिम अपना वर्चस्व क़ायम रखना चाहता है जिससे उसके आर्थिक, सामाजिक, राजनीतिक हितों और मूल्यों की रक्षा हो सके।

कमज़ोरियाँ–ध्यान से देखने पर हंटिंग्टन की थीसिस में निम्न ख़ामियाँ भी नज़र आती हैं–

(i) शक्ति और शक्ति-केन्द्रित राजनीति पर ज़्यादा ध्यान देने के कारण हंटिंग्टन सभ्यताओं/संस्कृतियों को शक्ति के तारामण्डलों से एकात्म कर देते हैं। इसका आवश्यक परिणाम यह हुआ है कि अन्तर्राष्ट्रीय राजनीति का परम्परागत मॉडल परिवर्तित तो होता है किन्तु पूरी तरह रूपान्तरित नहीं होता और व्यावहारिक रूप से सभ्यताओं का संघर्ष, महाशक्तियों के बीच संघर्ष या राष्ट्र-राज्यों के बीच परम्परागत संघर्ष के रूप में ही दिखाई देता है। सभ्यताओं

को राजनीतिक-शक्ति के चौखटे में रखने के प्रयास से हंटिंग्टन की सभ्यता/संस्कृति की समझ पर भी प्रश्न उठाया जा सकता है।

(ii) सभ्यताओं को अपेक्षाकृत स्थिर और संशक्त, अर्थपूर्ण सत्ता स्वीकारने से उन पर संस्कृति की 'सारतत्त्ववादी' समझ का आरोप लगाया जा सकता है जो संस्कृतियों के आपसी आदान-प्रदान और आन्तरिक अन्तर्विरोधों की अवहेलना करता है।

(iii) आधुनिक ज्ञान के आधार पर हम सांस्कृतिक समूहों और परम्पराओं के काल्पनिक निर्माणवादी स्वरूप से परिचित हो चुके हैं। बदलते समय के सन्दर्भ और बदलती ज़रूरतों के साथ संस्कृति की पुनर्व्याख्या का कार्य अनवरत चलता रहता है जिसमें आत्म-आलोचना का प्रमुख स्थान है। इस कारण संस्कृतियों का आन्तरिक विभेदीकरण एक जाना-माना तथ्य है।

(iv) संस्कृतियाँ किसी संग्रहालय में रखी वस्तुएँ नहीं हैं, बल्कि मनुष्य की आत्म-चेतना की वाहक यात्राएँ हैं जिन्हें अन्तिम स्वरूप नहीं दिया जा सकता। उनका खुला स्वरूप उन्हें सुगठित-शक्ति-तारामण्डल के रूप में देखने का विरोधी प्रतीत होता है।

(v) ऐतिहासिक तथ्यों के आधार पर हम कह सकते हैं कि राजनीतिक कर्ता के रूप में सभ्यताओं की भूमिका की सम्भावना इस बात से हमेशा कम रही है कि शक्ति केन्द्रों द्वारा उनका इस्तेमाल अपने उद्देश्यों के लिए किया जाये। दरअसल, सभ्यता और राजनीतिक कर्ता के बीच का सम्बन्ध इतना सीधा-सादा नहीं है, जैसा कि हंटिंग्टन साहब ने मान रखा है।

(vi) सभ्यताओं के टकराव की भविष्यवाणी संस्कृतियों के स्वाभाविक बहाव का परिणाम न होकर अमेरिका और पश्चिम के वर्चस्व और सामाजिक, आर्थिक, राजनीतिक हितों की रक्षा के लिए बनाई जाने वाली नीति से निर्देशित है।

(vii) समाजवाद के पतन के बाद अमेरिका के नेतृत्व में पश्चिम को पूँजीवाद और उदार लोकतन्त्र की वैचारिक शत्रु की ज़रूरत को पूरा करने के लिए 'सांस्कृतिक अन्य' की सृष्टि की गयी और उसे ही सभ्यताओं के बीच संघर्ष का नाम दिया गया। कन्यूशियन-इस्लामी सम्बन्धों का डर दिखाकर अमेरिका ने अपने रक्षा-ख़र्च में बढ़ोतरी को औचित्य प्रदान किया।

(viii) यदि हम 20वीं और 21वीं शताब्दी के हिंसक टकरावों पर नज़र डालें तो यह बात साफ़ हो जायेगी कि अधिकांश के पीछे आर्थिक-सामाजिक-राजनीतिक कारक ही मुख्य हैं। सांस्कृतिक कारकों का ज़िक्र अकसर आर्थिक हितों को छिपाने के लिए/औचित्य प्रदान करने के लिए किया जाता है। उदाहरण के लिए, मध्य-पूर्व में कच्चे तेल से जुड़े अपने आर्थिक हितों की रक्षा के लिए पश्चिमी देशों (प्रमुख रूप से अमेरिका) और मुस्लिम देशों के बीच संघर्ष किसी से छिपा नहीं है जिसे सभ्यताओं के बीच संघर्ष का नाम दिया जाता रहा है। यह पुराने ढंग के साम्राज्यवाद और उपनिवेशवाद को सम्मानजनक पोशाक पहनाना भर है।

(ix) अमर्त्य सेन ने अपनी पुस्तक 'Identity and Violence : illusions of Destiny' में दो महत्त्वपूर्ण मूलभूत प्रश्न उठायें हैं। पहला, सभ्यताओं के मध्य संघर्ष इस पूर्व मान्यता पर आधारित है कि मानव जाति को अलग-अलग सभ्यताओं में बाँटा जा सकता है और मनुष्यों के बीच सम्बन्धों को उन सभ्यताओं के बीच सम्बन्धों के आधार पर पूरी तरह समझा जा सकता है जिसके वे सदस्य हैं। दूसरा, यह दृष्टिकोण एक ओर तो सभ्यताओं के भीतर भिन्नताओं की उपेक्षा करता है तो दूसरी ओर उन अन्तःक्रियाओं और प्रभावों की भी अवहेलना करता है जो इन सीमाओं के आर-पार होते हैं। केवल धर्म के आधार पर मनुष्यों का वर्गीकरण उनके बीच की भिन्नताओं को एक आयामी बना देता है जो तथ्यों के विपरीत हैं। उन्होंने यह प्रश्न भी उठाया है कि मुस्लिम, सिख, बौद्ध, जैन धर्म और चार्वाकों के बड़े समुदायों की उपस्थिति में क्या भारत को एक हिन्दू सभ्यता कहा जा सकता है?

(x) इतिहास गवाह है कि अब तक के सबसे हिंसक युद्ध सांस्कृतिक रूप से समान लोगों के बीच हुए हैं। उदाहरण के लिए, प्रथम और द्वितीय विश्वयुद्धों और अमेरिका और स्पेन के गृहयुद्धों को गिनाया जा सकता है। इसलिए यह सोचना कि भिन्न-भिन्न सांस्कृतिक समूहों के बीच संघर्ष के निराकरण से विश्वशान्ति स्थापित हो जायेगी, निरी भूल होगी। यह भी कहा जा सकता है कि मनुष्यों के बीच में समानता कि वे अपने समूहों के प्रति वफ़ादारी, त्याग, बलिदान और श्रेष्ठता की भावना तथा दूसरे समूहों के प्रति

घृणा, प्रतिशोध, हीनता और पुराने घावों के लिए बदले की भावना से भरे होकर व्यवहार करते हैं और इसी कारण हिंसक टकरावों का कभी अन्त नहीं होता।

(xi) हंटिंग्टन के सिद्धान्त की एक आलोचना यह कहकर भी की जा सकती है कि सभ्यताओं को अपने विश्लेषण की इकाई बनाने के चक्कर में उन्होंने ग्लोबल पूँजीवाद और भूमण्डलीकरण के तहत विकसित हुई अन्तःनिर्भरता की निर्णायक भूमिका को दरकिनार कर दिया है।

उपरोक्त विश्लेषण के आधार पर हम कह सकते हैं कि 'सभ्यताओं के बीच संघर्ष' का विचार अति सरलीकरण का शिकार है और वास्तविक ऐतिहासिक और वर्तमान संघर्षों के विश्लेषण में हमारी ज़्यादा मदद नहीं करता। लेकिन इस बात से भी इनकार करना मुश्किल है कि धार्मिक, जातीय और अन्य सांस्कृतिक कारणों से होने वाले टकरावों की संख्या में अभूतपूर्व रूप से बढ़ोतरी हुई है। अस्मिताओं के संघर्ष के पीछे वे भिन्नताएँ भी हैं जिनकी जड़ें बहुत गहरे में धँसी हुई हैं। क्या कारण है कि ये भिन्नताएँ इसी दौर में अचानक क्यों सतह पर आने लगीं? इसके लिए हमें भूमण्डलीकरण के सन्दर्भ में उत्पन्न अस्मिता के संकट को समझना होगा। भूमण्डलीकृत आधुनिकीकरण जिस दोहरे विस्थापन को जन्म देता है उसमें व्यक्ति न केवल अपने जन्मस्थान से उखड़ जाता है, अपितु उन मान्यताओं, समूह और संस्कृति से भी कट जाता है जिसका वह सदस्य था। ऐसे में वह अस्मिता के संकट से घिर जाता है और अपनी जातीय, धार्मिक, कबीलाई पहचान में सुरक्षा ढूँढ़ने लगता है। उसकी इस ज़रूरत को जाति, धर्म और राष्ट्र से जुड़ी अस्मिताएँ अन्य अस्मिताओं के मुकाबले ज़्यादा प्रभावशाली ढंग से पूरा करती दीखती हैं। इसीलिए उनसे भावात्मक जुड़ाव ज़्यादा होता है। इसीलिए जब किन्हीं कारणों से इनको ख़तरा महसूस होता है तो ये आत्मरक्षा में उभरकर हिंसा के लिए तैयार हो जाती हैं। सांस्कृतिक अस्मिता की रक्षा के लिए उठाया गया क़दम कभी धार्मिक पुनरुत्थानवाद, तो कभी धार्मिक आतंकवाद, तो कभी अस्मितावादी राजनीति के रूप में प्रतिफलित होता है। प्रश्न उठता है कि क्या इसे अन्तर्सांभ्यतिक संघर्ष का नाम दिया जा सकता है?

एक बात तो साफ़ है कि भूमण्डलीकरण के दौर में कम विकसित देश भी यूरोपीय-अमेरिकी ढंग के आर्थिक विकास के लिए प्राण-पण से जुटे हुए हैं। इसके लिए विदेशी पूँजी, तकनीक आदि लेने में कोई उज्र नहीं है किन्तु उसी के साथ जब विदेशी संस्कृति भी अपने पाँव पसारने लगती है तो अपनी संस्कृति/सभ्यता

के चौकीदार लाठी लेकर रक्षार्थ खड़े हो जाते हैं। क्या यह सम्भव है कि आर्थिक विकास के लिए आधुनिक पश्चिमी सभ्यता से पूँजी और तकनीक तो हम लें किन्तु उनकी संस्कृति को सभ्यताओं/संस्कृतियों के टकराव के नाम पर नकार दें? 'हिन्द स्वराज' में आधुनिक पश्चिमी सभ्यता का गाँधी जब विरोध कर रहे थे तो उनके पास सभ्यता का अपना मानदण्ड था जिसमें आत्मबल के सामने शरीर सुख का कोई स्थान नहीं था। आज जब अधिकांश लोग आधुनिक भोगवादी पश्चिमी जीवन-शैली अपनाने के लिए उद्यत है तो सभ्यताओं के संघर्ष ऐसी बात गले नहीं उतरती। क्या ऐसे में कोई भौतिकवादी पश्चिम और अध्यात्मवादी पूर्व जैसे वर्गीकरण को स्वीकार कर सकता है?

हमारे उपरोक्त विवेचन से यह अर्थ नहीं लगाया जाना चाहिए कि सांस्कृतिक भिन्नता यथार्थ नहीं है और उनमें आपसी टकराव नहीं होता। यदि यह सच होता तो न सेकुलरिज़्म का विचार अस्तित्व में आता और न आज अमेरिका बहुसंस्कृतिवाद को अपनाता। किन्तु सांस्कृतिक भिन्नताएँ हर समय एक-दूसरे के प्रति आक्रामक मुद्रा में रहें यह भी ज़रूरी नहीं है। दरअसल, सभ्यता की सारतत्त्ववादी समझ ग़लत है। सभ्यताएँ इतिहास में जन्म लेती और विकसित होती हैं। वे मनुष्य के अनुभवों, दुखों, उम्मीदों को समेटे हुए प्रतीकों और अर्थों का एक संजाल बुनती हैं और गतिशील होती हैं। इसी तरह संस्कृति भी कोई स्थिर वस्तु नहीं है। वे भी समय के साथ-साथ विकसित होती हैं। अतः इस दृष्टि से सभ्यता और संस्कृति निरन्तर अर्थ की खोज का विषय है, न कि किसी अन्तिम गन्तव्य तक पहुँची हुई बन्द संरचनाएँ। भविष्य के प्रति यह खुलापन ही उनमें बार-बार पुनर्व्याख्या और नये अनुभवों की रोशनी में बदलाव की सम्भावनाएँ जगाता है। उनका आपस में टकराना अनिवार्य नहीं है। यद्यपि आसानी से उन्हें समरूपी भी नहीं बनाया जा सकता। आपसी भिन्नताओं के कारण ही इस बात की महती आवश्यकता है कि उनमें आपसी संवाद हो जिससे वे एक-दूसरे को समझ सकें और एकरूपता के प्रयासों से बची रह सकें। ऐसा संवाद आपसी विश्वास और सम्मान के माहौल में ही सम्भव है। सभ्यताओं/संस्कृतियों के बीच संवाद की सफलता का नया पैराडाइम गढ़ने में ही साभ्यतिक संघर्ष से मुक्ति सम्भव है।

(2)

इससे पहले कि हम सभ्यताओं के मध्य संवाद की सम्भावनाओं पर विचार करें हमें, संक्षेप में, यह भी समझना अनिवार्य है कि संवाद से हमारा तात्पर्य

क्या है। संवाद का अर्थ न तो बैठे-ठाले की गपशप है और न मात्र आपस में सूचनाओं का आदान-प्रदान जिसमें किसी प्रकार की व्यक्तिगत वचनबद्धता नहीं होती। एक अर्थपूर्ण संवाद में एक व्यक्ति अपने को दूसरे के सामने खोलता है और दूसरा उसका प्रतिदान करता है जिसके परिणामस्वरूप दोनों व्यक्तियों को नयी अन्तर्दृष्टि मिलती है, ग़लतफ़हमियाँ दूर होती हैं और उनमें बदलाव की सम्भावना जगती है। संवाद की सफलता के लिए ज़रूरी है कि आत्म-निश्चितता का परित्याग किया जाये और सीखने को तैयार रहा जाये। गैडामर, जिन्हें संवाद का दार्शनिक कहा जाता है, का कहना है कि मानव जीवन में संवाद कोई आकस्मिक या हाशिये पर घटने वाली नहीं बल्कि महत्त्वपूर्ण और केन्द्रीय परिघटना है। जीवित रहने के लिए हमें जिस तरह खाना, पीना और नींद अनिवार्य है, उसी तरह ठीक ढंग से जीवन जीने के लिए हमें यह समझना अनिवार्य है कि हम कौन हैं? दूसरे कौन हैं? वे हमारे बारे में क्या कह रहे हैं? क्या हो रहा है? इसके लिए यह प्रश्न पूछना भी अनिवार्य है कि कहने का मतलब क्या है? और इसी के साथ संवाद की शुरुआत होती है, जहाँ हम न केवल प्रश्न पूछते हैं अपितु दूसरे को सुनते और उस पर विचार करते हैं। संवाद की सफलता के लिए विशेषकर जब हम अन्तर्सांभ्यतिक संवाद में रत हों, हमें न तो अधिक निष्क्रिय रहना चाहिए और न ही अधिक स्वाग्रही हठधर्मिता से काम लेना चाहिए।

अन्तर्सांभ्यतिक–संवाद का तात्पर्य यह बिल्कुल नहीं है कि विशालकाय सभ्यताएँ कहीं बैठकर आपस में संवाद करने लगें। ऐसा सम्भव नहीं है। न इसे अन्तर्धार्मिक संवाद की तर्ज पर उनके प्रतिनिधियों–विशिष्ट संभ्रान्त जनों तक सीमित रखा जा सकता है। अन्तर्सांभ्यतिक संवाद का वास्तविक अर्थ दोनों पक्षों के सामान्यजनों के बीच संवाद ही है। यह किसी समूह, समुदाय या देश के भीतर हो सकता है। अन्तर्सांभ्यतिक संवाद मूल रूप में एक सीखने वाली शैक्षिक प्रक्रिया है जिसके द्वारा अज्ञान, दुराग्रह और पूर्वाग्रहों को दूर किया जा सकता है। इसके अन्तर्गत एक सांस्कृतिक परम्परा के लोगों को दूसरी सांस्कृतिक परम्परा के लोगों के रीति-रिवाजों, विश्वासों और जीवन-स्थितियों से रूबरू कराना है। इसका मुख्य उद्देश्य भिन्नताओं की खोज, पूछताछ और उनकी पहचान, प्रशंसा के बीच सन्तुलन स्थापित करना है। मनुष्य जाति का भविष्य इस बात पर इतना निर्भर नहीं है कि वह प्राकृतिक संसाधनों का उपयोग कैसे करता है वरन् इस बात पर ज़्यादा निर्भर है कि वह दूसरे मनुष्यों, संस्कृतियों के साथ कैसे व्यवहार करता है।

गहराई से देखने पर अन्तर्सांभ्यतिक संवाद का उद्देश्य मानव जाति को नैतिक, न्यायपूर्ण और सभ्य व्यवहार के उन्नत स्तर तक पहुँचने में मदद करना है। इससे भूमण्डलीकरण का एक नया अर्थ भी सामने आता है जो बाज़ार, सूचना और तकनीक के भूमण्डलीकरण से भिन्न है। यह सीखने का भूमण्डलीकरण है जो न्याय और नैतिकता के मानदण्डों के आधार पर भूमण्डलीय शिष्टाचार के परिष्कार की सम्भावना जगाता है। ऐसा नहीं है कि यह सांस्कृतिक भिन्नता को गम्भीरता से नहीं लेता किन्तु यह सांस्कृतिक सापेक्षता का समर्थन भी नहीं हो सकता।

मूल रूप से अन्तर्साभ्यतिक संवाद का उद्देश्य भिन्नताओं को एकरूपता में ढ़ाले बग़ैर सीमाओं को लाँघना है। इसके लिए जितना खोजपूर्ण होना आवश्यक है, उतना ही आत्म-आलोचना के साथ स्वीकारने को तैयार रहना। यह एक वैश्विक विज़न से ही सम्भव है जो सत्य और शुभ पर टिका है, जहाँ सभी प्रकार के जैविक विभिन्नताओं का सम्मान हो।

आज जब भूमण्डलीकरण के दबाव में विभिन्न सांस्कृतिक-भाषिक समूह एक-दूसरे से अन्तःक्रिया करने को बाध्य हैं और सूचना प्रौद्योगिकी ने अनजाने विचार, विश्वास, रीति-रिवाजों, जीवनशैलियों को खोलकर रख दिया है, हम उनको समझने और उनके साथ अपने सम्बन्धों को जाँचने-परखने-बदलने के लिए रोज़मर्रा की ज़िन्दगी में अन्तःसांस्कृतिक संवाद में बराबर लगे हुए हैं। इसका अहसास हमें तब होता है, जब परम्परा और आधुनिकता के द्वन्द्व से हमारा जीवनगत सामना होता है या हम वैकल्पिक आधुनिकता के विमर्श के भागीदार होते हैं। जिस समय हम यह विचार कर रहे होते हैं कि अपने बच्चों को कैसे संस्कार दें तो हम जाने-अनजाने अपने भीतर अन्तःसांस्कृतिक संवाद कर रहे होते हैं।

यदि हम यह स्वीकार करते हैं कि आधुनिकता के पश्चिमी मॉडल में कुछ ख़ामियाँ भी हैं तो हमें इसकी आँख बन्द करके नक़ल नहीं करनी चाहिए। हमें अपनी सांस्कृतिक ज़रूरतों के हिसाब से अपने ढंग का मॉडल गढ़ना होगा। न अति निष्क्रियता से और न अति आक्रामकता से यह सम्भव होगा। अन्तःसांस्कृतिक संवाद के ज़रिये ही हमें वह विवेक-मन्त्र प्राप्त हो सकता है जो हमें अपनी और दूसरी संस्कृतियों के श्रेष्ठ तत्त्वों के प्रभावी मूल्यांकन और आत्मसातीकरण की क्षमता प्रदान करे। हर संस्कृति के पास कुछ-न-कुछ अमूल्य है जो वह विश्व को दे सकती है। यह तभी सम्भव है जब हम अन्तःसांस्कृतिक टकराव के विजय, परिवर्तन और समावेशीकरण के मॉडल को त्यागकर अन्तःसांस्कृतिक संवाद के मॉडल को अपनायें। हमें अभी दूसरे को दूसरे की तरह ही सम्मान देने का तरीक़ा सीखना बाक़ी है।

अन्तःसांस्कृतिक संवाद की ज़रूरत और महत्त्व को समझने के बाद भी उसे व्यावहारिक राजनीतिक रूप दे पाना टेढ़ी खीर है। 'सभ्यताओं के सह-अस्तित्त्व' या 'एलाइन्स ऑफ़ सिविलाइजेशंस' के नाम से कई प्रारूप सामने आये हैं किन्तु ये मात्र सदिच्छाओं के पुंज साबित हुए, गहराई में संवाद कर सकने में असमर्थ रहे। दरअसल, अन्तःसांस्कृतिक संवाद की सफलता के लिए कुछ शर्तें पूरी होना ज़रूरी है, अन्यथा यह संवाद की राजनीति से ज़्यादा कुछ नहीं रह जाता है। ये शर्तें निम्न हैं–

1. साभ्यतिक जीवन-संसार की बराबरी की स्वीकृति जिसके अन्तर्गत प्रत्येक को अपनी सांस्कृतिक पहचान बनाये रखने का बराबरी से अधिकार है।
2. सांस्कृतिक आत्मबोध और आत्मज्ञान के द्वन्द्वशास्त्र की समझ का होना कि कोई भी संस्कृति अपने आपको पूरी तरह दूसरी संस्कृतियों के सन्दर्भ में ही समझ सकती है।
3. संवाद के लिए कुछ मेटा-मानकों की स्वीकृति जो किसी प्रकार के भौतिक मानकों से पूर्व स्वीकृत हों। इसके अन्तर्गत सहनशीलता और आपसी सम्मान को रखा जा सकता है।
4. सभ्यता के अस्तित्वगत स्वयं-स्थापन का अतिक्रमण कर सकने की क्षमता। इसके अन्तर्गत अपने इतिहास से परे जाकर देख सकने की क्षमता आती है।

(3)

अन्तर्साभ्यतिक संघर्ष/संवाद के ऐतिहासिक भारतीय अनुभव से काफ़ी कुछ सीखा जा सकता है जो आज के लिए भी उपयोगी है। 19वीं शताब्दी के पुनर्जागरण काल का अध्ययन इसमें महत्त्वपूर्ण है। जब अंग्रेज़ों द्वारा लायी गयी पश्चिमी सभ्यता से भारतीय सभ्यता का टकराव एक ओर तो अपनी प्राचीन सभ्यता की जड़ों की खोज में तेज़ी लाता है तो दूसरी ओर बाहरी सभ्यता का कई मायनों में विरोध और कई मायनों में समर्थन के रूप में सामने आता है। फलस्वरूप, 'पश्चिमी विज्ञान और भारतीय अध्यात्म' ऐसा एक समाधान हमें बहुतेरे लेखकों-विचारकों-नेताओं के मुँह से सुनने को मिलता है। यह बात ध्यान देने की है कि कहीं भी सांस्कृतिक सापेक्षता का उग्र रूप देखने को नहीं मिलता जो यह कहे कि पूर्व और पश्चिम बन्द कोठरियाँ हैं जिनमें कोई आपसी संचार सम्भव ही नहीं है। स्वतन्त्रता, समानता, बन्धुता और मानवीय अधिकारों को वरीयता देने वाले पश्चिमी मूल्यों को हमने स्वीकारा और अपने स्वतन्त्रता

आन्दोलन को एक धार दी, साथ ही अनेक सामाजिक-सांस्कृतिक कुरीतियों से मुक्ति पायी। हममें एक सांस्कृतिक आत्मविश्वास जागा और हमने एक ऐसा संविधान बनाया जिसे किसी एक संस्कृति का मूर्तरूप नहीं कह सकते। इस सारी परिघटना में अन्तःसांस्कृतिक टकराव भी था तो संवाद की कोशिश भी। तभी हम आधुनिकता और परम्परा का एक तालमेल तैयार कर सके। लेकिन यह संवाद के लिए आदर्श स्थिति नहीं है क्योंकि यह उन सभी शर्तों को पूरा नहीं करता जिनका ज़िक्र हम ऊपर कर आये हैं। यद्यपि यह उन अनेक देशों से अच्छी है जो अपने उत्तर-औपनिवेशिक दौर में या तो पूरी तरह पश्चिमीकरण के शिकार हो गये या फिर पुनरुत्थानवादी/आतंकवादी गतिविधियों का शिकार हो गये। आज भूमण्डलीकरण के दौर में भी हमें अपनी बौद्धिक लचीलेपन की क्षमता बनाये रखनी होगी जिससे हम बाहर से आने वाले सांस्कृतिक प्रभावों से संवाद कर सके और अपनी ज़रूरत के हिसाब से उनमें चयन कर सकें। किन्तु जो देखने में आ रहा है वह नक़लचीपन है, संवाद के विलोड़न से निकला मक्खन नहीं। ऐसा क्यों है? हमें यह नहीं भूलना चाहिए, जैसा कि रिचर्ड रोर्टी ने कहा है कि आधुनिक पश्चिम ने एक 'उम्मीद की संस्कृति' पैदा की है जो 'बर्दाश्त की संस्कृति' से भिन्न है और यही कारण है कि सदियों से ग़रीबी, अभाव, अशिक्षा, अस्वास्थ्य में डूबे लोगों को जब आर्थिक सम्पन्नता/भोग की किरण दिखाई दी तो वे उसके पीछे हो लिये, बिना यह समझे कि विज्ञान और तकनीक के विकास में पश्चिम ने क्या-क्या खोया है।

वह क्षति, जिसकी ओर शायद नीत्से ने सबसे पहले ध्यान दिलाया था, नकारवाद (Nihilism) का सामान्य ख़तरा है जो वर्तमान में सभी सभ्यताओं/संस्कृतियों को अपना शिकार बनाता जा रहा है। संस्कृतियों के बीच संवाद एक ऐसा अवसर है, जहाँ इस ख़तरे से निपटने के तरीक़े खोजे जा सकते हैं। तकनीक पर आधारित आधुनिक सभ्यता एक विश्व सभ्यता का दर्जा पाती जा रही है जो अपनी गिरफ़्त में धीरे-धीरे सभी संस्कृतियों को लेती जा रही है जिसके परिणामस्वरूप एक गृह-निर्वासन (Homelessness) की स्थिति ने जन्म लिया है जिसकी ओर हाइडेगर ने ध्यान दिलाया है। पूर्व में मार्क्स ने इसे पूँजीवादी सभ्यता में 'अलगाव' की समस्या के रूप में देखा था और बाद में हरबर्ट मारक्यूज ने इसे 'एक आयामी मनुष्य' की नियति के रूप में सामने रखा था। अन्य विचारकों ने फिर चाहे वे एरिक फ्राम हों, हन्ना अरेंट हो या फिर आज के चार्ल्स टेलर हों, अपने-अपने ढंग से इस समस्या को समझने का प्रयास किया है। सांस्कृतिक दृष्टि से, भूमण्डलीकृत बाज़ार में मनुष्य, मात्र उपभोक्ता बनकर

रह गया है। क्या यही मानव-नियति है या इसका कोई विकल्प सम्भव है। मेरी दृष्टि में यही वह वास्तविक मुद्दा है जिसके चारों ओर अन्तर्साभ्यतिक संवाद अपने को केन्द्रित कर सकता है। क्या पुरानी संस्कृतियों में ऐसी कोई जीवनी शक्ति है जिसे बचाकर इस स्थिति से पार पाया जा सकता है? यदि नहीं, तो क्या संवाद के माध्यम से कुछ नये सूत्र गढ़े जा सकते हैं जो इस निर्वासन से मुक्ति दिला सकें। यह तो समय ही बतायेगा कि उक्त चुनौती का सामना हम कितनी सफलतापूर्वक कर पाते हैं।

लिव-इन-रिलेशन : विवाह की तैयारी या उसका विकल्प

विवाह संस्था आज सवालों के घेरे में है। ऐसा नहीं है कि ये सवाल एकदम नये हैं, पहले भी इस संस्था को प्रश्नांकित करने वाले रहे हैं। किन्तु आज तेज़ी से बदलते समाज में पुराने सवालों की चुभन कुछ ज़्यादा ही बढ़ गयी है और साथ ही कुछ नये प्रश्न भी खड़े हो गये हैं। बदलाव को गति देने में जहाँ एक ओर पिछली शताब्दी में उभरकर आई आत्मनिर्भर स्त्री और उसका मुक्ति-संघर्ष है तो दूसरी ओर भूमण्डलीकरण के अपने दबाव भी हैं जो स्त्री-पुरुष सम्बन्धों को नया स्पेस तो दे रहे हैं किन्तु उनका वस्तुकरण भी कर रहे हैं। यौन-नैतिकता का पुराना ढाँचा चरमरा उठा है। अब तक अनैतिक माने जाने वाले एकलिंगी (गे, लेस्बियन) सम्बन्धों को नयी नैतिकता की दुहाई देकर क़ानूनी अधिकारों की माँग की जा रही है। साथ ही उभयलिंगी सम्बन्धों में भी नयी-नयी छूटों के साथ नये-नये प्रयोग भी हो रहे हैं। विवाह-पूर्व और विवाह-पश्चात्, विवाह के बाहर कार्य सम्बन्धों की संख्या और स्वीकार्यता बढ़ती जा रही है। तलाक़ लेना और देना अब पहले जैसी सामाजिक अवमानना की दृष्टि से नहीं देखा जाता। यह सोचकर कि तलाक़शुदा ज़िन्दगी जीने से कहीं अच्छा है कि लिव-इन-रिलेशन में रहा जाये, कई जोड़े बिना विवाह किये सहजीवन के विकल्प को चुन रहे हैं, जहाँ न किसी क़िस्म की सामाजिक बाध्यता है और अलग होने पर न कोई क़ानूनी झँझट।

यह सही है कि इसके पीछे महानगरों में जी रहे युवक-युवतियों का अपना जीवन-संघर्ष (पैसे और स्थान की कमी) है किन्तु जीवन-शैलीगत इस नये प्रयोग को केवल मजबूरी के नाम पर तो औचित्य प्रदान नहीं किया जा सकता। इन सम्बन्धों के, विशेषकर भारत जैसे देश में, औचित्य-अनौचित्य के प्रश्न पर विचार करने के लिए निम्न प्रश्नों से टकराना ज़रूरी है। क्या माँ-बाप द्वारा तय किये गये या प्रेम-विवाह समय के साथ अपना अर्थ खो चुके हैं? क्या विवाह के एक नये ढाँचे की ज़रूरत है जिसको उभारने के लिए लिव-इन-रिलेशन एक तैयारी की तरह स्वीकार किया जाना चाहिए? या परम्परागत विवाह ही सारे फ़साद की

जड़ है जिसे आमूलचूल उखाड़ फेंकने में ही मानव मात्र की भलाई है? ऐसे में लिव-इन-रिलेशन को क्या परम्परागत विवाह के विकल्प के रूप में स्वीकारना चाहिए? क्या लिव-इन-रिलेशन में ही प्रेम और स्वतन्त्रता के दोनों मूल्यों का सर्वोत्तम समन्वय सम्भव है? परम्परागत विवाह के मुक़ाबले लिव-इन-रिलेशन में उत्पन्न बच्चों का लालन-पालन क्या अधिक अच्छे ढंग से सम्भव है या उन पर माँ-बाप के अलग हो जाने का भय एक नंगी तलवार की तरह हमेशा लटकता रहता है? लिव-इन-रिलेशन के टूट जाने के बाद बिना ब्याह के बच्चों वाली माँ की आर्थिक-सामाजिक-मानसिक-क़ानूनी स्थिति क्या होगी? क्या लिव-इन-रिलेशन में जीने वालों को परम्परागत विवाह के पति-पत्नी वाले रोल मॉडल की संस्कारगत प्रत्याशाओं में ढल जाने का ख़तरा नहीं है जो फिर से उन्हीं बुराइयों के जंगल में भटक सकता है जिसके विकल्प के रूप में लिव-इन-रिलेशन की परिकल्पना की जाती है? लिव-इन-रिलेशन की सफलता का रहस्य क्या है या हो सकता है? भले ही आज यह केवल सीमित जोड़ों के लिए सम्भव हो, क्या इसे स्त्री-पुरुष सम्बन्धों के भविष्य के व्याकरण के रूप में देखा जा सकता है? इसके अलावा परम्परागत विवाह के पक्षधर धर्म और समाज के ठेकेदारों द्वारा उठाये जाने वाले छाती-कूटन प्रश्न तो हैं ही जिनका सामना करना (सैद्धान्तिक कम लेकिन व्यावहारिक ज़्यादा) भी ज़रूरी है जिनमें बहस की जगह कम है, जीवन-रक्षा का प्रश्न ज़्यादा महत्त्वपूर्ण है।

(1)

उपरोक्त प्रश्नों का समुचित विवेचन करने से पूर्व यह ज़रूरी है कि हम उन सवालों का भी परीक्षण कर लें जिनके कारण परम्परागत एकनिष्ठ विवाह कठघरे में खड़ा है। यदि उनमें कोई दम ही नहीं है तो फिर विवाह के किसी विकल्प का सन्धान क्यों? वर्तमान भारत में प्रचलित परम्परागत विवाह की आलोचना निम्न आधारों पर की जाती है।

1. जाति-वर्ण-धर्म-रंग को प्रधानता।
2. धन-पद-ख़ानदान को प्राथमिकता।
3. सामाजिक-क़ानूनी दबाव।
4. स्त्री-पुरुष ग़ैर-बराबरी।
5. मिल्कियत का भाव।
6. दहेज।
7. अनावश्यक प्रदर्शन, फ़िज़ूलख़र्च, दिखावा।

8. प्रेम और स्वतन्त्रता का अभाव।

ऐसा नहीं है कि हम इन आलोचनाओं से परिचित नहीं हैं। इसलिए यहाँ इनकी विस्तार से चर्चा अपेक्षित नहीं है। अधिक महत्त्वपूर्ण सवाल यह है कि अधिकांश बुराइयों से परिचित होने और उनको भुगतने के बावजूद हम उनको लगातार नज़रअन्दाज़ करते रहते हैं? हम इनके आधार पर विवाह संस्था को ही प्रश्नांकित करने से क्यूँ बचते रहते हैं? यह सच है कि हमारे सामाजिक-सांस्कृतिक संस्कार हमें ऐसा करने से रोकते हैं। अपनी तमाम कमियों के बावजूद परम्परागत विवाह की वैचारिकी (Ideology) की पकड़ हमारे मानस पर इतनी गहरी है कि हम उन पूर्व-मान्यताओं पर कभी सवाल नहीं उठाते जो एकनिष्ठ परम्परागत विवाह संस्था को रक्षात्मक आधार प्रदान करती है। अब समय आ गया है कि हम इस जकड़न से मुक्त हो विवाह के पक्ष में स्थापित पूर्व-मान्यताओं और दी जाने वाली दलीलों पर पुनर्विचार करें।

हमारी सांस्कृतिक पूर्व-मान्यता, कि अच्छी ज़िन्दगी का मतलब शादी करके, एक-दूसरे के प्रति वफ़ादार रहते हुए सुखी जीवन व्यतीत करना है, इतनी गहरी धँसी है कि पिछले समय तक अधिकांश हिन्दी फ़िल्में जो प्रेम के लिए संघर्ष के चारों तरफ़ घूमती रहती थीं, विवाह पर आकर समाप्त हो जाती थीं, जैसे कि इसके बाद फिर कोई समस्या ही नहीं हो। इस पूर्व-मान्यता का परीक्षण करने के लिए यह समझना ज़रूरी है कि एकनिष्ठ, परम्परागत विवाह जिन सिद्धान्तों पर टिका है। वे चार हैं–

1. विवाह के ज़रिये एक ऐसे औपचारिक, अनुबन्धात्मक सम्बन्ध का निर्माण होता है जिसकी अर्हतायें क़ानूनी रूप से बाध्यकारी होती हैं और जिसका विच्छेद भी क़ानूनी रूप से ही सम्भव है।
2. इसमें केवल दो ही व्यक्ति भागीदार हो सकते हैं। यह न केवल सम्बन्धों की एकमात्र सम्भावना को मान्यता देता है अपितु उसमें भागीदारों की संख्या को भी केवल दो तक सीमित कर देता है।
3. कोई भी व्यक्ति एक समय में एक विवाह से अधिक में भागीदार नहीं हो सकता। पूर्व-साथी की मृत्यु या उसमें औपचारिक तलाक़ होने के बाद ही दूसरा विवाह मान्य है।
4. वैवाहिक व्यक्ति को अपने साथी के अलावा किसी अन्य के साथ काम सम्बन्ध बनाने की छूट नहीं है। यह रोक परस्पर सम्भोग तक सीमित नहीं है अपितु विवाह के बाहर किसी तरह के अन्तरंग यौनिक सम्बन्धों पर लागू होती है।

उपरोक्त चार सैद्धान्तिक प्रतिबन्धों के आधार पर हम कह सकते हैं कि एकनिष्ठ विवाह, राज्य द्वारा क़ानूनी रूप से नियमित, दो व्यक्तियों की एक-दूसरे की कामशक्ति की एकनिष्ठ रूप से मिल्कियत का नाम है। विवाह व्यक्तिगत सम्पत्ति का ही एक रूप है जिसमें एक पुरुष या स्त्री को दूसरे साथी को अनन्त काल तक किसी अन्य के साथ काम-सम्बन्ध से दूर रहने या रखने का अधिकार प्राप्त होता है। अब देखना यह है कि विवाह का यह संरचनात्मक ढाँचा क्या उन उद्देश्यों की प्राप्ति में सफल हो सकता है जो विवाह के पक्षधरों द्वारा विवाह के औचित्य के रूप में प्रस्तुत किये जाते हैं।

यह सही है कि परम्परागत विवाह को औचित्य प्रदान करने में परम्परागत धर्मों का बड़ा हाथ रहा है। एक सर्वशक्तिमान ईश्वर द्वारा अपने चुने हुए प्रतिनिधियों के माध्यम से यह सन्देश आम अनुयायी तक पहुँचाया जाता रहा है कि स्त्री-पुरुष के बीच सम्बन्धों का स्वरूप कैसा होना चाहिए। लेकिन यदि हम इस तरह के तर्क को दरकिनार कर देखें तो एकनिष्ठ विवाह के पक्ष में तीन तरह की दलीलें दी जाती रही हैं। तीनों में इस बात में समानता है कि एकमात्र विवाह ही काम-सम्बन्धों का ऐसा औचित्यपूर्ण सन्दर्भ प्रदान करता है जिसमें वह शुभता प्राप्त की जा सकती है जो अन्यत्र सम्भव नहीं। प्रसिद्ध दार्शनिक कांट का मानना था कि विवाह ही काम से जुड़े वस्तुकरण (Objectification) को नैतिक रूप से रूपान्तरित करके, अनैतिकता के ख़तरों से बचाते हुए, प्रजनन को नैतिक रूप से सम्भव बनाता है। प्राकृतिक क़ानून के सिद्धान्तकारों का मत है कि मूलभूत मानवीय शुभतायें, प्रजनन और वैवाहिक स्नेह या मित्रता केवल विवाह के अन्तर्गत ही सम्भव है। तीसरा तर्क रोजर स्क्रूटन का है जो यह कहते हैं कि विवाह नैतिक रूप से उत्कृष्ट रत्यात्मक (Rrotic) प्रेम को सम्भव बनाता है जो मानव जीवन की उत्कृष्ट खिलावट के लिए आवश्यक है।

विवाह के पक्ष में दिये जाने वाले उपरोक्त तीनों तर्क जो उसे अद्भुत रूपान्तरण की शक्ति प्रदान करते हैं, एक समान कमज़ोरी से पीड़ित हैं। किसी वैधानिक संस्था में प्रवेश के लिए गुणात्मक, मनोवैज्ञानिक रूपान्तरण की न तो ज़रूरत होती है और न ही प्रवेश मात्र से ही यह सम्भव है। स्नेह, आदरपूर्ण अभिवृत्तियों के विकास के लिए विवाह न तो आवश्यक है और न ही सम्पूरक। ये वैवाहिक सम्बन्धों के बाहर भी उतने ही सम्भव या असम्भव हैं। इस मामले में वैवाहिक सम्बन्धों को प्राथमिकता देने से विवाह के कटु यथार्थ से निगाहें ज़रूर हट सकती हैं जो उसके निष्पक्ष मूल्यांकन के लिए घातक हैं। यह भी स्वीकार करने का कोई औचित्य नहीं दीखता कि प्रजनन और बच्चों के लालन-पालन में

विवाह को अन्य संस्थाओं के मुक़ाबले कोई गुणात्मक वरीयता प्राप्त है बल्कि ऐसा मानने से इस बात की सम्भावना ज़रूर हो सकती है कि परवाह करने वाले अन्य सम्बन्धों जैसे मित्रता आदि को कम करके आँका जाये। आज के एकल विवाहों की तरफ़ नज़र दौड़ायें तो यह साफ़ दिखाई देता है कि बच्चों के लालन-पालन की ज़िम्मेदारी से बचने के लिए वे उन्हें पैदा करने से ही बचने लगे हैं क्योंकि उनकी मदद करने वाला अन्य कोई नहीं है।

इस तर्क में भी अधिक दम नहीं है कि विवाह, रत्यात्मक प्रेम को खिलने का अवसर प्रदान करता है। ज़्यादातर अनुभव इसके विपरीत ही हैं। प्रेमी-प्रेमिका के पति-पत्नी बनते ही रत्यात्मक प्रेम हवा हो जाता है। इसका कारण यह है कि प्रेम स्वतन्त्रता के गमले में खिलने वाला फूल है और ग़ैर-बराबरी वाले शक्ति-सम्बन्ध के बीच मुरझाने को अभिशप्त है। हाँ, कुछ वैवाहिक जोड़ों के बीच स्नेह-आदरपूर्ण सम्बन्ध ज़रूर दिखाई देता है किन्तु ऐसा विवाह के बाहर भी सम्भव है और फिर अपवाद को नियम तो नहीं माना जा सकता। सच तो यह है कि किसी भी क़िस्म के रत्यात्मक सम्पर्क से साथी को विरत रखने की एकनिष्ठ विवाह की रणनीति आपस में असुरक्षा, कलह, ईर्ष्या और अलगाव पनपाने की व्यवस्थाजनित कारक है जिसका आवश्यक परिणाम असन्तोष, असंवेदनशीलता और आक्रामकता में होता है जो ज़्यादा बढ़ जाने पर तरह-तरह के विचलनों को जन्म दे सकता है।

उपरोक्त विवेचन के आधार पर हम कह सकते हैं कि एकनिष्ठ विवाह की वर्तमान प्रणाली को आवश्यक या सम्पूरक रूप से नैतिक मानना ग़लत है। इसका मूल्यांकन इससे उत्पन्न अच्छाई-बुराई, लाभ-हानि दोनों की तुलना के आधार पर किया जाना चाहिए। इस दृष्टि से देखने पर इसमें ख़ामियाँ ज़्यादा और अच्छाई कम नज़र आती हैं। अतः वर्तमान विवाह संस्था में मूलभूत सुधार या उसके विकल्प की खोज की ज़रूरत से इनकार नहीं किया जा सकता। अब देखना यह है कि लिव-इन-रिलेशन क्या इसका समुचित उत्तर हो सकता है।

(2)

लिव-इन-रिलेशन का भारतीय सन्दर्भ में मूल्यांकन करने से पहले इस भ्रान्ति से मुक्त होना ज़रूरी है जो यह समझती है कि वर्तमान एकनिष्ठ विवाह पद्धति सनातन है। ऐतिहासिक दृष्टि से देखने पर पता चलता है कि यह तो बहुत बाद की उत्पत्ति है। इसके पूर्व, विभिन्न समाजों में, समय-समय पर, विभिन्न प्रकार की पद्धतियाँ रही हैं। भारत भी इसका अपवाद नहीं है। जिन लोगों को इस पर आपत्ति हो, उन्हें इतिहासकार विश्वनाथ काशीनाथ राजवाडे का ग्रन्थ

'भारतीय विवाह संस्था का इतिहास' पढ़ना चाहिए। सामान्य ज्ञान के स्तर पर भी महाभारतकाल की कथाओं में यौन नैतिकता का रूप आज से बहुत भिन्न दिखाई देता है। बहुपत्नीत्व वाली पद्धति तो हिन्दू समाज में कुछ वर्ष पूर्व तक सामान्य रूप से स्वीकृति थी, स्वतन्त्रता प्राप्ति के बाद जिसे क़ानून द्वारा एकनिष्ठ विवाह पद्धति में बदला गया। मुसलमानों में अभी भी वह मान्य है। इतिहास में अधिकांश समय तक बहुपत्नी विवाह का ही चलन रहा है। कहने का तात्पर्य यह है कि यह भ्रम ही है कि वर्तमान विवाह पद्धति सनातन और श्रेष्ठतम है। ऐतिहासिक विकास क्रम में इसकी उत्पत्ति हुई है और कल इसका स्थान स्त्री-पुरुष के काम-सम्बन्धों का नियमन करने वाली कोई दूसरी पद्धति भी ले सकती है। कोई भी मनुष्य-निर्मित संस्था या पद्धति सम्पूर्णता का दावा नहीं कर सकती। उनमें सुधार की गुंजाइश तो हमेशा बनी ही रहती है। इसलिए विकल्पों की खोज तो जारी रहनी चाहिए। लिव-इन-रिलेशन का मूल्यांकन भी इन्हीं दोनों आधारों पर किया जाना चाहिए। क्या इसे वर्तमान विवाह पद्धति में अपेक्षित सुधार के रूप में देखा जाये या फिर एक नये विकल्प के रूप में इसे स्वीकार या अस्वीकार किया जाये? लेकिन उसके पहले ठीक से यह भी समझना ज़रूरी है कि लिव-इन-रिलेशन आख़िर है क्या?

लिव-इन-रिलेशन सम्बन्धों का ऐसा विन्यास है जिसमें बिना विवाह किये जोड़े, विवाह के समान ही एक दीर्घजीवी सम्बन्ध जीते हैं। ऐसा वे अनेक कारणों से कर सकते हैं। कुछ लोग ऐसा निर्णय प्रेम की ख़ातिर करते हैं तो दूसरे लोग विवाह से पूर्व एक-दूसरे की अनुकूलता को साथ रहकर जाँचने के इरादे से भी ऐसा करते हैं। स्थान और पैसे की तंगी के कारण भी महानगरों में संघर्षशील कुछ युवा ऐसा व्यावहारिक रूप से सुविधाजनक मानकर भी कर लेते हैं। इससे तीन तरह के इरादे परिलक्षित होते हैं। पहले वे हैं जो विवाह की औपचारिक वर्तमान संस्था के लिए एक टेस्ट ड्राइव की तरह लिव-इन-रिलेशन का सहारा लेते हैं। इससे वे एक-दूसरे के अनुकूल न होने की स्थिति में अलग होने के पहले तलाक़ के झँझट से बच जाते हैं। दूसरे वे हैं जो विवाह संस्था को गुज़रे ज़माने की चीज़ मानते हैं और लिव-इन-रिलेशन को एक सार्थक विकल्प के रूप में चुनते हैं। उनका इरादा क़ानूनी विवाह करने का कभी नहीं होता किन्तु वे जब तक अनुकूलता बनी रहे, साथ रहने में विश्वास करते हैं। तीसरे व्यावहारिक कारणों से साथ रहते हैं और विवाह करने या न करने का निर्णय आगे की परिस्थितियों पर छोड़ देते हैं।

यह सही है कि लिव-इन-रिलेशन का विचार एकदम नया नहीं है। लेकिन

तेज़ी से हो रहे आर्थिक-सामाजिक बदलाव, जिसकी चर्चा हम पहले कर चुके हैं, ने वे परिस्थितियाँ निर्मित की हैं जिनमें इनका होना ज़्यादा सहज जान पड़ता है। दोहरे विस्थापन की मार झेलते महानगरीय युवाओं के लिए जो आर्थिक रूप से अभी परिवार का बोझ उठाने लायक़ नहीं हुए हैं और परम्परागत विवाह में विश्वास खो चुके हैं या उसकी ख़ामियों से बचना चाहते हैं लेकिन काम की नैसर्गिक वृत्ति का दमन करने के पक्ष में भी नहीं हैं, यह स्वाभाविक ही है कि वे अपने ऐसे साथी की तलाश कर, सहजीवन में रहकर, जीवनसाथी की खोज करें। इसमें विवाह-पूर्व काम-सम्बन्धों को वर्जित मानने की पुरानी मान्यता का कोई अर्थ ही नहीं है। यह तो विवाह के अधिक सशक्त आधार—आपसी प्रेम और अनुकूलता की तलाश है जिसे किसी भी तरह आपत्तिजनक नहीं माना जा सकता। अधिकांशतः ऐसे लोग आगे चलकर क़ानूनी वैवाहिक बन्धनों में बँध जाते हैं जिससे उन्हें समाज की व्यापक स्वीकृति भी प्राप्त हो जाती है। इसे परम्परागत विवाह पद्धति में एक सुधार के रूप में भी देखा जा सकता है जिसमें, किसी सीमा तक, उन बुराइयों से बचा जा सकता है जिनकी चर्चा हम ऊपर कर आये हैं। यह प्रेम-विवाह का ही अधिक परिष्कृत रूप है। पहले के प्रेम-विवाहों की कमी यह थी कि वे रोमानी प्रेम पर आधारित होते थे जो अपने स्वभाव में इतना अस्थिर, चंचल और तीव्र होता है कि दीर्घ जीवन के लिए समझदारीपूर्ण निर्णय की शक्ति को हर लेता है। कई बार तो कच्ची उम्र के युवा मात्र शारीरिक आकर्षण और प्रेम के बीच अन्तर कर पाने में भी सक्षम नहीं होते। ऐसे में लिव-इन-रिलेशन में जीवन की स्वाभाविक परिस्थितियों में, साथ-साथ रहते हुए एक-दूसरे के स्वभाव, गुण, दोष, मूल्य और आपसी अनुकूलता को भविष्य के लिए विवाह के निर्णय के वास्ते आसानी से जाँचा-परखा जा सकता है।

विवाह की सफलता इस बात पर कम निर्भर करती है कि दोनों के बीच कितनी समानता है बल्कि इस पर ज़्यादा कि दोनों अपने बीच की विषमताओं को कैसे हैंडल करते हैं। साथ रहते हुए उनका उभरना लाज़मी है और यदि दोनों पक्षों को लगे कि विषमताएँ (स्वभाव, रुचियों, मूल्यों) समाधेय नहीं हैं तो अनमेल विवाह की वर्तमान त्रासदी से बचा जा सकता है। साथ रहकर ही आत्मीयता और परवाह के वास्तविक स्तर की भी परख होती है जिसके बिना दीर्घकालीन सम्बन्ध जैसे विवाह की कल्पना तक दुष्कर है। इसके लिए आज हम रोमानी प्रेम के स्थान पर मैत्रीपूर्ण, स्नेह सम्बन्ध की वकालत करने लगे हैं। यदि हम चाहते हैं कि माँ-बाप द्वारा तय किये गये या अल्प समय के आकर्षण के आधार पर होने वाले विवाहों से नयी पीढ़ी को बचाया जा सके तो विवाह-पूर्व प्रयोग के रूप

में लिव-इन-रिलेशन को सामाजिक मान्यता देना अनिवार्य है। क़ानूनी मान्यता तो उसे पहले ही मिल चुकी है।

लिव-इन-रिलेशन के विरोध में दिये जाने वाले तर्कों को हम दो श्रेणियों में रख सकते हैं। पहले वे हैं जो परम्परागत एकनिष्ठ विवाह पद्धति की श्रेष्ठता पर आधारित हैं। दूसरे वे हैं जो लिव-इन-रिलेशन की अपनी ख़ामियों को निशाना बनाते हैं। विस्तार से पहले का उत्तर हम पीछे दे आये हैं। आइये, दूसरे तरह की आलोचना पर भी एक नज़र डाल लें। यह कहा जाता है कि लिव-इन-रिलेशन से समाज में फ्री सेक्स को बढ़ावा मिलेगा, कम उम्र में बिन ब्याही माँ और उसके बच्चों की समस्या से निपटना होगा, स्थायित्व के अभाव में परिवार का ढाँचा चरमरा जायेगा, समाज द्वारा अमान्य होने की स्थिति में बच्चों के स्वस्थ लालन-पालन पर बुरा असर पड़ेगा, एक बार लिव-इन-रिलेशन के टूट जाने के बाद दुबारा उसमें जाना इतना आसान नहीं होगा जिससे समाज में एक अभिभावक वाले परिवारों की संख्या बढ़ जायेगी जो कहीं से ठीक नहीं लगता, टूटन से जुड़ी नशीली दवाओं के सेवन, हताशा और हिंसा आम हो जायेगी, पारिवारिक मूल्यों के ह्रास के साथ-साथ समाज बिखर जायेगा, जीवन की सारी शुभता नष्ट हो जायेगी। भारतीय समाज में लिव-इन-रिलेशन की सामाजिक स्वीकृति न होने से ऐसे जोड़ों का सामाजिक जीवन, उनके बच्चों की परवरिश प्रभावित हुए बिना नहीं रह सकती और सम्बन्ध टूटने की स्थिति में स्त्री की स्थिति पुरुष के मुक़ाबले और ख़राब हो जाने की सम्भावना है। पुरुष को दूसरा साथी आसानी से मिल सकता है लेकिन बिन ब्याही बच्चे वाली माँ को ऐसे अवसर कम ही मिलेंगे। वचनबद्धता और सामाजिक दबाव के अभाव में कई पुरुष लगातार इस खेल को खेलकर ज़िम्मेदारी से भाग सकते हैं।

सबसे पहले यह समझने की ज़रूरत है कि लिव-इन-रिलेशन फ्री सेक्स की वकालत नहीं है। यह या तो विवाह-पूर्व, जीवनसाथी के चुनाव के लिए सहजीवन का प्रयोग है या विवाह के विकल्प के रूप में एक नयी जीवन-शैली की स्थापना। हाँ, अपने साथी के साथ इसमें विवाह-पूर्व सेक्स वर्जित नहीं है किन्तु इतने तक न तो सीमित है और न एक के साथ सहजीवन में रहते हुए अन्यों के साथ काम सम्बन्धों को बढ़ावा देता है। इसकी अपनी प्रतिबद्धताएँ हैं। फ्री सेक्स और बिन ब्याही माँओं की समस्या के कारण और हैं, जैसा कि इण्डिया टुडे और आउटलुक के सर्वे बताते हैं। सेक्स को लेकर अब दृष्टि बदल रही है। आज के खुले समाज में जहाँ लड़का-लड़की को मिलने से नहीं रोका जा सकता, सेक्स का अनावश्यक दमन हिंसा और अपराध की ओर ले जा सकता है। लिव-इन-रिलेशन

इसे पहचानते हुए, उसकी सन्तुष्टि के साथ, ज़िम्मेदारीपूर्वक, दीर्घजीवी मानवीय सम्बन्धों को रचने का प्रयास है। दरअसल, यह सेक्स को ऐसे सम्बन्धों का आधार मानने से इनकार की घोषणा है, न कि परम्परागत विवाह की तरह उसे पाने की एकमात्र नैतिक मजबूरी।

सम्बन्धों के टूटने से जुड़ी समस्याएँ सभी जगह हैं, यह लिव-इन-रिलेशन की बपौती नहीं। परम्परागत विवाह भी टूटते हैं और फिर तलाक़ पाने की लम्बी प्रक्रिया से गुज़रने के दौरान और उसके बाद जिस मानसिक यन्त्रणा से गुज़रना पड़ता है, उसको वही समझ सकता है जिसने इसे भोगा हो या किसी क़रीबी को भोगते देखा हो। वे अनमेल विवाह जो टूटते तो नहीं, घिसटते रहते हैं, उन्हें भी स्थायित्व के नाम पर सफल नहीं कहा जा सकता। उनकी यातना भी, बाहर दिखती भले ही कम हो, दीमक की तरह दोनों के जीवन को खोखला ज़रूर बना देती है। इस सबसे तो अच्छा है कि सहजीवन का प्रयोग पूरे होशोहवास में यह मानकर किया जाये कि यदि अनुकूलता हुई तो साथ रहेंगे, नहीं तो अपने-अपने रास्ते जाने को स्वतन्त्र होंगे। इससे ख़तरा तो ज़रूर है, चोट की सम्भावनाएँ भी है किन्तु सँभलकर फिर से जीने की तैयारी भी है।

जहाँ तक बच्चों की परवरिश और उनकी ज़िम्मेदारी से भागने का सवाल है, उसके लिए क़ानून बनाये जा सकते हैं। इतना तो तय है कि परम्परागत विवाह भी उत्पन्न बच्चों के उचित लालन-पालन की गारण्टी नहीं देते। आज के बच्चे जिस तरह अपने माँ-बाप की महत्त्वाकांक्षाओं की बलिवेदी पर बलिदान किये जा रहे हैं, उससे एक समुन्नत समाज के निर्माण की दृष्टि से यह तर्क बेमानी लगता है। लिव-इन-रिलेशन की सैद्धान्तिकी यह मानती है कि यह स्त्री या पुरुष एक-दूसरे की निजी सम्पत्ति नहीं हैं। हमें इस विचार बच्चों को भी निजी सम्पत्ति न मानने तक बढ़ाना होगा, तभी उनका स्वस्थ विकास हो सकेगा।

विवाह में वचनबद्धता (Committment) को बढ़ा-चढ़ाकर आँकने की ज़रूरत नहीं है। वचनबद्धता एक मनोवैज्ञानिक मनोभाव है जो मात्र विवाह के अनुष्ठान में भाग लेने से या उसकी घोषणा कर देने मात्र से पैदा नहीं हो जाता। इसके लिए अधिक समय और सामाजिक अवसर की ज़रूरत होती है जो विवाह में सुलभ होते हैं। लेकिन संस्थायें जो वचनबद्धता को प्रोत्साहित करती है, वे वचनबद्धता के उद्देश्य और गुण से ज़्यादा महत्त्वपूर्ण तो नहीं हो सकतीं। यदि यह वचनबद्धता अन्यायपूर्ण, अनमेल, ग़ैर-बराबरी पूर्ण, हिंसक विवाह के प्रति हो तो क्या स्वीकार योग्य मानी जानी चहिए? प्रतिबद्धता मानवीय शुभता के प्रति होनी चाहिए, किसी संस्था के प्रति नहीं। लिव-इन-रिलेशन में

इसका स्वरूप अधिक स्वतन्त्र होता है, ग़ैर-ज़िम्मेदार नहीं। इस तरह का डर यह दिखाता है कि स्थापित विवाह की प्रतिबद्धता कितनी नक़ली और ऊपर से थोपी हुई होती है।

अपने उपरोक्त विवेचन के आधार पर हम कह सकते हैं कि लिव-इन-रिलेशन के विरुद्ध दिये जाने वाले तर्कों में ज़्यादा दम नहीं है। यह मात्र उस भय को दर्शाता है जो समाज व्यवस्था में किसी भी परिवर्तन की मात्र सम्भावना से बहुतेरों के मन में पैदा हो जाता है और वे नैतिकता के पतन के नाम पर छाती पीटने लगते हैं और मौक़ा पाकर हिंसक भी हो उठते हैं।

अभी तक हमने लिव-इन-रिलेशन पर विवाह-पूर्व एक तैयारी के रूप में विचार किया। आइये, अब थोड़ा विचार विवाह के विकल्प के रूप में भी इस पर कर लें। वो सारी बातें जो ऊपर परम्परागत विवाह के विरुद्ध तर्क के रूप में कही गयी है, उनमें यदि इतना और जोड़ दिया जाये कि अब विवाह के वर्तमान ढाँचे में सुधार की गुंजाइश बहुत कम है तो विकल्प के रूप के लिव-इन-रिलेशन को औचित्य प्रदान करने में कोई बाधा नहीं है। क्या यह सच है? प्रेम-विवाहों की बढ़ती स्वीकृति, तलाक़ और लिव-इन-रिलेशन के बदलते क़ानून आदि को देखते हुए कहा जा सकता है कि बदलाव के लिए आवश्यक लचीलापन हमारे समाज में है। विरोध में हम यह भी कह सकते हैं कि इन छोटे-मोटे परिवर्तनों से उन सारी विकृतियों का कुछ भी नहीं बिगड़ा है जो हमारे समाज में प्रचलित विवाह पद्धति में आम हैं। जब प्रेम-विवाह करने वाले जोड़ों का जीवन तक सुरक्षित नहीं है तो विवाह की तैयारी के रूप में लिव-इन-रिलेशन को कैसे स्वीकृति मिल पायेगी? और सबसे बड़ी त्रासदी यह है कि लिव-इन-रिलेशन के बाद विवाह करने वाले जोड़े, विवाह करते ही पति-पत्नी के उसी पुराने रोल मॉडल में ढलने लगते हैं जो परम्परागत विवाह का स्थापित ढाँचा उनको प्रदान करता है। इससे धीरे-धीरे वही विकृतियाँ उनके जीवन में भी स्थान पा जाती हैं जिससे विरोध में उन्होंने क़दम उठाये थे। जब तक विकल्प के रूप में स्त्री-पुरुष सम्बन्धों का नया ढाँचा उनके सामने नहीं आता या वे सतर्क रूप में उसे विकसित करने का प्रयास नहीं करते, विवाह की तैयारी मात्र के लिए लिव-इन-रिलेशन में रहना एक अधूरा क़दम है। अपेक्षित उद्‌देश्य पाने के लिए लिव-इन-रिलेशन को विवाह के जीवन-शैलीगत विकल्प के रूप में स्वीकारना होगा। तभी हम स्वतन्त्रता के साथ प्रेम को उपलब्ध कर सकेंगे।

एक बात और जो लिव-इन-रिलेशन या ऐसे ही किसी नैतिक-सांस्कृतिक परिवर्तन के विरोध में कही जाती है, उसका भी उत्तर देना यहाँ आवश्यक है।

अकसर भारतीय परम्परा और संस्कृति की दुहाई देने वाले यह कहते सुने जाते हैं कि यह सब विकृत पाश्चात्य संस्कृति की देन है जिसे न अपनाने में ही हमारी संस्कृति की सुरक्षा और भलाई है। यह बात तार्किक और ऐतिहासिक दोनों रूप से ग़लत है तथा संस्कृति की झूठी समझ पर आधारित है। संस्कृति किसी मूलभूत सारतत्त्व की तरह नहीं है जो सुदूर अतीत में किसी स्वर्ण पात्र में रखी हो और जिसे खोजना भर हो। यह किसी पेड़ की जड़ या तना भी नहीं है बल्कि नदी की बहती धारा है जिसमें अन्यान्य संस्कृतियों का जल हमेशा घुलता रहता है। भूमण्डलीकरण और संचार क्रान्ति के इस ज़माने में यह सोचना भूल है कि हम आधुनिक प्रौद्योगिकी तो अपना लेंगे किन्तु उसके साथ जुड़े आधुनिकता के मूल्यों से प्रभावित नहीं होंगे। आज ज़रूरत इस बात की है कि हम भारत मोह या पश्चिम विद्वेष से बचकर अपने विवेक को जगाने का प्रयत्न करें जिससे हम तय कर सकें कि क्या उचित और क्या अनुचित है। हमें एक बात और ध्यान रखनी चाहिए कि विश्व इतिहास में नैतिक प्रगति भी उन्हीं लोगों और उपक्रमों द्वारा सम्भव हुई है जो अपने समय में घोर अनैतिक माने गये। 1930 से पहले जब बर्ट्रेंड रसेल ने Marriage and Morals की रचना की तो उन्हें सिटी कॉलेज न्यूयार्क में नौकरी से यह कहकर निकाल दिया गया कि उनकी यह कृति नौजवानों को भ्रष्ट करने वाली है लेकिन 1950 के आसपास जब उन्हें नोबेल प्राइज़ मिला तो उसी कृति का हवाला भी दिया गया। कहने का तात्पर्य यह है कि यौन नैतिकता के मानदण्ड बदलते समय के साथ बदलते जाते हैं और हम अपने समय की ज़रूरतों के अनुरूप उनमें फेरबदल को तैयार रहना चाहिए। यह कतई सम्भव है कि आज नहीं तो कल मानवजाति की मुख्य धारा लिव-इन-रिलेशन को ही स्त्री-पुरुष सम्बन्धों की नैतिकता का उत्कृष्टतम रूप समझकर अपना ले। परम्परागत एकनिष्ठ विवाह सभ्यता के विकास की आख़िरी मंज़िल तो नहीं कही जा सकती।

हमारी बात को बल प्रदान करने वाले ऐसे अनेक उदाहरण हैं जिन्होंने जीवन शैली के रूप में लिव-इन-रिलेशन का अपनाकर सफलतापूर्वक जीवनयापन किया। इसमें जाने-माने दार्शनिक-साहित्यकार-कलाकार जोड़े शामिल हैं। ज्याँ पाल सार्त्र और सिमोन द बोउआ, अमृता प्रीतम और इमरोज और अज्ञेय और इला डालमिया की जोड़ी को हम कैसे भूल सकते हैं। लेकिन इससे एक बात स्पष्ट है कि एक जीवन-शैली के रूप में लिव-इन-रिलेशन की सफलता एक नये मानस, एक रूपान्तरित अन्तःकरण, एक विवेकवान, संवेदनशील, विकसित व्यक्तित्व पर आधारित है। जैसा कि पिछले दिनों लिव-इन-रिलेशन जीने का चयन और

अनुभव रखने वाली एक लेखिका ने लिखा कि सहजीवन की सफलता के लिए निम्न आवश्यक तत्त्व हैं, तभी ऐसे मानस का निर्माण सम्भव है—

1. सम्बन्ध के समाज द्वारा स्वीकृत नाम की चाहत से मुक्ति।
2. अपने व्यक्तित्व का मूल्यांकन दूसरे के मन्तव्यों द्वारा न हो।
3. 'मैंने तुम्हारे लिए सब छोड़ा' या 'तेरे लिए सब झेला' की भावना से मुक्ति।
4. एक-दूसरे की आज़ादी की क़द्र, भिन्नता की स्वीकृति।

साथ ही हमें यह भी नहीं भूलना चाहिए कि वर्तमान भारत में ऐसी परिस्थितियाँ, सुविधाओं का अभाव-सा है जो ऐसे विकसित, उदार मानस को जन्म दे सकें। इसलिए अभी संख्या में लिव-इन-रिलेशन तो आम नहीं हो सकते। 13वीं शताब्दी में जीने वाले से यह तो अपेक्षा नहीं की जा सकती कि वह एकाएक छलाँग मारकर 22वीं शताब्दी में कूद जायेगा। लेकिन इस दौरान हम इतना तो कर ही सकते हैं कि जीवन-शैलीगत ऐसे प्रयोग करने वालों को पत्थर तो न मारें, गला तो न काटें। पता नहीं, सुदूर भविष्य में होने वाला निर्णय हमें ही दोषी न ठहरा दे।

सन्दर्भ

1. जॉन मैकमूट्री, *'मोनोगैमी : ए क्रिटीक', द मोनिस्ट,* Vol. 56, No. 4, 1972, pp. 587-599
2. विश्वनाथ काशीनाथ राजवाडे, *भारतीय विवाह संस्था का इतिहास,* पीपुल्स पब्लिशिंग हाउस, 1986, नयी दिल्ली।
3. जूली, *'लिव-इन-रिलेशन : नये मानस का खिलावट',* कथाक्रम, जन.-मार्च, 2013, पृ. 40-44

उत्तर-आधुनिकतावाद और नारीवाद : कितने दूर, कितने पास

मार्क्सवाद के संकटग्रस्त हो जाने के पश्चात् उत्तर-आधुनिकतावाद और नारीवाद, दो महत्त्वपूर्ण विचारधाराओं के रूप में उभरकर सामने आये हैं। एक-दूसरे से प्रारम्भिक दूरी के बावजूद दोनों के बीच सम्बन्धों की पड़ताल करने के औचित्य को नकारा नहीं जा सकता। पश्चिमी आधुनिकता के महाआख्यान के विरुद्ध संघर्षरत दोनों ने न केवल दर्शनशास्त्र को कठघरे में खड़ा कर दिया अपितु दर्शनशास्त्र और व्यापक संस्कृति के बीच सम्बन्धों को एक नयी आलोचनात्मक दृष्टि से देखने का प्रयास किया है। यद्यपि उत्तर-आधुनिकतावादियों और नारीवादियों ने एक ही प्रकार की समस्याओं पर स्वतन्त्र रूप से कार्य किया है किन्तु दोनों की प्रस्थान दिशायें भिन्न हैं। उत्तर-आधुनिकतावादियों ने मुख्य रूप से समस्या के दार्शनिक पक्ष पर प्रति-आधारभूतवादी (Antifoundational) दृष्टिकोण से केन्द्रित करते हुए सामाजिक आलोचना के स्वरूप के बारे में कुछ निष्कर्ष निकाले हैं। वहीं नारीवादियों के लिए दार्शनिकता का सवाल हमेशा सामाजिक आलोचना के बाद ही आता है। दिशा और प्राथमिकता के इस अन्तर ने दोनों को एक साथ सम्पूरक मज़बूती और कमज़ोरी प्रदान की है। उत्तर-आधुनिकतावादी आधारभूतवाद (Foundationalism) की तो ताक़तवर आलोचना करते हैं किन्तु सामाजिक आलोचना में कमज़ोर साबित होते हैं। वहीं नारीवादियों का सामाजिक आलोचना का पक्ष काफ़ी मज़बूत है किन्तु वे आधारभूतवाद और सारतत्त्ववाद (Essentialism) के शिकार हो जाते हैं। इस तरह दोनों दृष्टिकोण एक-दूसरे की महत्त्वपूर्ण आलोचना करने के साथ-साथ एक-दूसरे से सीखने की सम्भावनाएँ भी जताते हैं। उत्तर-आधुनिक दृष्टि से नारीवाद को देखने पर उसमें आधारभूतवाद के तत्त्व और नारीवादी दृष्टि से उत्तर-आधुनिकतावाद को देखने से उसकी राजनीतिक कमज़ोरी उजागर होती है। ऐसा लगता है कि दोनों के पास कुछ ऐसा है जिसकी मदद से एक-दूसरे की कमियों को दूर किया जा सकता है। दोनों के

बीच संवाद से उत्तर-आधुनिक नारीवाद के उद्भव की सम्भावना भी दीखती है जिसमें दोनों के मज़बूत पक्षों का समन्वय और कमज़ोर पक्षों का निराकरण किया जा सके। उभरते हुए इसी दृष्टिकोण के मूल्यांकन का प्रयत्न प्रस्तुत लेख में करने का प्रयास किया गया है। पहले खण्ड में उत्तर-आधुनिकतावाद और नारीवाद के बीच समानताओं की पड़ताल की गयी है, दूसरे खण्ड में दोनों के बीच तनाव को समझने का प्रयास किया है गया और तीसरे खण्ड में उत्तर-आधुनिक नारीवाद के मूल्यांकन की कोशिश की गयी है।

(1)

यद्यपि उत्तर-आधुनिकतावाद और नारीवाद के बीच सम्बन्ध की पड़ताल के लिए दोनों के सैद्धान्तिक विकास का सूक्ष्म परिचय दिया जाना वांछनीय है किन्तु स्थान की कमी को देखते ऐसा मैं नहीं करूँगा। फिर भी हमें यह नहीं भूलना चाहिए कि नारीवाद और उत्तर-आधुनिकतावाद केवल वर्णनात्मक कोटियाँ नहीं हैं। वे संगठनात्मक और मूल्यात्मक कोटियाँ भी हैं जो उन्हीं प्रक्रियाओं को उनके वर्णन के साथ-साथ परिभाषित करने का प्रयास भी करती हैं। वर्तमान में स्थित ये कोटियाँ न केवल भूतकाल का मूल्यांकन करती हैं अपितु भविष्य की सोच का निर्धारण करने का प्रयास भी करती हैं। आइये, उनके तुलनात्मक अध्ययन की शुरुआत हम उत्तर-आधुनिकतावाद की मुख्य अवधारणाओं से करें जिसकी ओर नारीवादी चिन्तक जेन लैक्स (1990) ने इशारा किया है। उनके अनुसार उत्तर-आधुनिकतावाद को तीन अवधारणाओं में समेटा जा सकता है—मनुष्य का अन्त, इतिहास का अन्त और तत्त्वमीमांसा का अन्त। सामान्य रूप से यदि कहा जाये तो उत्तर-आधुनिकतावाद मनुष्य और प्रकृति के बारे में सारभूत मान्यताओं को रद्द करता है। दरअसल, मनुष्य एक सामाजिक, ऐतिहासिक और भाषिक शिल्पकृति है जो लगातार कल्पित अर्थों के संजाल में ग्रथित रहता है। वह किसी लोकोत्तर परमसत्ता से जुड़ा हुआ नहीं है। उत्तर-आधुनिकतावाद इस बात से भी इनकार करता है कि इतिहास मनुष्य के ऐसे विकास की कहानी है जो अपने में एकता, समरूपता, पूर्णता, पहचान के मूल्यों को समाहित किये हुए हैं। सार्वभौमिक सिद्धान्तों पर आधारित 'तार्किक स्व' की अवधारणा को भी रद्द करते हुए उत्तर-आधुनिकतावाद इससे भी इनकार करता है कि विज्ञान और दर्शन ज्ञान के लिए वस्तुनिष्ठ, भरोसेमन्द आधार प्रदान कर सकते हैं। वह इस बात को भी तिरस्कृत करता है कि विज्ञान अपने निरपेक्ष तरीक़ों से सार्वभौमिक रूप से लाभदायी परिणाम देता है। भाषा को भी वास्तविकता दर्शाने वाले पारदर्शी

माध्यम के रूप में कम, अपितु मानव व्यवहार के नियन्त्रक-साधन के रूप में ज़्यादा देखता है। उत्तर-आधुनिकतावाद को इससे भी विरोध है कि सत्य, ज्ञान और सत्ता के बीच संघर्ष को तर्क के आधार पर सुलझाया जा सकता है। इसकी नज़र में कोई भी सत्ता-निरपेक्ष सच नहीं है जो स्वतन्त्रता की रक्षा कर सके। इस दृष्टि से सभी महा-आख्यान सन्दिग्ध हैं। इस दृष्टि से मार्क्सवाद, मानववाद, धर्म और नारीवाद सभी सत्ता-प्राप्ति के तरीक़े मात्र हैं।

उत्तर-आधुनिकतावाद के उपरोक्त संक्षिप्त विवेचन से इस बात को आसानी से समझा जा सकता है कि इसके द्वारा पश्चिमी ज्ञानोदय की आलोचना नारीवादियों को क्यों इतनी रास आती है। उपरोक्त वर्णित उत्तर-आधुनिकतावाद की तीनों स्थापनाओं के नारीवादी संस्करण को सेयला बेनहबीब (1995) ने बड़े ही सुन्दर ढंग से रेखांकित किया है। उनके अनुसार नारीवाद, उत्तर-आधुनिकतावाद की तरह ही, शरीर, भावना और सामाजिक स्थिति से परे किसी अमूर्त 'स्व' की अवधारणा को प्रश्नांकित करता है और साथ ही इस बात पर भी बल देता है कि जिन प्रक्रियाओं से लिंग (Gender) का संरचनात्मक निर्माण होता है, वे तथाकथित निरपेक्ष और सार्वभौमिक तर्क के लिए अतिमहत्त्वपूर्ण सन्दर्भ भी प्रदान करती है। पश्चिमी दर्शन जो 'स्व' के स्वरूप, संरचना, अनुभव और आन्तरिकता में लैंगिक भेद से इनकार करता है, नारीवाद को स्वीकार नहीं। इस तरह नारीवादियों को उत्तर-आधुनिकतावाद का विभेद, भिन्नता और विविधता पर ज़ोर देना अति आकर्षक लगता है। वे मानव स्वभाव के उन सभी विचारों को निरस्त कर देती हैं जो केवल पुरुष को ध्यान में रखकर बनाये गये हैं। इसी तरह सार्वभौमिक तर्क और न्याय की अवधारणाएँ भी पुरुष की ज़रूरतों और पूर्वाग्रहों से ग्रस्त होने के कारण निरस्त हो जाती हैं। उत्तर-आधुनिकतावाद नारीवादियों को पहले से हाशिये पर स्थित वर्गों, विशेषकर ग़रीब, श्रमिक, अश्वेत और तीसरी दुनिया के देशों में रहने वाली महिलाओं के बारे में सोचने का मौक़ा प्रदान करता है जो पहले ज्ञान का विषय नहीं थी। यह तो ऐतिहासिक तथ्य है कि पूर्व में परिवार के मुखिया को ही ध्यान में रखकर बनाई गयी नारीवादी सैद्धान्तिकी से भी महिलाओं के विभिन्न वर्गों की उपेक्षा हुई। अतः हम कह सकते हैं कि उत्तर-आधुनिकतावाद से नारीवादी सिद्धान्त को अधिक समावेशी, भिन्नताओं के प्रति सजग और सांस्कृतिक-ऐतिहासिक सन्दर्भों के प्रति अधिक सतर्क होने में मदद मिली।

नारीवाद और उत्तर-आधुनिकतावाद, दोनों तर्कों और दृष्टिकोणों की सार्वभौमिकता को अस्वीकार करते हैं और इस तरह हमारे और दूसरों के विचारों की सामाजिक निर्मिति पर ध्यान देने पर ज़ोर देते हैं। इस तरह किन्हीं सार्वभौमिक

सैद्धान्तिक आधारों की अनुपस्थिति में सामाजिक सैद्धान्तिकी और आलोचना अधिक व्यावहारिक, सन्दर्भयुक्त, तदर्थ और स्थानीय हो जाती है।

उत्तर-आधुनिकतावाद द्वारा वस्तुनिष्ठता की आलोचना से नारीवादी भी सहमत दीखते हैं। इसका अर्थ यह है कि प्रत्येक प्रेक्षक संसार को अपनी स्थिति से ही देखता है। इस आधार पर नारीवादी सिद्धान्त ज्ञानोदय के मूल्यों को पुरुष प्रधान मूल्य या पुरुषों के पक्ष में परिणाम देने वाले मूल्यों के रूप में आलोचित करते हैं। अतः लैंगिक-भेद ज्ञानोदयीय मूल्यों से होने वाले लाभों को समझने में एक औज़ार का काम करता है।

नारीवाद और उत्तर-आधुनिकतावाद में समानता का एक और बिन्दु दोनों द्वारा भाषा के महत्त्व का स्वीकार है। नारीवादी सैद्धान्तिकी में पुरुष-वर्चस्ववादी विमर्श के दलनवादी पक्ष की आलोचना पर बहुत ज़ोर दिया जाता है और विकल्प के रूप में स्त्री-पक्ष को उभारने वाले बहुतेरे विमर्शों को प्रस्तुत किया जाता है जिससे वे शक्ति-सम्बन्ध में अपना पक्ष मज़बूती से रख सकें।

आज का नारीवाद विज्ञान की आलोचना में भी उत्तर-आधुनिकतावाद के साथ दिखाई देता है। दोनों के लिए विज्ञान एक वर्चस्ववादी वैचारिकी है जो सीमित, ऐतिहासिक सत्य को सार्वभौमिक, प्राकृतिक और पूर्ण बताकर यथार्थ की रहस्यमय भ्रामक समझ पैदा करती है। विज्ञान की कार्यप्रणाली वैज्ञानिक और उसके अध्ययन के विषय के बीच तादात्मय के अस्वीकार पर निर्भर है जिससे वह अध्ययन वस्तु में परिवर्तन करने की सामर्थ्य अर्जित करता है। शक्ति और विशेषाधिकारों में सामाजिक ग़ैर-बराबरी को विज्ञान एक पूर्व मान्यता के रूप में न केवल स्वीकार करता है अपितु उसको बनाये रखने का औचित्य भी प्रदान करता है। अतः विज्ञान को बढ़ावा देने का अर्थ पुरुष सत्ता को बढ़ावा देना है क्योंकि विज्ञान के मूल्य वही हैं जो पुरुष वर्चस्ववाद के हैं—नियन्त्रण, सत्ता और वर्चस्व। उत्तर-आधुनिकतावादी, युद्धों में विज्ञान की भूमिका, विशेष रूप से आणविक युद्ध और नाज़ी उद्‌देश्यों की प्राप्ति में सहयोग और औचित्यीकरण को कठघरे में खड़ा करते हैं। न केवल विज्ञान वरन् विकास के आदर्श से मोह भंग और आर्थिक-प्रौद्योगिक उन्नति के नाम पर किये जाने वाले अत्याचारों की पहचान और विरोध भी दोनों के बीच समान है।

(2)

यद्यपि उत्तर-आधुनिकतावाद और नारीवाद की ऐतिहासिक जड़ें समान हैं और उनका उदय ऐसे समय में हुआ है, जब दुनिया ने भयानक हिंसा के बावजूद सुन्दर भविष्य

बनाने की योग्यता हासिल कर ली है, दोनों के बीच अन्तर भी स्पष्ट देखा जा सकता है। इस बात से इनकार नहीं किया जा सकता कि उत्तर-आधुनिकतावाद ने आत्म-स्थापन, अस्मिता, स्वाधीनता और विभिन्न स्तरों (राष्ट्र, कबीला, धर्म, लिंग, नस्ल और जातीयता) पर विशिष्ट मूल्यों को प्रश्रय दिया है जिसकी नारीवादियों (नैन्सी फ्रेज़र, 1989) ने विविधता, सीमान्तता, विशेषता और स्पष्टता के कारण प्रशंसा की है लेकिन समस्या तब उत्पन्न होती है, जब उत्तर-आधुनिकतावाद नारीवाद की राजनीति से टकराता है। क्या हम बहुलतावाद और विविधता की चर्चा बिना किसी समुदाय द्वारा अपने को न केवल भिन्न अपितु श्रेष्ठ समझे बिना कर सकते हैं? और यदि एक समुदाय अपने को श्रेष्ठ समझता है तो फिर उसका औचित्य क्या है? नारीवाद की राजनीति नारियों की सामाजिक स्थिति में बड़े अन्तर को पहचाने बिना नहीं हो सकती। क्या इस तरह के विभाजन के होते हुए हम किसी प्रकार की सहमति की उम्मीद कर सकते हैं?

जब हम नारीवादी सिद्धान्त और राजनीति के महत्त्वपूर्ण मुद्दों की चर्चा करते हैं तो यह समझते देर नहीं लगती कि क्यों नारीवादी उत्तर-आधुनिकतावाद को शंका की दृष्टि से देखते हैं। कोई भी ऐसा सिद्धान्त जो व्यक्तियों से परे नैतिक आदर्शों पर टिका हो, उत्तर-आधुनिकतावाद की आलोचना का केन्द्र होता है, ऐसे में किसी प्रकार की राजनीति की कल्पना कैसे की जा सकती है? चूँकि स्त्री स्वयं कहानी का पात्र और लेखिका एक साथ है, इसलिए नारीवादी आन्दोलन के लिए कोई प्रस्थान बिन्दु होना आवश्यक है जहाँ से वे अपना आन्दोलन शुरू कर सकें और अपने कार्यों का मूल्यांकन कर सकें। लेकिन यही जिसे बेनहबीब (1991, p.146) 'मानकीय औचित्य का दायित्व' (Responsibility of normative justification) कहती हैं, उत्तर-आधुनिकतावाद प्रदान नहीं करता। उन्हीं के शब्दों में, "how in fact the very project of female imancipation would even be thinkable without such a regulative principle or agency, autonomy and selfhood" (1995, p. 21)

परम्परागत रूप से नारीवाद पुरुष और स्त्री के बीच विभेद पर केन्द्रित है किन्तु उत्तर-आधुनिकतावाद महिलाओं के मध्य विभेद पर भी ध्यान केन्द्रित करता है। चूँकि उत्तर-आधुनिकतावाद के अनुसार सत्य की कोई एकरूपता नहीं है, स्त्री होने का भी कोई एक स्वरूप नहीं है। प्रत्येक स्त्री की नस्ल, उम्र, शारीरिक और मानसिक योग्यता, यौनिकता आदि से भिन्न-भिन्न रूप में संयोजित होती है। अब यदि महिलाएँ एक-दूसरे से इस क़दर भिन्न हैं तो फिर एक सारतत्त्ववादी स्त्रीत्व की कल्पना कैसे सम्भव है जो भिन्नताओं से परे नारीवादी आन्दोलन को एकता

प्रदान कर सके जिसे उत्तर-आधुनिकतावाद मान्यता नहीं देता? यदि इसका उत्तर 'नहीं' है तो फिर किसी एक राजनीतिक रणनीति पर सहमति कैसे सम्भव है? इसी तरह यदि महिलाओं में भिन्नता है तो पुरुषों में भी कम नहीं, इसलिए हम किस तरह सारे पुरुष वर्ग पर शोषण-दमन का आरोप लगा सकते हैं?

उपरोक्त विवेचन से स्पष्ट है कि उत्तर-आधुनिकता का कठोर संस्करण नारीवादी परियोजना/व्यवहार पर रोक लगा सकता है, यदि नारीवादी अनिश्चितता, विभेद, बहुलता, विविधता को गम्भीरता से स्वीकार करें। एक सवाल यह भी उठता है कि यदि वैज्ञानिक सिद्धान्तों की सार्वभौमिकता पर नारीवादी प्रश्नचिह्न लगाते हैं तो फिर नारीवादी सिद्धान्त की ज्ञानमीमांसीय श्रेष्ठता को कैसे स्वीकारा जा सकता है? आगे, यदि विज्ञान के नाम पर विषेशज्ञों की आधिकारिक आवाज़ की नारीवादी आलोचना करते हैं तो किस अधिकार से वे आन्तरिक रूप से विभेदपूर्ण नारी वर्ग के प्रतिनिधित्व का दावा कर सकते हैं? यदि नैतिक आदर्श अन्य किसी भी प्रकार के आदर्श की तरह सामाजिक-ऐतिहासिक सन्दर्भ के अन्तर्गत ही समझे जा सकते हैं तो उनसे किस प्रकार एक मुक्तिकामी राजनीति सम्भव है?

उत्तर-आधुनिकतावाद के पक्ष में यह कहा जा सकता है कि यदि हम किताबों, मैगजीनों, टेलीविज़न, संगीत और विज्ञापनों पर नज़र डालें तो स्त्री की जो छवि दिखाई देती है, वह नारीवादी सैद्धान्तिक छवि से काफ़ी भिन्न है। ऐसे में क्या हम कह सकते हैं कि उत्तर-आधुनिक नारीवाद उन स्त्रियों के बारे में बात करने का प्रयास करता है जो नारीवादी नहीं हैं? क्या हम उत्तर-आधुनिकतावाद के औज़ारों का उपयोग नारीवाद के विखण्डन के लिए कर सकते हैं?

हमारे उपरोक्त विवेचन से यह तो स्पष्ट है कि उत्तर-आधुनिकतावाद और नारीवाद के मूलभूत प्रत्ययों में टकराव है। उत्तर-आधुनिकतावाद का वस्तुनिष्ठता से विरोध है, वह विषयनिष्ठता का विखण्डन और आधारभूतवादी चिन्तन का विरोध करता है तथा उन लोगों का समर्थन करता है जो अस्मिता को संस्कृति सापेक्ष मानते हैं। वह यह भी मानता है कि तथ्य, सबूत और प्रमाणों का स्वरूप 'पैराडाइम' के बदलने से बदल जाता है। वह किसी एक दृष्टि से संसार को देखने का विरोधी है। फिर क्या सारे दृष्टिकोण, अपना मिलाकर, एक ही तरह प्रामाणिक हैं? किसी सिद्धान्तवेत्ता के लिए आपस में टकराते हुए विभिन्न दृष्टिकोणों में से किसी एक का चयन किस प्रकार सम्भव है? यदि नारीवादी अपने दृष्टिकोण का चयन लैंगिक दमन और शोषण के आधार पर करते हैं तो उत्तर-आधुनिकतावादियों के चयन का आधार क्या है? क्या वे नारीवादी आधार की आलोचना नहीं करेंगे?

नारीवादी विचारकों के लिए उत्तर-आधुनिकतावाद के प्रति आकर्षण का कारण उसके द्वारा पुरानी विचारधाराओं, जो या तो महिलाओं के प्रति पूर्वाग्रह से ग्रस्त थी या उनकी बात ही नहीं करती थीं, का विखण्डन का प्रयास है। साथ ही वह महिलाओं को एक राजनीतिक कर्ता के रूप में इतिहास बनाने की क्षमता भी प्रदान करता है। लेकिन, जैसा हमने ऊपर देखा, दोनों के बीच सुखद मिलन में भी बहुत दिक़्क़तें हैं। इसी मुद्दे को सोंड्रा फारगेनिस ने अपने लेख Postmodernism and Feminism (1996, p. 118) बड़े तीखे ढंग से उठाया है। क्या नारीवाद, भिन्नता और बहुमुखी आवाज़ों के विशेषाधिकार के स्वीकार के साथ 1. नारीवाद को आधारभूतवाद से बचा सकता है, 2. उन आलोचनाओं से बचा सकता है जो ज्ञान की सामाजिकता के स्वीकार के साथ जुड़े हुए हैं, 3. एक ज़्यादा बहुलतावादी और सहनशील व्यक्ति की धारणा को बढ़ावा दे सकता है और 4. विशेषाधिकारों के अस्वीकार के साथ एक मुक्तिकामी राजनीति को जन्म दे सकता है। क्या उत्तर-आधुनिकतावादी नारीवाद उपरोक्त प्रश्नों का उत्तर हो सकता है या फिर इनके सैद्धान्तिक मिलन की सम्भावना व्यर्थ है। आगे हम इस पर विचार करेंगे।

(3)

उत्तर-आधुनिकतावाद और नारीवाद के बीच संगति-असंगति के प्रश्न पर विचार करने से पूर्व हमें यह ध्यान में रखना होगा कि उत्तर-आधुनिकतावाद भी कई तरह के दृष्टिकोण अपने में समेटे हुए है। विरोधी उत्तर-आधुनिकतावाद भी है और प्रतिक्रियावादी भी। (Foster, 1985, p. XII)। कुछ उत्तर-आधुनिक सिद्धान्तों को आधुनिकता के पक्ष में और कुछ को विपक्ष में खड़ा किया जा सकता है। इसी तरह बदलाव की राजनीति या उसकी सम्भावना से ही इनकार के लिए भी कतिपय उत्तर-आधुनिक सिद्धान्तों का उपयोग किया गया है। अतः हमें उत्तर-आधुनिकतावाद की दो धाराओं में भेद करना चाहिए। पहली चरमपन्थी धारा जिसमें ब्रोदिला, ल्योटार्ड, फूको, डिल्यूज और गुआटारी आते हैं, आधुनिकतावाद से पूरी तरह अलगाव पर आधारित हैं। दूसरी धारा के लोगों में जेमसन, लैकलाऊ, मौफे, लैक्स और अन्य नारीवादी प्रमुख हैं, उत्तर-आधुनिक अन्तर्दृष्टियों का इस्तेमाल क्रिटिकल सामाजिक सिद्धान्त (Critical Theory) के पुनर्निर्माण में करना चाहते हैं जिसमें आधुनिकता और उत्तर-आधुनिकता दोनों के तत्त्व समाये हुए हैं। जैसा कि हम पहले विवेचन कर चुके हैं कि उत्तर-आधुनिकतावाद का चरमपन्थी संस्करण नारीवाद और उत्तर-आधुनिकतावाद के फलदायक सम्मिलन का विरोधी है, अब

हम इसकी परीक्षा करेंगे कि उत्तर-आधुनिक नारीवादियों (लिंडा निकोल्सन, 1990, नैन्सी फ्रज़र 1989) के 'क्रिटिकल थ्योरी' और उत्तर-आधुनिकतावाद के उन्नत पक्षों के फलदायक सम्मिलन के प्रयत्नों में कितना दम है।

उत्तर-आधुनिकतावाद और क्रिटिकल थ्योरी के बीच सैद्धान्तिक रूप से रक्षणीय और राजनीतिक रूप से मज़बूती प्रदान करने वाले सम्बन्ध को गढ़ने के लिए उत्तर-आधुनिक नारीवादी मध्यम ताक़त के उत्तर-आधुनिकतावाद का सहारा लेती हैं। महाआख्यानों के प्रति उत्तर-आधुनिकतावाद के अविश्वास को नारीवाद की सामाजिक आलोचना की ताक़त के साथ मिलाने के लिए वे सामाजिक आलोचना के दर्शन-विरत संस्करण को अपनाती हैं जो लिंग-भेद को समानताओं और अनन्त भिन्नताओं में अध्ययन कर सके। चूँकि लिंग-भेद का अपना एक लम्बा इतिहास है और यह आधुनिक समाजों में भी गहरी जड़ें जमाये हुए है, लैंगिक अस्मिताओं के ऐतिहासिक निर्माण की संरचनाओं को समझने और आलोचित करने के उत्तर-आधुनिक प्रयास के लिए समाज की वृहद् संरचनाओं के विवेचन को छोड़ देना उचित नहीं है। न ही वे बड़े राजनीतिक समस्याओं के विवेचन के लिए बड़े सैद्धान्तिक औजारों को छोड़ने के पक्ष में हैं। उदाहरण के लिए, फ्रेज़र और निकोल्सन (1990, p. 23) नारीवादी सैद्धान्तिक परियोजना के स्तर को इस हद तक कम करने की तो पक्षधर हैं कि लिंग-भेद के कारण, जो सभी ऐतिहासिक समाजों पर लागू हों, उनकी खोज व्यर्थ है लेकिन राजनीतिक सिद्धान्त के उस मूलभूत पहलू को अपनाये रखने की भी वकालत करती है जिसे वे "the identification and critique of macrostructures of inequality and injustice which cut across the boundaries separating relatively discrete practices and institutions" कहती हैं। ध्यान देने योग्य बात यह है कि लिंग-भेद के किसी शाश्वत (और इसलिए अपरिवर्तनीय) कारण की खोज न करने का मतलब 'यहाँ और अभी' इसके कारणों की खोज को निरस्त कर देना नहीं है। इस तरह उत्तर-आधुनिक नारीवादी आलोचना सैद्धान्तिक बनी रहती है लेकिन यह ऐतिहासिक रूप लेती है जिससे यह विभिन्न समाजों के सांस्कृतिक वैशिष्ट्य की रक्षा कर सके। उदाहरण के लिए—अल्पकालिक और सांस्कृतिक रूप से विशिष्ट कोटियाँ जैसे आधुनिक, पुरुष वर्चस्ववादी, एकल परिवार आदि, ऐतिहासिक-प्रकार्यात्मक कोटियों जैसे मातृत्व और पुनरुत्पादन आदि पर वरीयता प्राप्त कर लेती हैं। बाद की इन कोटियों को एकदम छोड़ नहीं दिया जाता अपितु दोनों तरह की कोटियों का प्रयोग एक-दूसरे की कमियों को दूर करने में किया जाता है। एक ओर जहाँ स्थानीय आख्यान बड़े पैमाने पर अर्ध-महाआख्यान में

बदल जाने से बचाते हैं तो दूसरी ओर बड़े सन्दर्भित विवरण स्थानीय आख्यानों को विभेद के सामान्य विवरण में बदल जाने से रोकते हैं।

उपरोक्त वर्णित उत्तर-आधुनिक नारीवादी सिद्धान्त सार्वभौमिकता के दावे से मुक्त, इतिहास के निर्माणकर्ता के विचार को तिलांजलि देता है। यह स्त्री की समरूपी लैंगिक पहचान को बहुलतावादी, जटिल, निर्माणवादी सामाजिक अस्मिता से प्रतिस्थापित कर देता है। वर्ग, नस्ल, जातीयता, उम्र और यौनिकता की तरह लिंग-भेद भी एक प्रासंगिक प्रत्यय का काम करता है। इसका परिणाम एक व्यावहारिक दोष की सम्भावनाएँ स्वीकारने वाले उत्तर-आधुनिक नारीवादी विमर्श से होता है जिसमें ज़रूरत के अनुसार विभिन्न सैद्धान्तिक कोटियों का उपयोग होता है जो किसी एक स्त्रीवादी विवेचन प्रणाली या ज्ञानमीमांसा पर आधारित नहीं होता। "It would look more like a tapestry composed of threads of many different hues than one woven in single colour" (Nicholson and Fraser, 1990, p. 36).

लेकिन दार्शनिक आधारों को त्यागने से यह महत्त्वपूर्ण प्रश्न तो अनुत्तरित रह ही जाता है कि किस तरह उत्तर-आधुनिक नारीवाद अपनी आलोचनात्मक, मुक्तिकामी ताक़त को बचाये रख सकता है? उत्तर-आधुनिकता के स्वीकार के साथ जब इतिहास में शोषित वर्गों के संघर्ष से सरोकार टूट जाता है तो नारीवाद कैसे अपनी मुक्तिकामी परियोजना बचाये रख सकता है? तर्कपूर्ण सिद्धान्तों के अभाव में हम कैसे अत्याचारी राजनीतिक सत्ताओं के ख़िलाफ़ लड़ने की अपील कर सकते हैं? (Hekman, 1990, p.175)। स्थान, समय और विशिष्ट स्वार्थों से परे मूल्यों की किसी अवधारणा के अभाव में हम राजनीतिक संघर्ष को औचित्य कैसे प्रदान कर सकते हैं।

मुक्तिकामी परियोजना को जीवित रखने के लिए यह ज़रूरी है कि हम कैसे मानवीय कर्तृत्व के विचार के मूल्य को स्थापित करें, और उसे उदारवादी व्यक्तिवाद से, जो व्यक्ति की सामाजिकता से इनकार करता है, से अलग कर देखें। दूसरे शब्दों में, यह चुनौती विषयी (Subject) को इस प्रकार निर्मित करने की है कि आत्म और सामाजिक परिवर्तन के एक एजेण्ट के रूप में व्यक्ति की भूमिका सन्दिग्ध न रहे। कोई विषयी यह कैसे जानेगा कि कैसे, कब और क्यों कर्म करना है, यदि वह एकात्म न होकर जटिल अन्तःक्रियाओं का बहुविध संगठन है? इन सवालों का युक्तिसंगत उत्तर उन नारीवादी विचारकों ने दिया है जो किसी महाआख्यान के द्वारा वैधता प्राप्त किये बिना कई प्रकार के वचनबद्ध इतिहास-लेखन में रत हैं। स्थानीय इतिहास, स्त्री, कर्तृत्व और विरोध की खायी

हुई परम्पराओं को पुनर्स्थापित करने के ये सारे प्रयास उत्तर-आधुनिक कहे जा सकते हैं जो नारी स्वातन्त्र्य के उद्देश्य से प्रेरित हैं। यहाँ तक कि किसी प्रकार के आधारभूतवादी महाआख्यान में अपना आधार खोजने से इनकार भी मुक्ति की कामना से ही प्रेरित है।

इस आलोचना का उत्तर देने के लिए कि उत्तर-आधुनिक नारीवाद के पास राजनीतिक कर्म को औचित्य प्रदान करने का कोई मानदण्ड नहीं है, निकोल्सन और फ्रेज़र (1990) ने 'बिना दर्शन के सामाजिक आलोचना का विचार प्रस्तुत किया है। यह दृष्टि संस्कृति के विवादास्पद स्वरूप को स्वीकार करती है और सांस्कृतिक मानदण्डों को स्पष्ट करने और पुनर्निमित करने पर ज़ोर देती है। लेकिन यह भी मानती है कि यह कार्य स्वयं में ऐतिहासिक-सांस्कृतिक स्थिति में ही अवस्थित है जिससे बचना सम्भव नहीं। दोनों ही कार्यों के लिए किसी ऐसे दर्शन की आवश्यकता नहीं है जो इतिहास के परे सभी विमर्शों की वैधता के लिए मानदण्ड देने का दावा करता हो। अतः अवस्थित आलोचना सामान्य मूल्यों से इनकार नहीं करती, केवल उनके स्थितिबद्ध होने पर ज़ोर देती है। एक स्थितिबद्ध नारीवादी आन्दोलन एक तीव्र आलोचक हो सकता है और आत्म-आलोचना में भी सक्रिय हो सकता है। किस प्रकार की उत्तर-आधुनिक नारीवादी राजनीति का इससे उदय होगा, इस पर विचार करने से पूर्व हमें उस आरोप का भी उत्तर देना होगा कि विषयी के प्रति उत्तर-आधुनिक दृष्टि नारीवाद को समर्थन नहीं दे सकती क्योंकि यह विषयी समाज-परिवर्तन के लिए आलोचना, विरोध और कर्म करने में सक्षम नहीं है। यह आरोप, ऐसा लगता है, आलोचनात्मक क्षमता को आत्मपरकता की तात्त्विक संरचना का अंग मानता है। लेकिन यह मानने में भी कोई बुराई नहीं है कि संस्कृति-निर्मित आत्म भी आलोचनात्मक आत्म हो सकता है। ज़रूरत इस बात की है कि आत्म की एक वैकल्पिक संकल्पना विकसित की जाये तो दार्शनिक रूप से उपयुक्त और राजनीतिक रूप से फलदायी हो। विकेन्द्रित आत्म कर्ता के इस नये सिद्धान्त का एक आवश्यक अंग होगा जो उन स्थितियों को इंगित कर सके जिसमें विषयी इतिहास का निर्माण कर सके और उसके द्वारा निर्मित भी हो सके।

वर्तमान समय में नारीवादी राजनीति की रणनीति पर यदि नज़र डालें तो उत्तर-आधुनिक नारीवादी दृष्टिकोण की उपयोगिता साफ़ दिखाई देती है। यह रणनीति अधिकांशतः गठबन्धन पर आधारित है, न कि किसी सार्वभौमिक स्वार्थ या पहचान पर। स्त्रियों की विभिन्न ज़रूरतों को देखते हुए यह इस बात पर ज़ोर देती है कि सभी समस्याओं का कोई एक हल सम्भव नहीं है। यह सही है

कि कुछ स्त्रियों की समान ज़रूरतें और स्वार्थ हैं लेकिन यह सार्वभौमिक नहीं। समानताओं के साथ-साथ भिन्नताएँ भी हैं और उनमें टकराव भी। हम इसे नारीवादी राजनीति का बहुलतावाद कह सकते हैं। गठबन्धन की इस राजनीति के लिए भिन्नताओं पर ज़ोर देने वाला और समानताओं की अवहेलना करने वाला चरमपन्थी उत्तर-आधुनिकतावाद उपयोगी नहीं हो सकता। इससे तो छोटे-छोटे लाभ के लिए इकहरे मुद्दों की राजनीति सम्भव है, किसी बड़े पैमाने पर विभिन्न समुदायों के एकजुट होकर बड़े बदलाव की राजनीति सम्भव नहीं है। ऐसे में उत्तर-आधुनिक नारीवादी दृष्टिकोण से की गयी जाँच से एक ज़्यादा समुन्नत, जटिल और बहुआयामी स्त्रीवादी एकता सम्भव है।

उत्तर-आधुनिक नारीवाद के उपरोक्त विवेचन का हम यह कहकर अन्त कर सकते हैं कि दोनों दृष्टिकोणों के टकराव के स्थान पर हम उनके दावों को इस तरह संशोधित कर सकते हैं कि वे आपस में सुसंगत हो सकें। इसके लिए जहाँ एक ओर चरमपन्थी उत्तर-आधुनिकतावाद से दूरी बनानी होगी, वहीं नारीवादियों को भी आधुनिक कोटियों, जैसे—मानवीय अधिकार, समानता और जनतान्त्रिक स्वतन्त्रताओं का महत्त्व समझना होगा जिनका उपयोग उनके द्वारा लैंगिक अन्याय के ख़िलाफ़ लड़ने के लिए किया जाता है। दोनों को ही मानना होगा कि मुक्ति का विमर्श एक आधुनिक विमर्श है।

अन्त में, यह पूछा जा सकता है कि क्या हमारे पास पूरी तरह से विकसित उत्तर-आधुनिक नारीवाद की सैद्धान्तिकी है? ऊपर जिन चुनौतियों की चर्चा हम कर आये हैं, उनके मद्देनज़र हम कह सकते हैं कि 'नहीं' लेकिन एक शुरुआत हो गयी है। उत्तर-आधुनिक नारीवादियों के सामने पहली चुनौती है कि आलोचना की क्षमता और संस्कृति निर्मितता के साथ आत्मपरकता को कैसे समझा जाये। दूसरी चुनौती है कि कैसे आलोचना को एक साथ स्थितिबद्ध और आत्म-चिन्तन से परिवर्तनीय समझा जाये। तीसरी चुनौती है कि इतिहास के साथ कैसे आधारभूत विरोधी लेकिन राजनीतिक रूप से प्रतिबद्ध सम्बन्ध बनाया जाये। आख़िरी चुनौती है कि समूह अस्मिताओं को कैसे विमर्श निर्मित और सामूहिक कर्म के योग्य समझा जाये जिनकी विखण्डन और पुनर्निर्माण की बराबर ज़रूरत है। संक्षेप में, इन उद्देश्यों की प्राप्ति के लिए उत्तर-आधुनिक नारीवादियों को नये पैराडाइम गढ़ने होंगे। इसके लिए क्रिटिकल थ्योरी की कुछ अन्तर्दृष्टियाँ भी काम में आ सकती हैं।

सन्दर्भ ग्रन्थ

1. Benhabib Syela, 'Faminism and Postmodernism : An Uneasy Alliance' p. 17-34 in *Feminist Contentions, A Philosophical Exchange*, intro. By Linda Nicholson. 1995, Routledge, New York.
2. Farganis, Sondra, 'Postmodernism and Feminism' pp. 101-126, in *Postmodernism and Social Theory*, Ed. By David R. Dickens and Andrea Fontana UCL Press
3. Flax, Jane, *Thinking Fragments : Psychoanalysis, Feminism and Postmodernism in Contemporary West*, Berkley : University of California Press, 1990, 32 ff.
4. Foster, Hal (Ed), *Postmodern Culture*, London, Pluto Press, 1985, p. XII
5. Fraser, Nancy and Linda J. Nicholson, 'Social Criticism without Philosophy : An Encounter between Feminism and Postmodernism', pp. 19-38 in *Feminism/ Postmodernism,* Ed. By Linda J. Nicholson, New York, Routledge, 1990.
6. Harding, Sandra, *The Science Question in Feminism, Ithaca,* New York, Cornell University Press, 1986.
7. Hekman, Susan, *Gender and Knowledge : Elements of a Postmodern Feminism,* Boston, Northeastern Uni. Press, 1990.
8. Lovibond, Sabina, 'Feminism and Postmodernism', in New Left Review No. 178, (Nov. - Dec. 1989) pp. 5-28.
9. Nicholson, Linda J. Introduction in *Feminism è Postmodernism* Ed. By Linda J. Nicholson, NY, Routledge, 1990, Introduction (p. 1-16) in *Feminist Contentions : A Philosophical Exchange* New York, Routledge, 1995.
10. Steven Best and Douglas Kellner, *Postmodern Theory : Critical Interrogations,* Macmillan.

उत्तर-आधुनिकतावाद और विज्ञान की आलोचना

"All cows are grey...everything is like science and science is like everything."

–Ernest Gellner,
In "The Paradox in Paradigms"

उत्तर-आधुनिकतावाद ने परम्परागत मान्यताओं और वैज्ञानिक तर्क की सार्वभौमिकता, वस्तुनिष्ठता और सत्य को प्रश्नांकित करते हुए, परिप्रेक्ष्यवादी रुख़ अपनाकर, इन सम्प्रत्ययों को उनके विशेष सामाजिक, सांस्कृतिक आधारों से जोड़कर देखा। परिणामस्वरूप अपने-अपने सांस्कृतिक सन्दर्भों से जुड़े सभी विज्ञान लोक-विज्ञानों के रूप में देखे जाने लगे जिनमें ज्ञान-प्राप्ति के तरीक़े भिन्न-भिन्न हो सकते हैं किन्तु वे बराबरी से युक्तिसंगत हैं। इसका उद्देश्य ग़ैर-पूँजीवादी, ग़ैर-पुरुष वर्चस्ववादी, ग़ैर-आधुनिक, ग़ैर-पश्चिमी ज्ञान-प्राप्ति के तरीक़ों से समानता दर्शाना था जिससे विज्ञान को अधिक मानवीय बनाया जा सके और ज्ञान-प्राप्ति के अन्य तरीक़ों को प्रामाणिकता प्राप्त हो सके। इसके अन्तर्गत स्थापित विज्ञान की आलोचना कई तरीक़ों से सामने आयी जिसमें वैज्ञानिक ज्ञान के समाजशास्त्र की बलशाली योजना (SSK), नारीवादी आलोचना, सांस्कृतिक अध्ययन और उत्तर-औपनिवेशिक आलोचना प्रमुख हैं। इन तरीक़ों को 'सामाजिक निर्माणवाद (Social Constructivism) के अन्तर्गत रखा जा सकता है। प्राकृतिक विज्ञानों के सन्दर्भ में इसका मत है कि वैज्ञानिक ज्ञान अपने में, तर्क के सार्वभौमिक सिद्धान्त पर आधारित स्वायत्त ज्ञान नहीं है। यह सामाजिक हितों और परिस्थितियों से सीधे जुड़ा हुआ है। इसकी प्रमुख पूर्व-मान्यतायें निम्न हैं–

1. वैज्ञानिक उपक्रम के सभी पहलू, उसकी अन्तर्वस्तु और परिणाम, स्थानीय, ऐतिहासिक-सांस्कृतिक सन्दर्भ से प्रमाणित होते हैं और अपने सन्दर्भ से ही समझे जा सकते हैं।
2. विशेष रूप से वैज्ञानिक खोज के परिणाम-प्रकृति के तथाकथित नियम,

सामाजिक निर्मिति के रूप में देखे जाने चाहिए। उनकी प्रामाणिकता विशेषज्ञों की आम राय पर उसी तरह निर्भर है, जिस तरह पोप की वैधता कार्डिनलों की परिषद पर निर्भर होती है।

3. सबूतों के मूल्यांकन के मापदण्ड, मनुष्य के मस्तिष्क और प्रकृति के सम्बन्ध के बारे में संस्कृति की पूर्वधारणाओं पर आधारित होते हैं। ये धारणाएँ लिंग, जाति, नस्ल और वर्ग के साथ प्रत्येक संस्कृति में बदलते रहती हैं।

इसके पहले कि हम 'सामाजिक निर्माणवाद' की मुख्य दलीलों का परीक्षण करें, हमें थोड़ी चर्चा उस सन्दर्भ की भी कर लेनी चाहिए जिसमें ऐसे विचार का जन्म हुआ। 1960 के दशक के अन्त के आसपास पश्चिमी जगत में कुछ ऐसे सामाजिक-सांस्कृतिक परिवर्तन हुए जिनके कारण आधुनिक विज्ञान को 'समस्या के समाधान' के स्थान पर 'समस्या के जनक' के रूप में देखा जाने लगा। हिरोशिमा और नागासाकी पर गिराये गये परमाणु बम, वियतनाम की लड़ाई, नागरिक अधिकारों का संघर्ष, नारी-अधिकारों की लिए लड़ाई और तीसरी दुनिया के देशों का उपनिवेशवाद-विरोधी संघर्ष, सभी ने मिलकर विज्ञान और प्रौद्योगिकी को, सत्ता वर्चस्व के सम्बन्धों को बनाये रखने में उनकी भूमिका के लिए, कठघरे में खड़ा कर दिया। धीरे-धीरे लाभ और लड़ाई के लिए विज्ञान की यह आलोचना विज्ञान की अन्तर्वस्तु और उसकी यान्त्रिक तर्क की आलोचना में बदल गयी। मार्क्सवाद की वैज्ञानिकता पर उठाये गये सन्देह भी धीरे-धीरे समस्त वैज्ञानिक ज्ञान पर उठाये जाने लगे। थॉमस कुन के वैज्ञानिक विकास के अध्ययन के सामने आने के बाद यह प्रवृत्ति और बढ़ गयी। साथ ही तीसरी दुनिया के देशों के बुद्धिजीवियों ने अपनी-अपनी परम्पराओं में व्याप्त ज्ञान को पश्चिमी दुनिया के आधुनिक वैज्ञानिक ज्ञान के वर्चस्व से मुक्त करने का अभियान छेड़ दिया। इसके परिणाम स्वरूप उत्तर-औपनिवेशिक अध्ययन सामने आये जिनमें विज्ञान की उत्तर-आधुनिक आलोचना का सांस्कृतिक राष्ट्रवाद से समन्वय करने का प्रयास किया गया। 'विभेद' के साथ अनैतिहासिक सारतत्त्ववाद का मेल कराने का यह प्रयास आज भी तीसरी दुनिया के राष्ट्रवादी बुद्धिजीवियों का लगातार चलने वाला उपक्रम है। जिसके अन्तर्गत कभी 'वैदिक विज्ञान' तो कभी 'ज्योतिष की वैज्ञानिकता' का नारा बुलन्द किया जाता है।

विज्ञान की उत्तर-आधुनिक आलोचना की उत्पत्ति के सामाजिक सन्दर्भ के उपरोक्त विवेचन से यह पता चलता है कि किस तरह आधुनिकता से मोह भंग होने के साथ-साथ शक की सुई विज्ञान की ओर खिसकती गयी लेकिन हमारी

समझ तब तक अधूरी ही रहेगी, जब तक हम इस आलोचना के पीछे कार्यरत सापेक्षतावादी सिद्धान्त का परीक्षण न कर लें। इसका तात्पर्य यह है कि हम सन्दर्भ नहीं, इन सिद्धान्तों द्वारा विज्ञान की अन्तर्वस्तु की आलोचना की जाँच-पड़ताल करें। यह बात इसलिए भी महत्त्वपूर्ण है कि विज्ञान की वस्तुनिष्ठता और सार्वभौमिकता को मानने और न मानने के अपने-अपने राजनीतिक परिणाम भी होते हैं। यदि हम सांस्कृतिक प्रामाणिकता को ही सत्य के निर्धारण की कसौटी मान लेंगे तो फिर तीसरी दुनिया के देशों में ज्ञानोदय की परम्परा में सेकुलरवाद से मुँह मोड़कर प्रतिगामी आधुनिकता के पैरोकार बन जायेंगे। 'भिन्नता' का उत्सव मनाने के नाम पर हम सैकड़ों पिछड़ी, शोषक, वर्चस्ववादी और अन्धविश्वास पर आधारित सामाजिक रूढ़ियों और संरचनाओं के पक्ष में अपने को खड़ा पायेंगे। इसलिए सन्दर्भ की जानकारी ज़रूरी तो है किन्तु पर्याप्त नहीं। हमें उन सभी सिद्धान्तों का परीक्षण करना होगा जो 'सामाजिक निर्माणवाद' या 'सामाजिक रचनावाद' के परिवार के अन्तर्गत आते हैं।

डेविड ब्लूर की पुस्तक 'Knowledge and Social Imagery', जो 1976 में प्रकाशित हुई थी, का प्रथम वाक्य है—"क्या ज्ञान का समाजशास्त्र, वैज्ञानिक ज्ञान की अन्तर्वस्तु और स्वरूप की पड़ताल और व्याख्या करने में सक्षम है?" इस पुस्तक ने वैज्ञानिक ज्ञान के समाजशास्त्र को वैज्ञानिक ज्ञान के परम्परागत समाजशास्त्र (कार्ल मैनहाइम से रॉबर्ट मर्टन तक) से अलग एक नया एजेंडा प्रदान किया जो ज्ञान के 'समाजशास्त्र का बलशाली कार्यक्रम' घोषित हुआ। वैज्ञानिक ज्ञान के उत्पादन की परिस्थितियों के अध्ययन से हटकर वैज्ञानिक ज्ञान की अन्तर्वस्तु को ही अध्ययन का विषय बना दिया गया। इस उद्देश्य की प्राप्ति के लिए निम्न चार सैद्धान्तिक कसौटियों की घोषणा हुई—

1. कारणता—उन परिस्थितियों का अध्ययन जो विश्वास और ज्ञान के पीछे कार्यरत होती हैं।
2. निष्पक्षता—सच और झूठ, तार्किकता और अतार्किकता, सफलता और असफलता (किसी विश्वास के सन्दर्भ में)
3. सामंजस्यता—व्याख्या के सन्दर्भ में। एक ही प्रकार के कारणों से सच्चे और झूठे विश्वासों की व्याख्या।
4. चिन्तनशीलता—व्याख्या का जो ढंग विज्ञान में प्रयुक्त होता है, उसे ही विज्ञान के समाजशास्त्र में अपनाना।

उपर्युक्त कसौटियों के आधार पर ज्ञान के बलशाली कार्यक्रम के अध्येताओं ने यह निष्कर्ष निकाला कि सभी समाजों में व्यक्ति प्रकृति को समान ढंग से,

सामाजिक-सांस्कृतिक रूप से अन्तर्निहित कोटियों के माध्यम से समझने का प्रयास करता है। एक ही प्रकृति अलग-अलग समाजों में भिन्न-भिन्न ढंग से प्रतिनिधित्व पाती है। तथ्य और कल्पना के बीच अन्तर तय करने का कोई रास्ता नहीं है। इन प्रारूपों को प्रकृति के तथ्य और नियम में बदलने के पीछे, सभी मामलों में, समूह के वे मानदण्ड रहते हैं जो उसने साक्ष्यों के मूल्यांकन के लिए अपनाये होते हैं। जब तक वैज्ञानिक विभिन्न सांस्कृतिक समूहों द्वारा अपनाये गये इन मानदण्डों को ईमानदारी से अपनाते हैं, उन्हें तर्कसम्मत ही कहा जायेगा। सामंजस्यता की इस कसौटी को लागू करने का परिणाम यह है कि आधुनिक विज्ञान भी उसी नाव में है जिसमें अन्य ज्ञान-व्यवस्थाएँ हैं। यह पश्चिमी सांस्कृतिक सामान्य ज्ञान से उसी तरह जुड़ा है, जैसे कि अन्य समाजों का विज्ञान अपने-अपने सांस्कृतिक सामान्य ज्ञान से। अतः आधुनिक विज्ञान की मान्यताओं का वही स्थान है जो किसी भी कबीले, समाज, के सामूहिक विश्वास का। इस तरह भारतीय विज्ञान, पश्चिमी विज्ञान से ऐसी धारणाओं का जन्म होता है और आधुनिक विज्ञान की सार्वभौमिकता पर प्रश्नचिह्न लग जाता है।

समूह के मानदण्ड स्वीकारने की तर्कयुक्तता की उपरोक्त समझ सभी समूहों को अपने आप तर्कयुक्त क़रार देती है। जब तक समूह के सदस्य समूह की वास्तविकता और तर्कयुक्तता की मान्यताओं के अनुरूप विश्वास रखते है तब तक वे तर्कसम्मत ही कहे जायेंगे। तर्कयुक्तता की इस समझ को न्यूनतम कहा जा सकता है क्योंकि यह विश्वासों के सच, झूठ, तार्किकता, अतार्किकता और उद्देश्यों की प्राप्ति से संगतता का मूल्यांकन नहीं करती। उदाहरण के लिए, समाजशास्त्र के बलशाली कार्यक्रम (SSK) के अनुसार चेचक को माता का प्रकोप मानना या किसी जीवाणु का, दोनो ही तर्कयुक्त हैं क्योंकि दोनो ही अपने-अपने सांस्कृतिक समूहों की यथार्थ और तर्कयुक्तता की मान्यताओं के अनुरूप हैं। इस तरह तर्कयुक्तता के मानदण्ड को सामाजिक रिवाज मानकर ज्ञान के बलशाली कार्यक्रम ने सभी संस्कृतियों के रीति-रिवाजों को विज्ञान का दर्जा प्रदान कर दिया। इसके साथ ही विज्ञान को दी जाने वाली तुलनात्मक ज्ञानात्मक श्रेष्ठता, जो उसे सार्वभौमिकता देती है, समाप्त हो जाती है। यदि वैज्ञानिक परिणामों को अन्ततोगत्वा सामाजिक रीति-रिवाजों के आधार पर औचित्य प्रदान किया जायेगा तो फिर किसी एक को वरीयता देने का कोई तथयात्मक या तार्किक कारण नहीं रहेगा। आधुनिक विज्ञान को उसके विशेषाधिकार से अलग कर देने का परिणाम यह होगा कि अनेक अतार्किक, अन्धविश्वासों को भी सत्यता का अधिकार प्राप्त हो जायेगा। उन्हें आधुनिक विज्ञान के आधार पर चुनौती देना सम्भव नहीं होगा।

आधुनिकतावाद की दृष्टि में जहाँ विज्ञान और समाज, प्रकृति और संस्कृति, मनुष्य और मशीन एक-दूसरे से भिन्न सत्ताएँ हैं, वहीं सामाजिक रचनावादियों (उत्तर-आधुनिक) की दृष्टि में ये विभाजन सामाजिक रिवाज मात्र हैं जो बने-बनाये शक्ति-सम्बंन्धों और अर्थों के ढाँचे को बनाये रखने के काम आते हैं। सामाजिक सन्दर्भ विज्ञान को बाहर से प्रमाणित करने वाला तत्त्व नहीं अपितु उसके सभी आयामों की संरचना का हिस्सेदार होता है। विज्ञान के सभी पहलू—जिसे वैज्ञानिक प्रकृति मानते हैं, जिन्हें वे जाँच के योग्य समझते हैं, जिन प्रयोगात्मक परिणामों पर वे ध्यान केन्द्रित करते हैं और जिन्हें वे विश्वास के योग्य समझते हैं—सभी समाज की संस्कृति द्वारा प्रदान महत्त्व से ही प्रकाश पाते हैं। विज्ञान संस्कृति ही है। विज्ञान की समझ का यह संस्कृतिवादी मोड़ अमेरिकन नारीवादी डोना हारावे और फ्रांसीसी समाजवेत्ता ब्रूनो लाटूर के कार्यों का परिणाम है।

संस्कृतिवादी दृष्टि में विज्ञान, समाज और उसके सांस्कृतिक मूल्यों के प्रदूषण से सुरक्षित कोई क़िला नहीं है। मानवीय स्थिति में अन्य तत्त्वों के समान ही विज्ञान एक साइबोर्ग (Cyborg) है—अंशतः प्रकृति, अंशतः संस्कृति, अंशतः तार्किक, अंशतः मिथ। संस्कृति वैज्ञानिक संकल्पनाओं को प्रदूषित करने वाला तत्त्व नहीं है जिसे झूठ समझकर दूर रखा जाये अपतु यह तो विज्ञान के होने की एक शर्त है। यथार्थ और तर्क सांस्कृतिक अर्थों की पूर्व पीठिका पर ही प्रकट होते हैं और संस्कृति के रूपकों और कल्पनाओं से ही अभिव्यक्ति पाते हैं। वैज्ञानिक अपनी प्रयोगशालाओं से बाहर रहने वालों से भिन्न नहीं है। यह विभाजन भी एक रिवाज मात्र है। विज्ञान का अध्ययन संस्कृति-निरपेक्ष रूप में नहीं अपितु सामान्यजनों की संस्कृति की संस्कृति के रूप में करना चाहिए।

विज्ञान के सांस्कृतिक अध्ययन ने, जैसा कि प्रसिद्ध सांस्कृतिक मानवशास्त्री डेविड हेस का कहना है, विज्ञान के समाजशास्त्र की मूल अन्तर्दृष्टि को स्वीकारते हुए उससे भी आगे बढ़कर यह स्थापित करने का प्रयास किया कि तथ्यों, अध्ययन विधियों, सिद्धान्तों, मशीनों आदि के बीच भेद सांस्कृतिक रूप से अर्थपूर्ण होते हैं और उन्हें स्थानीय सामाजिक विभेदों की निर्मिति के रूप में व्याख्यायित किया जा सकता है। सीधे-सादे शब्दों में—भिन्न-भिन्न संस्कृतियों में रहने वाले मनुष्यों के खोजी-सवालों, योग्य अध्ययन-विधियों, ध्यान देने योग्य साक्ष्यों और तथ्यों में भिन्नता औचित्यपूर्ण है क्योंकि प्रत्येक संस्कृति अपने अस्तित्वगत अर्थों के आधार पर ही प्रकृति और विज्ञान को मान्यता प्रदान करती है। इसका अर्थ यह हुआ कि भिन्न संस्कृति, भिन्न विज्ञान। सभी विज्ञान बराबरी से औचित्यपूर्ण हैं, इससे ज़्यादा महत्त्वपूर्ण यह है कि सभी विज्ञान अपनी-अपनी

संस्कृतियों के सन्दर्भ में बराबरी से अर्थपूर्ण होते हैं। अतः एक स्वतन्त्र समाज में सभी सांस्कृतिक परम्पराओं को बराबरी का हक़ और शक्ति-केन्द्रों तक पहुँचने का रास्ता बराबरी से मिलना चाहिए। आधुनिक विज्ञान की यह मान्यता कि विज्ञान के नियम वैज्ञानिकों द्वारा प्रयोगशालाओं में खोजे जाते हैं ग़लत है, वास्तव में वे उन्हें विरासत में पाये सांस्कृतिक अर्थों से निःसृत करते हैं। विषयी और वस्तु, संस्कृति और प्रकृति के बीच अलगाव एक तरह का आधुनिक भटकाव है। दरअसल विज्ञान और संस्कृति, दोनों एक-दूसरे का साथ-साथ निर्माण करते हैं। सांस्कृतिक परम्परा और राजनीतिक शक्ति, न कि अन्तःमूर्त मूल तत्त्व ही प्रकृति और संस्कृति का प्रारूप तय करते हैं। हारावे तो यहाँ तक कहती हैं कि प्राकृतिक विज्ञानों को भी सामाजिक विज्ञानों के अध्ययन के मॉडल को अपनाना चाहिए और अध्ययन की प्राकृतिक विषयवस्तु में कर्तृत्व को स्वीकार करना चाहिए। प्राकृतिक विज्ञानों को 'खोज के तर्क' (Logic of discovery) से नहीं अपितु शक्तिपूर्ण सामाजिक सम्बन्धों के मध्य 'संवाद' (Conversation) से गाइड होना चाहिए।

प्रकृति की रहस्यमय जटिलता के सामने मानवीय ज्ञान की सीमाओं को समझने में विज्ञान के सांस्कृतिक अध्ययन से अवश्य लाभ हो सकता है लेकिन प्राकृतिक वस्तुओं को मनुष्य के समान ही ज़रूरतों और रुचियों से सम्पन्न मानना उचित नहीं लगता। यह विज्ञान की मानव-केन्द्रीयता और मानववाद का विरोधी दृष्टिकोण जान पड़ता है।

कुछ नारीवादियों, जैसे—हेलेन लान्जिनो, सैंड्रा हार्डिंग आदि द्वारा विज्ञान की आलोचना को भी उत्तर-आधुनिक सामाजिक रचनावाद के परिवार के अन्तर्गत ही माना जा सकता है। इनका कहना है कि वैज्ञानिक क्रान्ति के प्रारम्भ से ही नारी के वैषयिक अनुभवों—समानुभूतिपूर्ण समझदारी, सम्बन्ध प्रधान विचारधारा और उपयोगी ज्ञान—की उपेक्षा की गयी है। यह मानते हुए कि ज्ञाता का लिंग ज्ञानमीमांसीय दृष्टि से महत्त्वपूर्ण होता है, नारीवादी ज्ञानमीमांसा न केवल आधिकाधिक नारियों के लिए वैज्ञानिक प्रयोगशालाओं के द्वार खोलना चाहती है अपितु इसे अधूरा और नाकाफ़ी मानते हुए नारी-अनुभव से जुड़े परस्परक्रियावादी (Interactionist) मूल्यों के आधार पर प्रकृति और उसके ज्ञान की नयी समझदारी विकसित करना चाहती है। प्रकृति और वस्तुनिष्ठ ज्ञान की यह नारीवादी दृष्टि वैज्ञानिक समस्या के चुनाव, प्रयोगात्मक साक्ष्यों के मूल्यांकन और निष्कर्षों के औचित्य का निर्धारण करने में सक्षम होगी, यह नारीवादी ज्ञानमीमांसा का वादा है। नारीवादियों को नारीवादी ज्ञानात्मक मूल्यों को अपनाना चाहिए जिसमें वे प्रकृति, विज्ञान और संस्कृति में 'लिंगभेद' को सामने ला सकें।

सामाजिक रचनावादियों के निश्चित मत, कि समस्त ज्ञान सामाजिक-सांस्कृतिक निर्मित है, को स्वीकारने के बाद नारीवादियों के लिए इस धर्मसंकट से पार पाना आसान नहीं है कि तर्कयुक्त आलोचना से परे नारीवादी मूल्यों को जो स्वयं सांस्कृतिक निर्मित है, नारीवादी ज्ञानमीमांसा का आधार स्वीकार किया जाये। यदि विभिन्न समुदाय अपने-अपने सन्दर्भगत मूल्यों को, इस बात की परवाह किये बग़ैर कि वे आधुनिक वैज्ञानिक ज्ञान से कितनी संगतता रखते हैं, ज्ञान की कसौटी मानेंगे तो सभी लोक-परम्पराएँ विज्ञान का दर्जा पा जायेंगी। फिर चेचक को माता का प्रकोप मानने के औचित्य पर सवाल नहीं उठाया जा सकेगा। यह समस्या ज्ञानात्मक सापेक्षतावाद (Epistemic Relativism) से बढ़कर है क्योंकि इसमें एक विशेष प्रकार के मूल्यों, (नारीवादी, अद्वैतवादी, पूर्णतावादी) को आलोचना से परे मान लिया गया है। आवश्यक नहीं कि ये मूल्य प्रगतिशील ही हों।

विज्ञान की उत्तर-आधुनिकतावादी आलोचना परिवार का एक सदस्य-समूह उत्तर-औपनिवेशिक विचारकों का है जिसमें गायत्री चक्रवर्ती, पार्थ चटर्जी, ज्ञान प्रकाश, आशिस नन्दी प्रमुख हैं। यह एडवर्ड सईद और गाँधी द्वारा पाश्चात्य संस्कृति-सभ्यता की आलोचना से प्रेरणा पाकर उपनिवेशवाद की आलोचना ज्ञानमीमांसीय आधार पर करने का प्रयास है। सामाजिक रचनावादियों, सांस्कृतिक अध्ययन करने वालों और नारीवादियों के समान ही इनकी भी दलील है कि वैज्ञानिक ज्ञान सामाजिक निर्मित है और उसकी सत्यता के मानदण्ड संस्कृति की ज्ञानात्मक कोटियों पर निर्भर हैं। विज्ञान की वस्तुनिष्ठता, सार्वभौमिकता का दावा पश्चिम के पूर्व पर औपनिवेशिक आधिपत्य की योजना का अंग मात्र है। अलग-अलग संस्कृतियों में प्रकृति को समझने के अपने प्रयास हुए हैं, उन सभी ज्ञान-तन्त्रों को समान आधार पर मूल्यांकित किया जाना चाहिए।

उत्तर-उपनिवेशवादी, सांस्कृतिक अध्ययन और नारीवादी आलोचना को सैंड्रा हार्डिंग (1998) की पुस्तक 'Is Science Multicultural?' से और बल मिला। उनकी दलील थी कि चूँकि आधुनिक विज्ञान, पश्चिम-केन्द्रित और पुरुष-केन्द्रित है, इसलिए नारियों और उपनिवेशों में रहने वालों को मिलकर पश्चिमी विज्ञान के ख़िलाफ़ मोर्चा बनाना चाहिए जिससे पश्चिमी विज्ञान के उस पहलू को सामने लाया जा सके जो आधुनिकता के लाभ उठाने वालों को दिखाई नहीं देता।

वैकल्पिक विज्ञान के सभी समर्थकों के सामने यह चुनौती बराबर बनी हुई है कि स्थानीय ज्ञान को कठोर, अनुभवसिद्ध परीक्षण की कसौटी पर कैसे कसें। एक गम्भीर क़िस्म के ज्ञानमीमांसीय सापेक्षतावाद से कैसे बचा जा सकता है, इसका कोई उत्तर इनके पास नहीं है। एक बड़ी समस्या यह भी है कि जहाँ

स्थानीय ज्ञान पश्चिम में विज्ञान की कमियों की ओर इंगित करता है, वहीं पूर्व में स्थानीयता के दृष्टिकोण से ज्ञान का आग्रह वर्चस्वशाली शोषक वर्गों और संस्थाओं को पोषित करता प्रतीत होता है। इसका उपयोग राजनीति में प्रतिक्रियावादी तत्त्वों द्वारा आसानी से ज्ञानोदय और सेकुलरवाद की उपलब्धियों को नकारने में किया जा सकता है।

उपरोक्त विवेचन के आधार पर हम कह सकते हैं कि उत्तर-आधुनिकतावाद से प्रेरित सामाजिक रचनावाद (Social Constructivism) के सभी प्रकार एक गम्भीर प्रकार की ज्ञानमीमांसीय सापेक्षता का द्वार खोल देते हैं जिसका भारत जैसे देश में राजनीतिक दुरुपयोग सम्भव है। लेकिन इसका मतलब विज्ञान की पुरानी समझ 'प्रत्यक्षवाद' (Positivism) का समर्थन करना भी नहीं है। वैज्ञानिक ज्ञान के निर्माण में सामाजिक पहलू को नज़रअन्दाज़ नहीं किया जा सकता लेकिन उसे सापेक्षतावादी सिद्ध करना भी उपयुक्त नहीं है। वैज्ञानिक ज्ञान के परासांस्कृतिक विकास और उसकी उपयोगिता का ऐतिहासिक सच इतना बड़ा है कि उसे सामाजिक रचनावाद के हवाले नहीं किया जा सकता।

विज्ञान की उत्तर-आधुनिकतावादी आलोचना की सीमाओं की ओर इंगित करने के पीछे उसके अवदान को कम करना भी नहीं है। कई दृष्टियों से यह महत्त्वपूर्ण है—

1. ज्ञान की खोज में लगे वैज्ञानिक को अब एक 'दर्शक' के स्थान पर 'भागीदार' के रूप में देखा जाता है जो मूल्य-तटस्थता की आड़ में सामाजिक पक्षधरता से बच नहीं सकता।
2. 'विभेद' और 'विस्थापन' के आग्रहों का परिणाम यह हुआ कि आज वैज्ञानिक अनुसन्धान को किसी एक 'वैज्ञानिक पद्धति' से नहीं बाँधा जा सकता। एक तरह का बहुलतावाद (Pluralism) स्वीकृत हो रहा है।
3. आधुनिकतावाद में जहाँ आविष्कारों के तकनीकी पक्ष पर ज़ोर दिया जाता है, वहीं उत्तर-आधुनिकतावादी विमर्श सामाजिक और सांस्कृतिक सन्दर्भों पर ध्यान केन्द्रित करता है।
4. उत्तर-आधुनिक विमर्श ने वैज्ञानिक ज्ञान के सन्दर्भ में वस्तुनिष्ठता, तर्कयुक्तता, स्थानीयता, सार्वभौमिकता आदि प्रत्ययों पर पुनर्विचार करने को बाध्य किया है। 'स्थितिबद्ध तर्कयुक्तता' ऐसे प्रत्यय सामने आये हैं जो अतार्किकता और सापेक्षतावाद से परे होने की ओर इंगित करते हैं।
5. तीसरी दुनिया के देशों और निम्न वर्गों की परम्परागत ज्ञान-व्यवस्थाओं को वैज्ञानिक ज्ञान की मुख्य धारा में लाने का प्रयास किया जाने लगा है।

6. सामाजिक निर्माणवाद (Social Constructivism) के सिद्धान्त ने विज्ञान-दर्शन में तीव्र बहस को जन्म दिया है। आज हम न तो कार्ल पॉपर के वैज्ञानिक ज्ञान को अवैज्ञानिक ज्ञान में अलग करने के मिथ्याकरण (Falseability) के सिद्धान्त पर पूरा भरोसा कर सकते हैं और न फेयराबेण्ड के पूर्ण अराजकवाद को ही प्रश्रय दे सकते हैं। हमें मध्य मार्ग अपनाना होगा।

सन्दर्भ ग्रन्थ

1. Feyerabend, P. (1975), *Against Method : Outline of an Anarchistic Theory of Knowledge,* Verso, London.
2. Haraway,D. J., (1991), *Simians, Cyborgs, and Women: The Reinvention of Nature,* Routledge, New York.
3. Harding, S., (1998) Is *Science Multicultural*?, Indiana University Press, Bloomington and Indianpolis.
4. Hess, David, (1995), *Science and Technology in a Multicultural World,* Columbia University Press, New York.
5. Bloor, David, (1991), *Knowledge and Social Imagery,* University of Chicago Press, Chicago.
6. Kuhn, T.S., (1970), *The Structure of Scientific Revolutions,* University of Chicago Press, Chicago.
7. Latour, Bruno, (1993), *We Have Never Been Modern,* Harvard University Press, Cambridge
8. Laudan, Li, (1990), *Science and Relativism,* University of Chicago Press, Chicago.
9. Longino, Helen, (1990), *Science as Social Knowledge: Values and Objectvity in Scientific Inquiry,* Priceton University Press, Princeton
10. Nanda, Meera, (2004), *Prophets Facing Backward: Postmodernism, Science and Hindu Nationalism,* Permanent Black, Delhi.

विज्ञान और धर्म : टकराव के मुद्दे

"Scientific temperament is a process of thinking, method of action, search for truth, way of life, spirit of a free man."

–Jawahar Lal Nehru

"Our life should be inspired by love and guided by knowledge."

–Bertrand Russell

क्या विज्ञान और धर्म के बीच टकराव है? यदि है तो टकराव के मुख्य बिन्दु क्या हैं? टकराव के पीछे कारण क्या हैं? टकराव का निवारण कैसे सम्भव है? क्या धर्म को विज्ञान के लिए जगह ख़ाली कर देनी चाहिए? क्या नैतिकता के लिए धर्म ज़रूरी है? क्या वैज्ञानिक दृष्टि द्वारा विश्व में प्रचलित धार्मिक संघर्ष को दूर करना सम्भव है? भारत में वैज्ञानिक दृष्टिकोण का अभाव क्यों है? इन प्रश्नों का उत्तर पाना आज धार्मिक आतंकवाद से पीड़ित विश्व के लिए बहुत प्रासंगिक है। प्रस्तुत लेख उस दिशा में एक विनम्र प्रयास है। आवश्यक नहीं कि मेरी स्थापनाओं से सभी सहमत हों किन्तु इस दिशा में सोचने की ओर प्रेरित कर सका तो यह प्रयत्न सार्थक होगा।

इससे पहले कि विज्ञान और धर्म के बीच सम्बन्ध की जाँच-पड़ताल की जाये, हमें यह सुनिश्चित करना होगा कि विज्ञान और धर्म से हमारा तात्पर्य क्या है क्योंकि सामान्य विमर्श में इन पदों का प्रयोग अनेक अर्थों में किया जाता है जो विमर्श की स्पष्टता को प्रभावित करता है। सामान्यतः विज्ञान शब्द चार अर्थों में प्रयुक्त होता है–ज्ञान-प्राप्ति के एक बौद्धिक उद्यम के रूप में, विशिष्ट रिवाजों को अपनाने वाले समुदाय के रूप में, बृहत्तर समाज से जुड़े संस्थानों के रूप में और प्रायोगिक विज्ञान व प्रौद्योगिकी के रूप में। हम यहाँ विज्ञान की चर्चा उसके पहले अर्थ–एक विशिष्ट बौद्धिक उद्यम के रूप में करने जा रहे हैं, अन्य अर्थों में नहीं। अकसर विज्ञान के आलोचक, उपर्युक्त तीसरे और चौथे स्तर

की समस्याओं को पहले और दूसरे स्तर की समस्या समझने की भूल कर बैठते हैं। विमर्श की सार्थकता के लिए हमें विज्ञान के ज्ञानमीमांसीय और सामाजिक पहलुओं के बीच अन्तर की समझ को बनाये रखना होगा।

इसी तरह 'धर्म' शब्द का प्रयोग भी हमारे यहाँ विभिन्न अर्थों में किया जाता है। कुछ भारतीय दर्शनों में धर्म शब्द का प्रयोग 'रिलीजन' से अलग नैतिक कर्तव्य के रूप में भी होता है। किन्तु यहाँ हम 'धर्म' शब्द का प्रयोग 'संस्थागत धर्मों' यानी 'रिलीजन' के अर्थ में ही कर रहे हैं, अन्य अर्थों में नहीं। इस दृष्टि से हिन्दू धर्म भी एक संस्थागत धर्म है, भले ही उसका रूप अन्य संस्थागत धर्मों—इस्लाम, यहूदी और ईसाई धर्मों से कुछ भिन्न क्यों न हो। जनसाधारण में भी यही अर्थ प्रचलित है। इस अर्थ के अनुसार एक अतिप्राकृतिक शक्ति या सत्ता में आस्था, पवित्र माने जाने वाले धर्मस्थलों में इसकी पूजा तथा दुखों-कष्टों से मुक्ति की आशा से सदाचरण के कुछ कर्म और कर्मकाण्ड इसमें सन्निहित हैं। अनुयायियों द्वारा अपने-अपने धर्म को दूसरे से श्रेष्ठ समझने और आपस में संघर्ष की सम्भावना बराबर बनी रहती है।

अपने पहले और मौलिक अर्थ में विज्ञान वस्तु जगत का सही ज्ञान प्राप्त करने की ऐसी प्रणाली है जो तर्क और अवलोकन को प्रधानता देती है। इसकी प्रमुख विशेषता इसकी आलोचनात्मक वृत्ति है जिसका मतलब ज्ञान की किसी भी स्थापना को लगातार अवलोकनों, प्रयोगों द्वारा परीक्षण करने के लिए प्रतिबद्ध होना है और उन स्थापनाओं को रद्द करते रहना जो इन परीक्षणों से सत्यापित न हो सके। इसका अर्थ यह है कि हमारा समस्त अनुभवजन्य ज्ञान सम्भावित, अपूर्ण और नये सबूतों और तर्कों की रोशनी में संशोधन के लिए हमेशा प्रस्तुत है। कहने का तात्पर्य यह है कि विज्ञान के क्षेत्र में कोई भी सिद्धान्त इतना निर्विवाद नहीं होता कि उस पर सन्देह न किया जा सके। निकट भविष्य में अधिक प्रबल प्रमाणों के आधार पर उसमें आवश्यक संशोधन का स्थान सदैव बना रहता है। इसे ही वैज्ञानिक पद्धति कहा जाता है। विज्ञान का प्रारम्भ जिज्ञासा, प्रश्न से होता है तथा निरीक्षण, परीक्षण, तर्क, अनुमान, प्रयोग, सत्यापन, सिद्धान्त-निर्माण इसके अनिवार्य तत्त्व हैं जो उसे कला, नैतिकता और धर्म से पृथक् करते हैं। आज हम निश्चित रूप से यह कह सकते हैं कि वस्तुनिष्ठ ज्ञान प्राप्त करने का सबसे भरोसेमन्द तरीक़ा वैज्ञानिक विधि ही है।

मूलभूत विज्ञान के उपर्युक्त अर्थ में, केवल उसी के आधार पर जब किसी विषय या समस्या के बारे में कोई मत निर्धारित किया जाता है तो उस अनुभवमूलक और तर्कयुक्त मनोवृत्ति को 'वैज्ञानिक दृष्टिकोण' की संज्ञा दी जाती है। इसके

परिणामस्वरूप प्रत्येक प्राकृतिक और सामाजिक घटना की व्याख्या कार्यकारण नियम के अनुसार वैज्ञानिक विधि द्वारा ही की जाती है। अतः कह सकते हैं कि वैज्ञानिक दृष्टिकोण का आधार वैज्ञानिक पद्धति ही है जिसमें किसी प्रकार के अलौकिक तत्त्व का कोई स्थान नहीं है। यही बात उसे धार्मिक दृष्टिकोण से पृथक् करती है। उदाहरण के लिए, जब कोई चिकित्सक किसी रोग का इलाज करता है तो रोग के पीछे कार्यरत प्राकृतिक कारणों की जाँच व उनको दूर करने का उपाय करता है, न कि किसी दैवी शक्ति की प्रार्थना या उपासना।

वैज्ञानिक दृष्टिकोण की कतिपय विशेषताएँ निम्न हैं–

1. किसी आधिकारिका व्यक्ति या ग्रन्थ में लिखे हुए को सच मानने से तब तक इनकार करना, जब तक प्रत्यक्ष प्रमाण और निरीक्षण से उसकी पुष्टि न हो जाये।
2. विश्व का चक्र विशेष नियमों से चलता है। इसका पता हमें प्रयोग, अनुमान और पड़ताल से ही चलता है। विश्व स्वयम्भू है, इसके लिए किसी ईश्वर की आवश्यकता नहीं है।
3. वैज्ञानिक दृष्टिकोण इस बात को नकारता है कि अन्तिम और श्रेष्ठ ज्ञान साक्षात्कार और उसके अन्तर्गत इन्द्रियों के अनुभवों से प्राप्त होता है।
4. ज्ञान को प्रमाणित करने के लिए जो प्रयोग किया जाता है, वह वैज्ञानिक के नियन्त्रण में होता है, किसी अज्ञात शक्ति पर निर्भर नहीं होता। अपवाद मिलने पर सिद्धान्त चरमराकर गिर जाता है।
5. विज्ञान वस्तुनिष्ठ होता है, व्यक्तिनिष्ठ नहीं। उसका सत्य वैश्विक होता है। विज्ञान सार्वजनिक होता है।

यह कहना भी उचित नहीं प्रतीत होता कि विज्ञान का मूल्यों से कुछ भी लेना-देना नहीं है। आज वैज्ञानिक दृष्टिकोण केवल गणितीय प्रक्रिया तक सीमित नहीं रह गया है। उसमें कुछ आन्तरिक मूल्य भी निर्मित हुए हैं। ये हैं–स्वायत्तता, शोधक वृत्ति, सम्यकता, नम्रता और निडरता।

वैज्ञानिक और धार्मिक दृष्टिकोण में अन्तर–

धर्म और वैज्ञानिक दृष्टिकोण के बारे में हमारे उपरोक्त विवेचन से यह स्पष्ट है कि दोनों में पर्याप्त अन्तर है जो उनके बीच टकराव का कारण बनता है। आइये देखें कि टकराव के वे मुद्दे कौन-से हैं–

1. धर्म का दृष्टिकोण अनिवार्यतः आस्थापरक होता है जिसके अन्तर्गत किसी विशेष अलौकिक सत्ता में अखण्ड आस्था और पूजाधर्म का सर्वाधिक महत्त्व होता है। इसकी अभिव्यक्ति प्रायः बह्य कर्मकाण्ड के माध्यम

से होती है। इसके विपरीत विज्ञान का दृष्टिकोण तर्कपूर्ण, शोधपरक और आलोचनात्मक होता है। वैज्ञानिक ज्ञान के लिए किसी अलौकिक शक्ति में आस्था व उसकी पूजा सर्वथा अप्रासंगिक एवं निरर्थक है।

2. धार्मिक सत्य सामान्य अनुभव से परे किसी पैगम्बर के अन्तर्ज्ञानात्मक साक्षात्कार या अन्य दैवी सत्ता की वाणी होने के कारण निरपेक्ष रूप से अन्तिम सत्य और पूर्णतः निश्चित माना जाता है जिसमें किसी प्रकार के संशोधन की गुंजाइश नहीं है। इसके विपरीत वैज्ञानिक पद्धति से प्राप्त किया गया ज्ञान अन्तिम सत्य न होकर अल्पावधि के लिए होता है, इसलिए सम्भावित होता है और उसमें परिवर्तन, संशोधन की सम्भावना बनी रहती है।
3. अन्तिम वैश्विक सत्य माने जाने के कारण धार्मिक सत्य विश्व की किसी घटना से नहीं बदलता। श्रद्धा पर आधारित होने के कारण धार्मिक आस्थाएँ व्यक्ति में बहुत दृढ़ होती हैं, आसानी से नहीं बदलतीं और कट्टरता को जन्म देती हैं। इसके विपरीत वैज्ञानिक निष्कर्षों को किसी भी स्थान पर परीक्षण में असफल होने पर बदला जा सकता है।
4. धार्मिक सत्य पवित्र ग्रन्थ आधारित, पुराणनिष्ठ, शब्दनिष्ठ और विषयनिष्ठ होता है। इसके विपरीत स्वजनों का कथन कभी वैज्ञानिक सत्य का आधार नहीं बन सकता।
5. धार्मिक सत्य मनुष्य की आशा-आकांक्षाओं को पूरा करते हैं। जैसा कि बर्ट्रेन्ड रसेल ने कहा है, "ईश्वर के प्रति लोगों की श्रद्धा का आधार तर्कसंगत दलीलें नहीं होतीं। उनके बचपन से ही वे संस्कार उनमें मौजूद होते हैं और अपनी सुरक्षा की भावना भी इसका एक कारण होती है।" ईश्वर, आत्मा, अमरत्व जैसी धारणायें वैज्ञानिक रूप से सत्यापित नहीं होतीं। ईश्वर के साक्षात्कार के अनुभव का दावा प्रत्यक्ष ज्ञान के समान वस्तुनिष्ठ नहीं होता। दैवी साक्षात्कार का दावा करने वालों में भी एकमत की अपेक्षा, मत-मतान्तर अधिक होते हैं। इसके विपरीत वैज्ञानिक दृष्टिकोण में इस बात का ध्यान रखा जाता है कि सत्य का ज्ञान मनुष्य की भावनाओं से प्रभावित न हो, इसके लिए उसे बराबर वस्तुनिष्ठ परीक्षण से गुज़रना होता है।
6. धार्मिक दृष्टिकोण का पक्षधर दर्शनशास्त्र चेतना का स्वतन्त्र अस्तित्व मानता है। अचेतन 'सत्' को या तो यह मिथ्या मानता है या चेतनाधीन समझता है। इसके विपरीत वैज्ञानिक दृष्टिकोण के पक्षधर दर्शन के

अनुसार 'पदार्थ ही अन्तिम सत्य है और चेतना का अहसास उसका परिणाम है, अचेतन पदार्थ के अधीन है। मनुष्य का अस्तित्व विकास की लम्बी प्रक्रिया का परिणाम है, किसी दैवी सत्ता की सृष्टि नहीं। भौतिक परिस्थितियाँ ही मनुष्य की अनुभूति का निर्माण करती हैं। समाज रचना में उचित परिवर्तन करके मनुष्य की अनुभूति में दीर्घकालिक और प्रभावी परिवर्तन लाया जा सकता है।

उपरोक्त विवेचन के आधार पर हम कह सकते हैं कि जीवन, जगत और ज्ञान के स्वरूप के विषय में विज्ञान और धर्म का दृष्टिकोण न केवल एक-दूसरे से पूर्णतः भिन्न है अपितु उनमें टकराव है। किसी प्रकार की समानता खोजना व्यर्थ है। दृष्टिकोण के अलावा विषय-वस्तु और अध्ययन-क्षेत्र की दृष्टि से भी धर्म और विज्ञान में मूलभूत अन्तर है। धर्म का सम्बन्ध मुख्यतः मूल्यों से है, जबकि विज्ञान मूल्यों के स्थान पर मुख्यतः तथ्य को ही महत्त्व देता है। धर्म मनुष्य को सृष्टि का केन्द्र मानकर जगत में घटित होने वाली समस्त घटनाओं का अध्ययन या मूल्यांकन करता है जिससे मनुष्य को संसार में या परलोक में दुख से मुक्ति मिल सके। इसी उद्देश्य से विभिन्न धर्मग्रन्थों में आदेशात्मक विधि-निषेध स्पष्ट देखे जा सकते हैं। मानव जीवन के परम लक्ष्य के रूप में वर्णित स्वर्ग, मोक्ष, निर्वाण, कैवल्य आदि धार्मिक अवधारणाएँ निश्चित रूप से मूल्यात्मक धारणायें हैं। इसके विपरीत विज्ञान के लिए इस जगत में मनुष्य का सर्वोच्च महत्त्व नहीं है। विज्ञान मनुष्य को जगत का केन्द्र मानकर जगत की घटनाओं का अध्ययन नहीं करता, किसी विशेष उद्देश्य या लक्ष्य की दृष्टि से भी जगत और मनुष्य का अध्ययन नहीं करता। विज्ञान द्वारा खोजे गये प्राकृतिक नियम मनुष्य सहित सभी प्राणियों तथा वस्तुओं पर समान रूप से लागू होते हैं।

वैज्ञानिक और धार्मिक दृष्टिकोणों में अन्तर/टकराव के उपरान्त विवेचन से हम तार्किक रूप से निम्न निष्कर्ष निकाल सकते हैं—

1. विज्ञान और धर्म में टकराव अवश्यम्भावी है क्योंकि एक धर्म परायण व्यक्ति वैज्ञानिक दृष्टिकोण, जिसकी चर्चा ऊपर की गयी है, को स्वीकार नहीं कर सकता। धर्मपरायण व्यक्ति का समस्त विचार और व्यवहार उसके धार्मिक विश्वासों/दृष्टिकोण से निर्धारित होता है जबकि उसके विपरीत वैज्ञानिक दृष्टिकोण अपनाने वाले की प्रतिबद्धता केवल वैज्ञानिक पद्धति और विज्ञान द्वारा प्रमाणित सिद्धान्तों से प्राप्त होती है, किसी अलौकिक सिद्धान्त, धर्म-प्रवर्तक सन्त के प्रति नहीं। धर्मपरायण व्यक्ति जहाँ आस्था के आधार पर अपने धार्मिक विश्वासों को पूर्ण

सत्य मानकर सन्तुष्ट हो जाता है, वहीं वैज्ञानिक दृष्टिकोण अपनाने वाला व्यक्ति वैज्ञानिक विधि द्वारा निरन्तर धार्मिक विश्वासों के सत्य के अनुसन्धान पर बल देता है। एक का दृष्टिकोण मूलतः आस्थापरक और अलौकिक होता है तो दूसरे का तार्किक, आलोचनात्मक इहलौकिक और शोधपरक। दोनों के बीच टकराव अनिवार्य और नितान्त स्वाभाविक है। विश्व का इतिहास इस वैचारिक संघर्ष का गवाह है जिसके कारण—विशेषकर पाश्चात्य ईश्वरवादी धर्मों ने विज्ञान के विकास में निरन्तर बाधा डालने का प्रयास किया और सत्य की खोज करने वाले वैज्ञानिकों पर अमानवीय अत्याचार किया। जिन लोगों को लगता है कि भारतीय धर्मों का इतिहास इससे बरी है, उन्हें यह नहीं भूलना चाहिए कि आधुनिक विज्ञान का उदय और विकास भी हमने नहीं किया। यहाँ समस्या और भी जटिल है क्योंकि धर्मों की जड़ें जनमानस पर इतनी गहरी रही हैं कि आज भी बड़ी संख्या में भारतीय वैज्ञानिक अपने निजी जीवन में वैज्ञानिक दृष्टिकोण से अछूते ही रहते हैं और जिन लोगों ने धर्म-आधारित अन्धविश्वासों के विरुद्ध आन्दोलन चलाने का उपक्रम किया—जिनमें डॉ नरेन्द्र दाभोलकर का नाम प्रमुख है—उन्हें जान से हाथ धोना पड़ता है। इसी कारण स्वतन्त्रता-प्राप्ति के इतने वर्षों बाद भी देश में रहने वाला एक भी वैज्ञानिक नोबेल प्राइज़ नहीं पा सका।

2. आज जीव-जगत के ज्ञान का सबसे भरोसेमन्द साधन वैज्ञानिक पद्धति ही है। इतने कम समय, लगभग 500 वर्ष में इसकी सफलता का राज भी यही है। हज़ारों वर्षों के इतिहास के बावजूद धर्म के बारे में ऐसा कहना मुश्किल है। वैज्ञानिक दृष्टिकोण अपनाने से न केवल ज्ञान अपितु उसके सफल उपयोग द्वारा पहली बार यह सम्भव हुआ है कि पृथ्वी पर सभी निवासियों को स्वस्थ, सुखद जीवन उपलब्ध कराया जा सके। इसलिए अब समय आ गया है कि जीव और जगत के बारे में तथ्यात्मक ज्ञान के क्षेत्र से धर्मों को विज्ञान की श्रेष्ठता स्वीकार कर पीछे हट जाना चाहिए।

3. विज्ञान को धर्म की कसौटी पर कसा जाना बन्द कर देना चाहिए अपितु उनके स्थान पर सभी धर्मों का अध्ययन वैज्ञानिक दृष्टिकोण के अनुसार करना चाहिए। यदि अलग-अलग धर्मों के अनुयायियों को अपने धर्म के अलावा अन्य सभी धर्मों के बारे में तथ्यात्मक जानकारी प्रदान की जाये तो अन्य धर्मों के विरुद्ध उनके निराधार पूर्वाग्रहों का

निराकरण करना शायद सम्भव हो। शर्त यह है कि वे अपने धर्म की श्रेष्ठता और अन्तिम सत्य होने के पूर्वाग्रह से मुक्त होने के लिए तैयार हों। इस तरह अन्तर्धार्मिक संघर्ष को कुछ सीमा तक कम करने में मदद मिल सकती है।

4. सदियों से धर्म मनुष्य को सामाजिक पहचान देने का कार्य करता रहा है। वर्तमान में विभिन्न धर्मों के अनुयायियों के बीच टकराव और आधुनिकता से तालमेल न बैठा पाने के पीछे कहीं पहचान के खो जाने का डर भी है। विज्ञान ही हमें बताता है कि जाति, धर्म, नस्ल आदि की पहचान हमारी अपनी बनाई हुई है, उनका कोई भौतिक/जैविक आधार नहीं है। इसी कारण ख़ून चढ़वाते वक़्त हम नहीं देखते कि ख़ून हिन्दू का है या मुसलमान का। अतः वैज्ञानिक दृष्टिकोण अपनाने से ही एक सार्वभौमिक मानवीय अस्मिता का निर्माण सम्भव है, किसी धर्म विशेष द्वारा नहीं।

5. यदि नैतिक मूल्यों की स्थापना के लिए धर्म की भूमिका स्वीकार कर भी ली जाये तो भी ऐतिहासिक और वर्तमान साक्ष्यों—व्यापक हिंसा, भ्रष्टाचार आदि के आधार पर यह स्थापना सच नहीं प्रतीत होती कि सामाजिक नैतिकता की स्थापना/रक्षा के लिए धर्मों का अस्तित्व ज़रूरी है। वैज्ञानिक दृष्टिकोण धारण करने वाले व्यक्ति के लिए नैतिक होने की सम्भावना अधिक होती है क्योंकि कार्य-कारण भाव से वह समझता है कि उसे दूसरों से वैसा ही व्यवहार करना चाहिए, जैसा कि उसे दूसरों से अपेक्षा रहती है। अब समय आ गया है कि हम सामाजिक मूल्यों की स्थापना के लिए धर्म से बेहतर विकल्प की खोज करें।

6. धार्मिक नैतिकता न केवल मनुष्य को नैतिक बनाने में असफल रही है अपितु अवैज्ञानिकता का प्रश्रय लेने के कारण कई बार मनुष्य-विरोधी भूमिका भी निभाती रही है। फिर चाहे दास-प्रथा का समर्थन हो, दलितों का शोषण हो या नारी और समलैंगिकों का दमन हो। सामाजिक न्याय के सन्दर्भ में धर्म की भूमिका सन्दिग्ध ही रही है। इसके विपरीत वैज्ञानिक दृष्टिकोण अपनाने वाला व्यक्ति स्वतः ही इन झूठे पूर्वाग्रहों से मुक्त हो जाता है।

7. वैज्ञानिक दृष्टिकोण की श्रेष्ठता/उपादेयता इसी से प्रमाणित है कि आज कोई भी व्यक्ति वैज्ञानिक प्रौद्योगिकी से प्राप्त लाभों को छोड़ना नहीं चाहता। दुर्भाग्य की बात यह है कि ऐसा वह वैज्ञानिक दृष्टिकोण अपनाये

बग़ैर चाहता है, परिणाम तो चाहता है पर उसके कारक की अवहेलना करता है। वह विज्ञान की शोधक वृत्ति से वंचित, उधार की प्रौद्योगिकी से काम चलाना चाहता है। जनसाधारण के अलावा भारतीय वैज्ञानिक भी अवैज्ञानिक व्यवहारों, अन्धविश्वासों के चंगुल में फँसे दिखाई देते हैं।

8. चूँकि मनुष्य के दिमाग़ से भावनाओं को जन्म देने वाला हिस्सा विकास की दृष्टि से सोचने वाले हिस्से से ज़्यादा पुराना और शक्तिशाली है, इसलिए मनुष्य के व्यवहार पर भावनाओं का अधिक प्रभाव दिखाई देता है। अमंगल कामना और अतृप्त कामनाओं की पूर्ति की इच्छा, वैज्ञानिक दृष्टिकोण के अभाव में, उसे आसानी से वास्तुशास्त्र, फलित ज्योतिष और बाबाओं के जाल में फँसा देती है। ज़रूरत परिवार, समाज, शिक्षा सभी के स्तर पर वैज्ञानिक दृष्टिकोण को बढ़ावा देने की है। अन्तर्मन में गहरे पैठे अवैज्ञानिक संस्कारों से लड़ने के लिए जन-जागरण पर्याप्त नहीं है। इसके लिए आन्दोलन करने और अपने कार्यों से उदाहरण पेश करने की भी ज़रूरत है।

9. चूँकि नैतिकता की स्थापना में धर्म के मुक़ाबले क़ानून अधिक प्रभावी रहा है, इसलिए अब समय आ गया है कि हम सामाजिक जीवन में धर्म के विकल्प के रूप में संविधान को रखें और धर्मों को उत्सवों, त्योहारों तक सीमित कर दें।

10. विज्ञान और धर्म के टकराव में जो लोग धर्मों के श्रेष्ठ तत्त्वों को बचाना चाहते हैं, उन्हें गहरे आत्म-परीक्षण से गुज़रना होगा। उन्हें न केवल अपने-अपने धर्मों की वस्तुजगत के बारे में, पुराने समय में बनी अवैज्ञानिक मान्यताओं को छोड़ना होगा अपितु बदलते समय के अनुरूप अपनी नैतिक मान्यताओं में भी परिवर्तन करना होगा। यदि धर्म अपने को भावनाओं के उन्नयन, परिमार्जन तक सीमित रख सके तो शायद टकराव से बचा जा सकता है, जैसा कि बर्ट्रेण्ड रसेल का भी मत है–"In so far as religion consists in a way of feeling, rather than in a set of beliefs, science can not touch it." किन्तु यह बड़ी चुनौती है जिसका सामना धर्मों को आमूल-चूल बदले बिना असम्भव है। क्या धर्म इसके लिए तैयार हैं? अकसर ऐसे प्रश्नों का उत्तर धर्मों से जुड़े अध्यात्म में खोजा जाता है। इसलिए यह विचार करना भी अभीष्ट होगा कि धर्मों से विलग क्या अध्यात्म का ऐसा कोई स्वरूप हो सकता है जो वैज्ञानिक दृष्टिकोण से सुसंगत हो?

कुछ आपत्तियों के उत्तर

कई बार विज्ञान और धर्म के टकराव से जुड़ी बहस में परमाणु हथियारों का निर्माण, व्यापक पर्यावरण संकट, नैतिक शून्यता, सामाजिक बिखराव और मूल्य संकट को विज्ञान के खाते में डालकर उसकी आलोचना की जाती है। तब शायद हम भूल जाते हैं कि धरती पर मनुष्य के जीवन को सुरक्षित और सुखी बनाने में विज्ञान एक वरदान भी साबित हुआ है। सभी के लिए पर्याप्त अनाज, अनेक जानलेवा बीमारियों पर क़ाबू, आवागमन के साधन, मनोरंजन का अद्‌भुत पिटारा भी उसी की देन है। वैज्ञानिक पद्धति एवं दृष्टिकोण हमें वस्तुजगत के रहस्यों का ज्ञान उपलब्ध कराती है, अब यह हमारे विवेक पर निर्भर है कि हम उस ज्ञान का उपयोग किस तरह करते हैं। मूलभूत विज्ञान तो एक है किन्तु उस पर आधारित प्रौद्योगिकी भिन्न-भिन्न हो सकती है। वर्तमान वैश्विक पूँजीवाद के अन्तर्गत न्यस्त स्वार्थों द्वारा विज्ञान-आधारित प्रौद्योगिकी का उपयोग जिन मानव-विरोधी उद्‌देश्यों द्वारा किया जा रहा है, उसके लिए मूलभूत विज्ञान को, जो इस लेख का विषय है, दोषी नहीं ठहराया जा सकता। वैज्ञानिक दृष्टिकोण का उद्‌देश्य प्रकृति के विरुद्ध युद्ध जीतना नहीं बल्कि प्रकृति के नियमों की जानकारी है। इसका उपयोग मनुष्य के हित के साथ जोड़कर प्रकृति के साथ सहजीवन भी विकसित किया जा सकता है।

यह आरोप कि विज्ञान धर्म की तरह आत्मा, परमात्मा, सृष्टि की रचना के उद्‌देश्य आदि के बारे में कुछ नहीं कहता, विज्ञान धर्म के बारे में अज्ञान का सूचक है। विज्ञान यह दावा कदापि नहीं करता कि उसके पास सभी प्रश्नों के उत्तर हैं, कुछ भी जानने को नहीं बचा है। वैज्ञानिक दृष्टिकोण तो केवल इतने तक सीमित है कि जो भी मानव के निरीक्षण, परीक्षण, प्रयोग के अन्तर्गत आता है, उसके परे उसके बारे में वह कुछ नहीं कहता। ऐसे किसी ज्ञान पर वह विश्वास भी नहीं करता। यदि भविष्य में वैज्ञानिक पद्धति से ऐसा ज्ञान सम्भव हुआ तो उसे स्वीकारने में कोई एतराज़ भी नहीं होगा।

हाल के वर्षों में विज्ञान की उत्तर-आधुनिकतावादी आलोचना से प्रेरित सामाजिक रचनावाद ने विज्ञान और ग़ैर-विज्ञान के बीच फ़र्क़ मिटाकर सभी प्रकार के ज्ञानमीमांसीय सापेक्षता के दरवाज़े खोल दिये हैं, जिसके अनुसार वैज्ञानिक ज्ञान अपने में तर्क के सार्वभौमिक सिद्धान्त पर आधारित स्वायत्त ज्ञान नहीं है, वह सामाजिक हितों एवं परिस्थितियों से सीधे जुड़ा हुआ है। इस आधार पर हमारे देश में भी पिछले कुछ वर्षों में, धर्म से वैधता पाने वाले अन्धविश्वासों को वैज्ञानिक ज्ञान की श्रेणी में रखने की मुहिम जारी है। इसके अन्तर्गत विश्वविद्यालयों

के पाठ्यक्रमों में फलित ज्योतिष, वास्तुशास्त्र जैसे विषय पढ़ाये जाने लगे हैं। यह एक ख़तरनाक शुरुआत है, संस्कृति के नाम पर वैज्ञानिक दृष्टिकोण पर कुठाराघात है। यहाँ विज्ञान की उत्तर-आधुनिक आलोचना का विस्तार से उत्तर देने का स्थान नहीं है किन्तु इतना तो कहा ही जा सकता है कि यूरोप में खोजा गया न्यूटन का गति का नियम नयी दिल्ली में भी उतना ही सच है। संस्कृतियाँ भिन्न हो सकती हैं, विज्ञान नहीं।

वैज्ञानिक दृष्टिकोण अपनाना प्रत्येक भारतीय नागरिक का संवैधानिक कर्तव्य तो है किन्तु वैज्ञानिक दृष्टिकोण की समझ को लेकर भ्रम की स्थिति है। अधिकांश लोग भौतिक सुख-सुविधाओं के लिए अत्याधुनिक तकनीक के प्रयोग का ही वैज्ञानिक दृष्टिकोण अपनाये जाने की कसौटी समझते हैं। इसी से ढेरों अन्धविश्वासों के साथ उपभोक्तावादी जीवन-शैली का पाखण्ड पनपता है। लोग यह भूल जाते हैं कि वस्तुजगत का वैज्ञानिक रीति से प्राप्त किया गया ज्ञान ही भौतिक सुखों के लिए आवश्यक उपभोक्ता उपकरणों के अन्वेषण का मार्ग प्रशस्त करता है। यह दोहरापन नहीं तो और क्या है कि 'अध्यात्म के ज़रिये सत्य की खोज करने वालों को तो हमारा समाज सन्त, महात्मा बना देता है किन्तु जड़ पदार्थों के गुण विशेष के ज्ञान की खोज करना भी ज्ञान की ही उपासना है मानकर उसे उतना महत्त्व नहीं देता।'

अन्त में, निष्कर्ष के रूप में, हम, डॉ. दाभोलकर के शब्दों में कह सकते हैं कि "मनुष्य का जीवन भौतिक सुखों से भर देना विज्ञान का मुख्य उद्देश्य नहीं है। मनुष्य को अचेतन सृष्टि के गुण विशेषों का परिचय करा देना, उसके आत्मविश्वास को बढ़ाना, उसका व्यक्तित्व निर्भय बनाना और समग्र रूप से जीवन को देखने का उसका दृष्टिकोण विकसित करना ताकि वह अपने जीवन का बौद्धिक-भावात्मक स्तर ऊँचा बनाये, यही विज्ञान का प्रमुख उद्देश्य है।" (अन्धविश्वास उन्मूलन, भाग-1, पृ. 20)। वैज्ञानिक दृष्टिकोण ने ही व्यक्ति में यह आत्मविश्वास पैदा किया कि इस जन्म में उसे जो दुख सहना पड़ रहा है, वह ईश्वर, भाग्य या पिछले जन्म के पाप के कारण नहीं बल्कि शोषणदायी व्यवस्था के कारण हैं। इस आत्मविश्वास से मनुष्य आत्मनिर्भर और स्वाधीन हो गया। दलितों और महिलाओं के जीवन में आये परिवर्तन इसकी सशक्त गवाही हैं। अतः एक विवेकशील, न्यायपूर्ण समाज की रचना के लिए वैज्ञानिक दृष्टिकोण अपनाना ज़रूरी है।

धर्म और सामाजिक मुक्ति : एक पुनर्विचार
(मार्क्स, गाँधी और अम्बेडकर के सन्दर्भ में)

मनुष्य की (सामाजिक) मुक्ति में धर्म की भूमिका सकारात्मक है या नकारात्मक, कई कारणों से आज यह प्रश्न पुनर्विचार की माँग करता है। पहली बात तो यह है कि जैसी उम्मीद प्रबोधन के साथ जताई जा रही थी कि आधुनिकता के विकास के साथ-साथ धर्म का या तो अन्त हो जायेगा या वह निजी जीवन तक सीमित हो जायेगा, सही साबित नहीं हुई। न धर्मों का अन्त हुआ और न वह निजी जीवन तक सीमित ही रह सका बल्कि इसके विपरीत बीसवीं शताब्दी में हमने धार्मिक आतंकवाद और धार्मिक उपभोक्तावाद के रूप में उसे नये-नये संस्करणों में अवतरित होते देखा। समाजवादी व्यवस्था के ढह जाने के बाद रूस जैसे देशों में उसका डंका फिर से बजने लगा। कहा जाने लगा कि हम धर्म की सार्थक सामाजिक भूमिका को नकार नहीं सकते क्योंकि आधुनिकता से जो नैतिक शून्य मोहभंग (Disenchantment) उभरता है, उसको धर्म के अलावा और किसी चीज़ से भरा नहीं जा सकता। सेकुलरिज़्म के गढ़, पश्चिम में सेंध लग जाने के कारण जो वैचारिक ऊहापोह की स्थिति उत्पन्न हुई, उससे भारत जैसे देश भी अछूते नहीं रह सकते क्योंकि यहाँ तो धर्म को निजी जीवन तक सीमित करने की सारी क़वायद पहले ही असफल हो चुकी है। कुछ अफ्रीकी और लैटिन अमरीकी देशों में 'लिबरेशन थियोलॉजी' के रूप में धर्म की सामाजिक मुक्तिवादी भूमिका भी सामने आयी जिसने धर्म के सवाल पर फिर से सोचने को मजबूर कर दिया।

इक्कीसवीं शताब्दी के प्रारम्भ में जब हम भारत जैसे देश में धर्म की सामाजिक भूमिका पर विचार करने खड़े होते हैं तो पिछली शताब्दी में औपनिवेशिक दासता, वर्ग-व्यवस्था और वर्ण-व्यवस्था से मुक्ति के लिए चलाये गये संघर्षों में उसकी भूमिका को नज़रअन्दाज़ नहीं कर सकते। इसलिए ज़रूरी है कि इन संघर्षों को वैचारिक आधार प्रदान करने वाले विचार नायकों के धर्म-सम्बन्धी विचारों की

सामाजिक मुक्ति के सन्दर्भ में समीक्षा करें। अतः मार्क्स, गाँधी और अम्बेडकर पर पुनर्विचार समीचीन जान पड़ता है। बौद्धिक दृष्टि से यह काम काफ़ी चुनौतीपूर्ण है क्योंकि सामाजिक मुक्ति के लिए जहाँ मार्क्स धर्म को अस्वीकृत कर देते हैं, वहीं गाँधी में इसका स्वीकार दिखाई देता है किन्तु अम्बेडकर जहाँ हिन्दू धर्म को अस्वीकृत करते हैं, वहीं बौद्ध धर्म को स्वीकार भी करते हैं। आइये देखें कि उनके तर्कों में कितना दम है और वे कितने प्रासंगिक हैं।

(1)

चूँकि हमारे यहाँ 'धर्म' शब्द कई अर्थों में प्रयोग किया जाता है, इसलिए यह बात प्रारम्भ में ही साफ़ करना ज़रूरी है कि हमारी चर्चा में धर्म का मतलब मानव समाज में स्थापित धर्मों से है, किसी निरपेक्ष, वायावी, निरी सैद्धान्तिक आध्यात्मिकता या नैतिकता से नहीं। ईसाई, इस्लाम, हिन्दू, बौद्ध, जैन आदि धर्मों को उनकी शाख़ाओं/पुनर्व्याख्याओं के साथ उदाहरण के रूप में समझा जा सकता है। ऐसे में किसी सार्वभौमिक धर्म की बात करना बेमानी है। यह भी स्पष्ट होना ज़रूरी है कि हमारी चर्चा का विषय एक पुरुषार्थ (धर्म, अर्थ, काम, मोक्ष) के रूप में धर्म नहीं है। हमारा विषय सामाजिक मुक्ति के सन्दर्भ में इतिहास, वर्तमान और भविष्य में धर्मों की सकारात्मक और नकारात्मक भूमिका की समीक्षा है जिसके लिए हमने तीन महान चिन्तकों के विचारों को सुना है।

यहीं यह बात भी साफ़ हो जानी चाहिए कि मनुष्य की सामाजिक मुक्ति से हमारा तात्पर्य क्या है? परम्परागत भारतीय चिन्तन जिस मुक्ति, निर्वाण या कैवल्य को मानव जीवन का परम लक्ष्य घोषित करता है और धर्म जिसे पाने का मार्ग सुझाता आया है, वह हमारी चिन्ता का विषय नहीं है। यह सही है कि इस मुक्ति मीमांसा का उद्देश्य भी मनुष्य को उसके दुखों, कष्टों से निजात दिलाना है किन्तु यह दुख कोई बाहर से थोपी हुई (सामाजिक या प्राकृतिक) सीमा, स्थिति या प्रतिबन्ध नहीं है अपितु यह जीवन में ही कुछ है जो उसके बन्धन का उपादान बनता है, कोई दूसरा उसे बाधित नहीं करता है। अतः उससे छुटकारा भी किसी सामाजिक संघर्ष का परिणाम नहीं बल्कि अपने विशुद्ध चैतन्य स्वरूप में अवस्थित होना मात्र है। इसके विपरीत सामाजिक मुक्ति की अवधारणा का केन्द्र मनुष्य को उसकी सामाजिक ग़ुलामी से छुटकारा दिलाना है। उसका उद्देश्य उन सारी संरचनाओं को प्रश्नांकित कर बदलने का मार्ग सुझाना है जो किन्हीं आधारों पर (धर्म, वर्ग, जाति, लिंग, उपनिवेशवाद आदि) मनुष्य को मनुष्य की ही दासता स्वीकार करने पर बाध्य करती है। निश्चय ही

यह रास्ता आर्थिक व राजनीतिक सत्ता-सम्बन्धों के विश्लेषण और उनके विरुद्ध संघर्षों से होकर जाता है। इसलिए सामाजिक मुक्ति के सन्दर्भ में किसी धर्म की समीक्षा भी इसी कसौटी पर ही की जा सकती है कि स्वतन्त्रता, समानता और बन्धुत्व के सामाजिक मूल्यों पर कहाँ तक खरा उतरता है और उनकी प्राप्ति में कहाँ तक सहायक होता है।

आइये, सबसे पहले मार्क्स को ही लें। यह मानते हुए भी कि सभी तरह की आलोचनाओं का प्रारम्भ धर्म की आलोचना से ही होता है, मार्क्स के अध्ययन का प्रमुख विषय धर्म नहीं था। अतः धर्म की उत्पत्ति, स्वरूप, परिणामों की सामान्य और व्यवस्थित व्याख्या की अपेक्षा उनसे करना न्यायसंगत नहीं होगा। उनकी अधिकांश टिप्पणियाँ, ईसाई धर्म की विभिन्न शाखाओं के तुलनात्मक प्रभावों के अध्ययन तक ही सीमित है। मार्क्स का मुख्य उद्देश्य वर्ग-विभाजित समाज में वंचितों की वर्ग-चेतना को मुखरित या स्थगित करने में धर्म की भूमिका का अध्ययन करके यह जानने का प्रयत्न करना था कि कैसे यह चेतना स्थापित व्यवस्था के प्रति विरोध, स्वीकार या उदासीनता का रूप धारण करती है और कैसे वर्ग-संघर्ष धार्मिक रूपों में व्यक्त होता है या उनमें दिया रहता है। इसके लिए उसने धर्म की व्याख्या आश्वस्त करने, सामाजिक नियन्त्रण लाने और आर्थिक संरचना को प्रतिबिम्बित करने की क्षमता के रूप में की।

अकसर लोग मार्क्स के धर्म-सम्बन्धी विचारों को 'धर्म जनता की अफ़ीम है' ऐसे वाक्यांश तक सीमित कर देते हैं जो कई भ्रान्तियों को जन्म देता है। उन्हें पूरा पैराग्राफ़ पढ़ना चाहिए जिसमें वह यह भी कहता है कि 'धर्म उत्पीड़ित प्राणी की आह है', 'हृदयहीन दुनिया का हृदय है', 'एक आत्म-विहीन दुनिया का आत्म है, 'धार्मिक वेदना साथ-ही-साथ असली वेदना की अभिव्यक्ति है और असली वेदना के विरुद्ध प्रतिवाद' है। दरअसल, मार्क्स के धर्म-सम्बन्धी विचार उसके अलगाव (Alienation) के मूल सिद्धान्त के अंग मात्र हैं और इसी दृष्टि से उन पर विचार करना चाहिए। संक्षेप में, मार्क्स के अनुसार धर्म समाज की उपज है, समाज के संगठन और विचार का ही एक प्रतिरूप है, मनुष्य का खण्डित आत्मबोध है और अपनी सामाजिक भूमिका के कारण अब तक के सभी वर्ग-विभाजित समाजों का अभिन्न अंग रहा है। धर्म की प्रमुख भूमिका वर्ग-विभाजित समाज संरचना को मज़बूत करना है, यद्यपि अपनी गौण भूमिका में यह शोषित वर्गों के प्रारम्भिक असन्तोष को भी वाणी देता है। चूँकि सभी धर्म यथार्थ की झूठी व्याख्या करते हैं और मनुष्य की नया समाज बना सकने की क्षमता को कम करके आँकते हैं, अतः धर्म कभी सामाजिक क्रान्ति का

वाहक नहीं हो सकता। मार्क्स, यद्यपि धर्म की सामाजिक भूमिका को स्पष्ट रूप में देखते हैं किन्तु अन्य प्रगतिवादी विचारकों (दुर्खीम आदि) की तरह मनुष्य होने की अनिवार्य शर्त नहीं स्वीकारते अपितु उनकी दृष्टि में, क्रान्ति के फलस्वरूप सामाजिक आर्थिक परिस्थितियों में परिवर्तन आने के साथ अलगाव समाप्त होगा और भविष्य में धर्म के घातक, नशीले व्यसन से मनुष्य मुक्त हो सकेगा। अतः धर्म के विरुद्ध संघर्ष उस समाज व्यवस्था के विरुद्ध संघर्ष है जो इस अलगाव का जनक है और अपनी अन्यायपूर्ण व्यवस्था की वैधता स्थापित करने के लिए उसे बनाये रखता है।

हमारे उपर्युक्त विवेचन से यह स्पष्ट है कि कोई भी धर्म मार्क्स के लिए रोग का लक्षण मात्र है, स्वयं में रोग नहीं। अतः मात्र लक्षणों को मुक्ति-संघर्ष का मुख्य मुद्दा बनाना बेमानी होगा। धर्म को केवल अनीश्वरवादी भाषणों और प्रचार से नष्ट नहीं किया जा सकता। मार्क्स का अवदान ही यही है कि उसने धर्म को सीधे-सीधे रद्द करने वाली समझ (Eliminationalist) के स्थान पर एक भौतिक ऐतिहासिक समझ विकसित करने का प्रयास किया जिसके दो महत्त्वपूर्ण पहलू हैं :

1. एक विचारधारा के रूप में, जहाँ धर्म आर्थिक-सामाजिक वास्तविकताओं की ग़लत व्याख्या करके पर्देदारी की भूमिका निभाता है।
2. एक भ्रामक प्रतिरोध के रूप में, शोषण की स्थितियों को भुलाकर झूठी उम्मीद जगाने का काम करता है।

यहाँ पर कई महत्त्वपूर्ण प्रश्न उठते हैं कि क्या तब तक धर्म को जन्म देने वाली परिस्थितियों का अन्त नहीं हो जाता, धर्म की सीधी आलोचना फ़िज़ूल समय और शक्ति की बरबादी है जिससे बचना चाहिए या फिर व्यापक प्रतिरोध में उसकी सीमित भूमिका स्वीकार कर उसे भी संघर्ष का अस्त्र बनाना चाहिए? क्या पूर्व समाजवादी देशों में धर्म के पुनः उभरने के पीछे धर्म के ख़िलाफ़ सीधे आक्रमण की रणनीति न अपनाना था या फिर इसके बावजूद भी धर्म का बचा रहना धर्म की किन्हीं और भूमिकाओं की ओर इशारा करता है जो उसके सातत्य के लिए ज़िम्मेदार है? क्या अफ़्रीका, अमेरिका, पोलैंड आदि देशों का मुक्ति संघर्ष इस ओर इशारा नहीं करता कि धर्म भ्रामक नहीं, वास्तविक प्रतिरोध का अंग हो सकता है? क्या मार्क्स धर्म की ताक़त आँकने में कोई चूक कर बैठे?

वर्ग-विभाजित समाजों में वर्चस्वशाली वर्गों के हितों का रक्षण करने वाली विचारधारा के रूप में धर्म की ऐतिहासिक भूमिका से इनकार नहीं किया जा

सकता। उन हितों के प्रतिरोध में भी धर्म की वैचारिक भूमिका रही है। कई बार तो यह नये धर्म के उद्‌भव के रूप में या पुराने धर्म के अन्दर से नयी चेतना के रूप में भी व्यक्त होती है। भारत में जाति-व्यवस्था के विरोध में बौद्ध धर्म की भूमिका से इनकार करना मुश्किल है। किन्तु क्या यह प्रतिरोध निर्णायक हो सका? क्या हिन्दू धर्म या किसी अन्य धर्म, जिसकी भूमिका सामाजिक मुक्ति की दिशा में नकरात्मक रही हो, का अन्त हो गया? मार्क्स ने समाज में धर्म की जिस वैचारिक भूमिका की ओर ध्यान दिलाया, वह महत्त्वपूर्ण होते हुए भी धर्म की एकमात्र और सबसे महत्त्वपूर्ण भूमिका नहीं है। जैसा कि बाद के विचारकों (एरिक फ्राम, होर्कहाइमर, एडोर्नो आदि) ने ध्यान दिलाया है, मनुष्य जीवन की अस्तित्वगत समस्याएँ—लाइलाज बीमारी, बुढ़ापा, अपनी और अपनों की मृत्यु, प्रेम में असफलता, आपसी वैमनस्य और टकराव आदि सभी समाजों में लगभग सभी वर्गों में व्याप्त रहती हैं और भविष्य के वर्गहीन समाज में भी बनी रहेंगी। धर्म की मनो-सामाजिक भूमिका इन अस्तित्वगत प्रश्नों के ऐसे हल प्रदान करने की रही है जो मानव जीवन को सार्थकता का बोध दिला सके। ज़ाहिर है यह भूमिका समाप्त होने वाली नहीं है और धर्म के बने रहने के पीछे यही राज़ है। अतः मार्क्स का यह सोचना कि परिस्थितियों के बदल जाने से एक साम्यवादी समाज में धर्म का अन्त हो जायेगा, ठीक नहीं लगता। हाँ, इतना अवश्य है कि सामाजिक कारणों से जनित अलगाव और अन्याय के अन्त के साथ वर्गहितों को वैधता प्रदान करने वाली सामाजिक वैचारिकी के रूप में उसका अन्त सम्भव है। हमें उसी ओर अपने प्रयत्नों को दिशा देनी चाहिए। धर्म के अन्त के लिए इस सीमित जीवन में सार्थकता का बोध करा सकने वाला विकल्प खोजना होगा जो सबको स्वीकार्य हो, जिसकी सम्भावना कम है।

धर्म का एक और महत्त्वपूर्ण सामाजिक पहलू, जिसकी ओर मार्क्स का ध्यान नहीं गया है और जो आज की परिस्थितियों में बहुत महत्त्वपूर्ण हो गया है, वह है धर्म की अस्मिता और सामूहिकता प्रदान करने की क्षमता। आधुनिकता जिस दोहरे उखड़ेपन को जन्म देती है, उसमें व्यक्ति अपने-अपने मूल स्थान, समूह, परम्पराओं से कटकर एक अन्जान जगह में अपरिचितों के बीच एक अलगावित जीवन जीने को बाध्य होता है। इससे पहचान का जो संकट उत्पन्न होता है,वह विभिन्न धार्मिक पुनरुत्थानवादी, अलगावादी, मूलतत्त्ववादी आन्दोलनों के उभार का कारण है। इनका सदस्य बनकर व्यक्ति अपनी खोयी हुई अस्मिता और सामूहिकता प्राप्त करना चाहता है जिससे वह आधुनिकता में उत्पन्न संकट पर विजय पा सके। यह परियोजना सामाजिक

मुक्ति की परियोजना को कुछ दूर तक तो मदद करती प्रतीत होती है किन्तु अन्ततः अस्मितावादी राजनीति में विकसित होकर व्यापक सामाजिक मुक्ति के विरोध में खड़ी होती दिखाई देती है।

धर्म के ऐतिहासिक प्रवाह में, किन्हीं विशेष परिस्थितियों में किसी महान सन्त/धार्मिक नेता के उदय के साथ, एक आलोचनात्मक, नैतिक और सृजनशील धारा भी दिखाई देती है। कभी यह धार्मिक सुधार आन्दोलनों (दयानन्द, विवेकानन्द आदि) को जन्म देकर तो कभी सीधे सामाजिक भूमिका निभाती है। दक्षिण अफ्रीका, पोलेंड और लैटिन अमेरिका के उदाहरणों को भी इससे जोड़ा जा सकता है। नैतिकता के लिए धर्म अनिवार्य नहीं है और वर्तमान में भारत में फैले धर्म के उपभोक्तावादी संस्करण (OMG) में इसकी अनुपस्थिति भले ही चिन्ता का विषय हो, धर्म की नैतिक बोध जगा सकने की क्षमता से भी इनकार करना कठिन है। अब सवाल यह है कि एक ही धर्म कैसे एक साथ सामाजिक रूप में नकारात्मक और सकारात्मक भूमिका निभा पाता है। धर्म के भीतर छिपे इस अन्तर्विरोध का राज क्या है? क्या यह सम्भव है कि धर्म के नकारात्मक पहलू को नकारकर, निष्क्रिय कर उसके सकारात्मक पहलू को उभारा जा सके? कई लोग इसे संगठित धर्म बनाम आध्यात्मिकता के रूप में भी देखते हैं किन्तु आध्यात्मिकता की इस परियोजना को सामाजिक मुक्ति की परियोजना से कैसे जोड़ा जाये, अभी भी यह एक चुनौती ही है।

हमारे उपर्युक्त विवेचन से यह तो स्पष्ट है ही कि धर्म की सामाजिक भूमिका के बारे में मार्क्स की समझ एकांगी है। आज यह धर्म की अन्य भूमिकाओं की अनदेखी नहीं कर सकते। किन्तु इससे धर्म की विचारधारा के रूप में, शोषित वर्ग के लिए अपनी परिस्थितियों को जैसा-का-तैसा स्वीकार कराने वाली अफ़ीम जैसी भूमिका पर कोई फ़र्क़ नहीं पड़ता। भारत में व्यापक रूप लेते उपभोक्तावादी धर्म और धार्मिक गुरुओं के फैलते सम्प्रदायों, आश्रमों, शिष्यों को इसी दृष्टि से ठीक ढंग से समझा जा सकता है। धर्मान्तरणों के पीछे भी धर्म की यही भूमिका काम करती है। हाल ही में प्रदर्शित हिन्दी फ़िल्म 'ओ माई गॉड' में पॉपुलर धर्म की इस शैली को बड़े ही मनोरंजक ढंग से दर्शाया गया है कि किस तरह यह धर्म लोगों को अपनी समाज-व्यवस्था पर आलोचनात्मक ढंग से विचार करने नहीं देता और उनकी चेतना को सुलाकर न्यस्त स्वार्थों के हितों का संरक्षण करता है। संसार के अन्य देशों का इतिहास भी इस बात की गवाही है कि सामान्य जन में प्रचलित/लोकप्रिय धर्म की भूमिका ज़्यादातर यथास्थितिवादी और शोषक वर्गों के हितों के संरक्षण की

रही है। धर्म आज भी अधिकांश जनता को सामाजिक मुक्ति की ओर नहीं, यथास्थिति की स्वीकृति, अनुकूलन या समझौते की ओर धकेलता है। इस समझ के लिए आज भी हम मार्क्स के ऋणी हैं।

यहाँ एक सवाल उठाया जा सकता है कि क्या मार्क्स की धर्म की नकारात्मक सामाजिक भूमिका की अन्तर्दृष्टि को स्वीकार करते हुए भी कोई हिन्दू, मुस्लिम, सिख, इसाई ईश्वरवादी हो सकता है? हाँ, ऐसा तार्किक रूप से और व्यावहारिक रूप से भी सम्भव है। मार्क्स ने ईश्वर के होने, न होने के बारे में कोई तर्क प्रस्तुत नहीं किये। उन्होंने अपने ऐतिहासिक भौतिकवाद के विकास के लिए भौतिकवाद को एक पूर्व मान्यता की तरह स्वीकार कर लिया। कोई व्यक्ति हो सकता है इन पूर्व मान्यताओं को न स्वीकारे किन्तु फिर भी धर्म के शोषक वर्गों के पक्ष में इस्तेमाल के ख़िलाफ़ हो। यह भी सम्भव है कि धर्म की अस्तित्वगत और सांस्कृतिक भूमिकाओं, जिनकी चर्चा हम ऊपर कर आये हैं, के कारण कोई व्यक्ति अपने धार्मिक विश्वास के साथ मार्क्स का समर्थक भी हो। ऐसे उदाहरणों की भारत और विदेशों में कमी नहीं है। अभी पिछले दिनों एक मार्क्सवादी नेता श्री रज़्ज़ाक़ हज के लिए गये थे। लैटिन अमेरिका में लिबरेशन थियोलॉजी भी इसका एक उदाहरण है। आज सामाजिक मुक्ति के प्रश्न को मार्क्सवादी विश्व-दृष्टि से बाँधकर नहीं रखा जा सकता। प्रकृतिवादी दार्शनिक विश्व-दृष्टि के अस्वीकार के बाद भी धर्म की सामाजिक भूमिका के प्रति मार्क्स की आलोचनात्मक दृष्टि को स्वीकार किया जा सकता है और प्रकृतिवादी, नास्तिक दृष्टि अपनाने के साथ भी कोई यथास्थितिवादी या निरपेक्ष हो सकता है, सामाजिक मुक्ति का पैरोकार नहीं, जैसे सन्तायना और फ्रायड। वैसे भी आज जिस तरह के बहुधर्मी समाजों में हम रहते हैं, वहाँ सिर्फ़ एक विश्व-दृष्टि के आधार पर प्रजातन्त्रात्मक ढंग से सामाजिक मुक्ति का संघर्ष नहीं चलाया जा सकता।

यदि निकट भविष्य में या कभी भी धर्म का अन्त सम्भव नहीं है तो क्यों न हम सामाजिक मुक्ति की परियोजना में उसकी अवहेलना या बहिष्कार करने के स्थान पर उसके लिए जगह तलाशें, जहाँ उसकी अफ़ीमची बनाने की क्षमता की आलोचना के साथ उसके नैतिक बोध, दृष्टि और निष्ठा का सार्थक उपयोग सम्भव हो सके? ज्ञानोदय के जन्मस्थान पश्चिम में भी धर्म को निजी जीवन तक सीमित न रख पाने के कारण आज हैबरमास और चार्ल्स टेलर ऐसे चिन्तक लोकवृत्त (Public sphere) में धर्म की भूमिका पर पुनर्विचार करने पर ज़ोर दे रहे हैं। हमारे यहाँ भी सेकुलरिज़्म संकट में है। पूँजीवादी भूमण्डलीकरण अपनी रक्षा के लिए धर्म का ही बाज़ारीकरण नहीं कर रहा अपितु टेलीविज़न और

प्रचार माध्यमों से वास्तुमोह के नये नशे से भी मुक्तिकामी चेतना को मोहग्रस्त करता जा रहा है। ऐसे में सामाजिक मुक्ति के संघर्ष करने वालों का ही लोप होता जा रहा है। क्या ऐसे में गाँधी का नैतिक और रचनात्मक धर्म हमें प्रेरणा दे सकता है, आइये देखें।

(2)

गाँधी के जीवन में धर्म का केन्द्रीय स्थान था। उनके लिए राजनीति, धर्म का ही व्यावहारिक रूप था। किन्तु उनके धर्म-सम्बन्धी विचारों को, जो कई दशकों में भिन्न-भिन्न परिस्थितियों में व्यक्त किये गये, व्यवस्थित रूप देना एक जटिल काम है। विशेषकर यह और भी कठिन हो जाता है, जब वे उन्हें बदलने में ज़रा भी कोताही नहीं बरतते। फिर भी कुछ मूलभूत बातों की चर्चा हम कर सकते हैं।

गाँधी अपने को हिन्दू धर्म का अनुयायी स्वीकारते हैं। उसे सभी धर्मों में सबसे सहनशील धर्म भी मानते हैं जो अपने मानने वालों को आत्माभिव्यक्ति की अधिकतम स्वतन्त्रता ही नहीं देता अपितु दूसरे धर्मों की अच्छी बातों की प्रशंसा और ग्रहण करने की क्षमता भी प्रदान करता है। ऐसा मानते हुए भी वे हिन्दू धर्म में व्याप्त कई विचारों, विश्वासों और संस्थाओं की आलोचना कर उन्हें रद्द करने से ज़रा भी नहीं हिचकिचाते। उदाहरण के लिए, उन्होंने आजीवन अस्पृश्यता के विरुद्ध संघर्ष किया, जिसके फलस्वरूप उसके विरुद्ध क़ानून पास हो सका। इसी तरह उन्होंने पशु बलि, बाल विवाह, दहेज, विधवाओं के प्रति अमानवीय व्यवहार आदि अनेकों परम्पराओं का विरोध किया जिनको हिन्दू धर्म के अनुयायी अपने धर्म का अभिन्न अंग मानते थे। किसी धार्मिक कर्मकाण्ड या पूजा के लिए उनके पास समय नहीं था और वे कभी ज्योतिषियों के चक्कर में भी नहीं पड़े। वह सब कुछ जो मानवीय विवेक और नैतिकता के ख़िलाफ़ हो, गाँधी को मान्य नहीं था, भले ही उसे शास्त्र का समर्थन प्राप्त हो।

गाँधी के विचारों पर टॉलस्टॉय, रस्किन, थोरो, बाइबिल और गीता का प्रभाव सभी स्वीकारते हैं। संस्थागत धर्मों के प्रति आलोचनात्मक रुख़ उन्हें टॉलस्टॉय से ही मिला था। उन पर उनके दोस्त रायचन्द जैन का भी बहुत प्रभाव था। दोनों इस बात से सहमत थे कि यदि कोई विचार शुभ है तो चाहे जितना आदर्शवादी क्यों न हो, उसे व्यवहार में लाना ही चाहिए। इसी कारण गाँधी ने रस्किन की पुस्तक 'अन टु दिस लास्ट' पढ़कर दक्षिण अफ्रीका में फिनिक्स आश्रम की स्थापना की थी।

धार्मिक ग्रन्थों की व्याख्या गाँधी ने अपने ढंग से की, फिर चाहे वह गीता हो, क़ुरान हो या कि बाइबिल। कइयों को यह बात अचम्भित कर सकती है किन्तु उन्होंने गीता को हिंसा की व्यर्थता और अहिंसा का समर्थन करने वाला ग्रन्थ बताया। इसी तरह क़ुरान, उनके अनुसार, अहिंसा को कर्तव्य मानती है और हिंसा को केवल आवश्यक होने पर इजाज़त देती है। क्राइस्ट को उन्होंने ईश्वर की अकेली सन्तान मानने से इनकार किया और उन्हें राम, कृष्ण, मोहम्मद जरथ्रुस्त आदि की तरह ईश्वरीय माना। इसी तरह बाइबिल, गीता और क़ुरान सभी धर्मग्रन्थ हैं किन्तु उनमें लिखे एक-एक शब्द को ईश्वरीय कृति मानने से गाँधी ने इनकार किया। इस सबके पीछे उनकी मान्यता थी कि सभी धर्म मनुष्य के बनाये हुए हैं और इसीलिए अपूर्ण हैं। मनुष्यों द्वारा ईश्वरीय वाणी का प्रस्तुतिकरण भी अपूर्ण है। धर्मग्रन्थों के अपने अध्ययन से गाँधी ने यह नतीजा निकाला कि सभी धर्मों में एक आन्तरिक समानता है, कोई एक धर्म यह नहीं कह सकता कि केवल वही सच और बाक़ी सब झूठे हैं। इसीलिए उन्होंने एक धर्म से दूसरे में धर्मान्तरण को जड़ से ही ख़ारिज कर दिया।

यद्यपि गाँधी सभी स्थापित धर्मों को ईश्वरीय प्रेरणा से सम्पन्न मानते थे लेकिन वे एक उच्चतर, सार्वभौमिक धर्म जिसे वे सभी धर्मों का मर्म कहते थे, को भी मान्यता देते थे। यह धर्म, उनके अनुसार, हिन्दू, ईसाई, इस्लाम के परे था। इसका मतलब ब्रह्माण्ड की नैतिक व्यवस्था से था जो उनके 'सत्य' और 'अहिंसा' के सिद्धान्तों को आधार प्रदान करता था।

उपर्युक्त विवेचन से यह तो स्पष्ट ही है कि गाँधी के धर्म और संस्थागत धर्म में ज़मीन-आसमान का अन्तर है। संस्थागत धर्मों की आवश्यक बुराइयों—हठधर्मिता, कर्मकाण्ड, अन्धविश्वास और कट्टरता का उनके धर्म में कोई स्थान नहीं था। यद्यपि उसमें नैतिकता का केन्द्रीय स्थान है किन्तु उसे नैतिकता तक सीमित नहीं माना जा सकता। गाँधी की नैतिकता उनके ईश्वर में विश्वास का ही परिणाम थी। फिर भी यह पूछना समीचीन होगा कि गाँधी के सर्वोच्च नैतिक आग्रह का स्रोत क्या था क्योंकि संस्थागत धर्म नैतिकता को इतनी प्राथमिकता देते प्रतीत नहीं होते?

गाँधी के पहले भी ऐसे सन्त-पुरुष (बुद्ध, महावीर) हुए हैं जिन्होंने आत्मानुभूति के आधार पर स्थापित धर्मों को चुनौती दी किन्तु गाँधी पहले ऐसे धार्मिक व्यक्ति थे जिन्होंने सांसारिकता का त्याग अपने आत्म-साक्षात्कार के लिए नहीं बल्कि दक्षिण अफ्रीका और भारत की जनता को नस्लवाद और उपनिवेशवाद से मुक्त कराने के लिए किया। ऐसा उन्होंने 'अपरिग्रह' और गीता के निष्काम

कर्म की गहरी समझ के आधार पर किया। सत्याग्रह के सिद्धान्त को उसके पीछे दिये धार्मिक आधार के बिना पूरी तरह समझा नहीं जा सकता। उसमें थोरो के विचारों के साथ-साथ बाइबिल और गीता का प्रभाव भी साफ़ देखा जा सकता है। सवाल उठाया जा सकता है कि गाँधी से पूर्व धर्म-चिन्तकों को धर्मग्रन्थों में छिपी सामाजिक मुक्ति-संघर्ष की ऐसी सम्भावनाएँ क्यूँ दिखाई नहीं दीं? निःसन्देह यह गाँधी की प्रतिभा का ही परिणाम था कि आध्यात्मिकता को एक व्यावहारिक सामाजिक रूप मिल सका। गाँधी का धर्म, हिन्दू या सनातनी जो भी कहें, उनकी मुक्तिकामी राजनीति का आधार था जो इतने व्यापक रूप से पहले कभी सम्भव नहीं हुआ।

भारत के स्वाधीनता आन्दोलन को नेतृत्व देने में गाँधी की अद्भुत सफलता उनके धर्म-सम्बन्धी विचारों के सही मूल्यांकन में बाधक जान पड़ती है। हमें कुछ ज़रूरी सवाल तो पूछने ही चाहिए, यदि हम वर्तमान सन्दर्भ में उनकी प्रासंगिकता पर विचार करना चाहते हैं। गाँधी जिस धार्मिक-नैतिक अहिंसा के आधार पर अपना आन्दोलन चला रहे थे, क्या उससे आन्दोलन में भाग लेने वाले सभी सहमत थे याकि अहिंसा उनके लिए महज़ एक नीतिगत मसला था? क्या धर्मग्रन्थों की व्याख्या करने की जो स्वतन्त्रता गाँधी लेते थे, वह सभी धर्मावलम्बियों को समान रूप से स्वीकार्य थी या है? क्या वे यह मानने को तैयार हैं कि सभी धर्म मनुष्य की कृति हैं, अतः अपूर्ण हैं? गाँधी के समय में और उसके बाद धर्म-आधारित राजनीति का जो स्वरूप उभरा और शक्तिशाली हुआ, क्या वह उनकी धर्माधारित राजनीति की जनमानस में अस्वीकार्यता नहीं सिद्ध करता? सच तो यह है कि अधिकांश के लिए अहिंसा एक नीतिगत मामला था। कट्टर हिन्दू और मुसलमान, दोनों ही गाँधी से नाराज़ थे। धर्म के आधार पर राजनीति का एक परिणाम बँटवारा और पाकिस्तान था तो दूसरा गाँधी की हत्या के रूप में सामने आया। स्वतन्त्रता-प्राप्ति क बाद हिन्दुत्ववादी राजनीति का जो रूप विकसित हुआ, उसे भी सामाजिक रूप में प्रगतिशील तो नहीं माना जा सकता। दलित उत्थान के प्रश्न पर अम्बेडकर से उनका मतभेद उनके धार्मिक विचारों की सीमायें रेखांकित करता है। तो क्या हम गाँधी के धर्म-सम्बन्धी विचारों को सामाजिक मुक्ति के सवाल पर अनुपयोगी/अप्रासंगिक मानकर उनको रद्द कर दें?

यह सही है कि गाँधी जिस धर्म को स्वीकारते और सामाजिक-राजनीतिक मुक्ति संघर्ष के जिससे प्रेरित होते हैं, उसकी आलोचना को संगठित धर्मों की आलोचना के साथ जोड़ा नहीं जा सकता। अतः मार्क्स के Ideology Critique के लिए वहाँ ज़्यादा गुंजाइश नहीं है। सामाजिक मुक्ति के सवालों पर नैतिक

दृष्टि में सोचने, संगठित होने व संघर्ष करने पर जितना गाँधी ज़ोर देते हैं, वह परम्परागत धर्मों का कभी अंग नहीं रहा। आज भी नैतिक हस्तक्षेप की गाँधी परम्परा जीवित है। इसे अन्ना हजारे के भ्रष्टाचार-विरोधी आन्दोलन के रूप में देखा जा सकता है। अतः गाँधी के धर्म का सामाजिक मुक्ति के सवालों पर रुख़ सकारात्मक ही कहा जा सकता है, भले ही उस राह पर चलने वाले गाँधी इतने महान नहीं और बाज़ारू धर्म के अनुयायियों के बीच उनकी आवाज़ उतनी प्रभावशाली न लगे। गाँधी का अवदान यही है कि मुख्य धारा की धार्मिक परम्परा के विपरीत धर्म में सामाजिक मुक्तिकामी सम्भावना को देख सके और काफ़ी दूर तक उसे सफलतापूर्वक चरितार्थ कर सके। किन्तु हमें नहीं भूलना चाहिए कि अभी भी वह धर्मों की मुख्य धारा नहीं है। साथ-ही-साथ पूर्व के समाजवादी देशों, भारत जैसे—विकासशील देशों के नेतृत्व वर्ग के लिए जिस नैतिक पतन से हम सभी चिन्तित हैं, उसके हल की एक क्षीण सम्भावना गाँधी के रास्ते में ज़रूर दिखाई देती है। भले ही इतिहासकार, सुधीरचन्द्र के शब्दों में, यह 'एक असम्भव सम्भावना' हो, मुक्तिकामी संघर्ष के लिए हमें इसके दरवाज़े अभी बन्द नहीं करने चाहिए।

गाँधी ने जहाँ हिन्दू धर्म को ही नया संस्कार देकर उसमें मुक्तिकामी संघर्ष की सम्भावना देखी, वहीं अम्बेडकर ने ऐसा न पाकर उसे पूरी तरह रद्द कर दिया। किन्तु उन्होंने भी धर्म मात्र को रद्द नहीं किया। उन्होंने सामाजिक मुक्ति की दृष्टि से धर्मों में अन्तर किया। हिन्दू धर्म को तिरस्कृत किया तो बौद्ध धर्म को अंगीकार भी किया। धर्म और सामाजिक मुक्ति के सवाल के इस पहलू को ठीक से समझने के लिए आइये उनके विचारों पर भी एक नज़र डाल लें।

(3)

धर्म के बारे में अम्बेडकर के विचार मार्क्स और गाँधी से भिन्न थे। सामाजिक मुक्ति के लिए उन्होंने न तो मार्क्स की तरह धर्म को पूरी तरह ख़ारिज ही किया और न गाँधी के हिन्दू धर्म को स्वीकार ही किया। इसे समझने के लिए धर्म और आधुनिकता के सम्बन्धों के बारे में उनकी समझ को जानना ज़रूरी है। वे दोनों में आत्यन्तिक विरोध नहीं देखते। उनके अनुसार आधुनिकता की परियोजना धर्म के एक विशेष सम्प्रत्यय पर ही खड़ी है। दोनों का सम्बन्ध आपसी संवाद का है। इसलिए इस पर बहस की बराबर गुंजाइश है कि कौन-सा धर्म या धार्मिक क्रियाकलाप आधुनिकता के अनुरूप है और कौन नहीं। इस दृष्टि से धर्मों का तुलनात्मक अध्ययन किया जाना ज़रूरी है। अतः धर्म एक

व्यक्तिगत मसला नहीं है अपितु एक सामाजिक मसला है, जिस पर चर्चा करने का हक़ उसमें विश्वास करने वालों के अलावा भी है। इसलिए धर्मों की व्याख्या, पुनर्व्याख्या अवश्यम्भावी है। हमें सभी धर्मों की समीक्षा आधुनिक मूल्यों-तर्क, स्वतन्त्रता, समानता और भाईचारा की कसौटी पर करना चाहिए। जाति-वर्ण व्यवस्था के कारण हिन्दू धर्म इसमें खरा नहीं उतरता, इसलिए अम्बेडकर ने उसे त्यागने का निश्चय किया। उनकी दृष्टि में बौद्ध धर्म अन्य धर्मों के मुक़ाबले इस परीक्षा में अव्वल है, अतः वही युग-धर्म के क़ाबिल है। उससे ही दलितों को मुक्तिकामी संघर्ष की प्रेरणा मिलती है और वही मनुष्य की गहनतम भावनाओं, लक्ष्यों का प्रतिनिधित्व करता है। इसीलिए उन्होंने बौद्ध धर्म में धर्मान्तरण का निश्चय किया। इस तरह हम देखते हैं कि अम्बेडकर अपने को उन विचारकों से अलग कर लेते हैं जिनके अनुसार आधुनिकता के विकास के साथ-साथ धर्म का या तो लोप हो जायेगा या वह व्यक्तिगत जीवन तक सीमित हो जायेगा। वे तो उनके साथ खड़े हैं जो आधुनिक जीवन में धर्म को महत्त्वपूर्ण स्थान प्रदान करते हैं।

अम्बेडकर की ख़ासियत यह है कि उन्होंने न केवल विभिन्न धर्मों का अध्ययन और परीक्षण आधुनिकता की कसौटी पर किया अपितु आधुनिकता के भी विभिन्न संस्करणों—उदारवादी, मार्क्सवादी, उपनिवेशवादी, राष्ट्रवादी आदि को भी जाँचा परखा और उनमें धर्म की स्थिति का जायज़ा लिया। अम्बेडकर द्वारा हिन्दू धर्म की अमानवीय, अन्यायपूर्ण जाति-व्यवस्था की आलोचना से हम परिचित हैं। यह व्यक्ति की स्वतन्त्रता और कर्तव्यबोध को छीनकर उसे शोषण पर आधारित व्यवस्था का ग़ुलाम बना देता है। यह व्यक्ति की गरिमा के अनुकूल कतई नहीं है। उनके द्वारा हिन्दू कोड बिल द्वारा दिये गये सुझावों के पीछे उनकी व्यापक सुधारवादी आलोचना-दृष्टि का परिचय मिलता है। ऐसा धर्म सामाजिक मुक्ति के लिए क्या प्रेरणा देगा, जिसे बदलना स्वयं मुक्तिकामी संघर्ष का लक्ष्य हो। जैन धर्म को उन्होंने अत्यन्त कठोर अनुशासन, दुख और वैराग्य तथा इच्छाशून्यता को अत्यधिक गरिमा प्रदान करने वाला बताकर रद्द कर दिया। यहूदी और पारसी धर्मों को अपने में बन्द और बाहरी धर्मान्तरण को बढ़ावा न देने के कारण अस्वीकार किया। सिख धर्म ने पहले तो अम्बेडकर को अपनी ग़ैर-बराबरी पर ज़ोर देने के कारण आकृष्ट किया किन्तु बाद में उन्होंने पाया कि वे भी जाति के पूर्वाग्रहों से मुक्त नहीं हैं। इसी तरह इस्लाम ने भी भ्रातृभाव और बराबरी के सन्देश के कारण पहले तो उन्हें आकृष्ट किया किन्तु बाद में उसे भी यह कह कर रद्द कर दिया कि उसमें भी स्वतन्त्र आलोचना

की गुंजाइश नहीं और अपने व्यवहार में वह भी ग़ैर-बराबरी को प्रश्रय देता है, उसमें स्त्रियों की स्थिति भी ठीक नहीं है। ईसाई धर्म की आलोचना भी इन्हीं आधारों पर कर उसे भी अस्वीकृत कर दिया। यहाँ तक कि उन्होंने स्थापित बौद्ध धर्म को भी अपनी आलोचना में नहीं बख़्शा। उनके अनुसार वे बुद्ध की शिक्षाओं के अनुरूप नहीं हैं, संघ 'आराम तलबियों' की एक फ़ौज भर रह गया है जो अपने में बन्द आज के विश्व की समस्याओं से आँखें चार करने के क़ाबिल नहीं है।

इस तरह हम देखते हैं कि धर्म द्वारा मानव समाज को एक नैतिक आधार प्रदान करने की महती क्षमता को स्वीकार करते हुए भी अम्बेडकर स्थापित धर्मों को आधुनिक मुक्तिकामी मूल्यों के अनुरूप नहीं पाते। इसके लिए वे बौद्ध धर्म को विकल्प के रूप में चुनते हैं किन्तु युगानुरूप परिवर्तनों के साथ। उनका मानना था कि बौद्ध धर्म में तीन ऐसी विशेषताएँ हैं जो अन्य धर्मों में नहीं। यह प्रज्ञा, करुणा और समता की सीख देता है। इसमें मनुष्य की श्रेष्ठता का पैमाना उसकी जाति नहीं है। शारीरिक श्रम को हीन नहीं मानता। यह तर्क और अनुभव पर आधारित है, अन्धविश्वास पर नहीं। यह मनुष्य के स्वतन्त्र कर्म को मान्यता देता है जिससे वह विकल्पों का चयन कर अपनी नियति का निर्माण स्वयं कर सकता है। बुद्ध ने कभी अपनी शिक्षाओं को बिना तर्क और अनुभव की कसौटी पर कसे स्वीकार करने की बात नहीं कही। इन्हीं विशेषताओं के कारण यह जाति और कर्मकाण्ड पर आधारित ब्राह्मणवादी समाज और नैतिकता के विरुद्ध संघर्ष में मुक्तिकामी की भूमिका निभा सकता है। किन्तु हमें यह याद रखना चाहिए कि बुद्ध मोक्षदाता नहीं, मार्गदाता मात्र हैं। अतः समयानुरूप उसमें परिवर्तन की ज़रूरत है।

अम्बेडकर ने यह मानने से इनकार किया कि बुद्ध ने बूढ़े, बीमार और मृत को देखकर घर छोड़ा, अपितु उसके पीछे दो क़बीलों शाक्य और कोलिया के बीच पानी के बँटवारे को लेकर झगड़ा था जिससे वे बचना चाहते थे। अम्बेडकर के अनुसार चार 'आर्य सत्य' की अवधारणा भी अति निराशावादी होने के कारण बुद्ध के मूल सिद्धान्त का अंग प्रतीत नहीं होती। दुख की सामाजिक व्याख्या करते हुए अम्बेडकर ने इसको आर्थिक-सामाजिक शोषण से जोड़ा। उसे परिस्थितियों के बदलाव से दूर किया जा सकता है। अम्बेडकर ने माना कि 'चार आर्य सत्य' के स्थान पर 'मध्य मार्ग' को बुद्ध का प्रथम मुख्य उपदेश माना जाना चाहिए जो अति भोग और अतिशय त्याग के बीच एक सन्तुलित नैतिकता का प्रतिपादन करता है। अम्बेडकर ने बौद्ध धर्म में मान्य कर्म और पुनर्जन्म के सिद्धान्त की भी

आलोचना की और उसे अन्तर्विरोधी मानकर त्याग देने की सलाह दी। उसके स्थान पर जैविक अनुवंशिकी के आधार को स्वीकार किया। इसी तरह परम्परागत बौद्ध निर्वाण की भी नवीन व्याख्या करते हुए उन्होंने माना कि निर्वाण कोई तात्त्विक या मनोवैज्ञानिक स्थिति नहीं है अपितु यह उस समाज का निर्माण है जो न्याय और शान्ति के आधार पर खड़ा है। इस तरह हम देखते हैं कि अम्बेडकर ने बुद्ध के समाजिक सन्देश को अधिक महत्त्व दिया और उसे सामाजिक पुनर्निर्माण के लिए विकसित कर प्रयोग करने का प्रयत्न किया क्योंकि उनको विश्वास था कि आध्यात्मिक उन्नति भी तभी सम्भव है, जब मनुष्य सामाजिक ग़ुलामी से मुक्त हो। उसे हम बौद्ध धर्म का ज्ञानोदयीय संस्करण भी कह सकते हैं जिसे 'नवयान' की संज्ञा से अभिहित किया गया।

स्थापित बौद्ध धर्म की संस्थाओं और विद्वानों द्वारा अम्बेडकर की बौद्ध धर्म की पुनर्व्याख्या की आलोचना चाहे कितनी जायज़ या नाजायज़ हो, इस बात से इनकार नहीं किया जा सकता कि उसने दलित वर्गों में नयी चेतना, विश्वास और संघर्ष को आधार प्रदान किया। किन्तु यही यह प्रश्न उठाना भी समीचीन होगा कि क्या वे अपने उद्‌देश्य में सफल हो सके। अम्बेडकर ने जिस राजनीतिक पार्टी की स्थापना की, वह ज़्यादा दूर तक नहीं जा सकी। आज की दलित राजनीति की सीमित सफलता के पीछे पहचान की राजनीति ज़्यादा है, अम्बेडकर का बौद्ध धर्म कम।

दरअसल अम्बेडकर की समस्या भी वही है जो गाँधी की है, भले ही उनमें कितने ही मतभेद क्यों न रहे हो। दोनों धर्म के नैतिक पक्ष को केन्द्रीयता प्रदान कर उसका उपयोग सामाजिक मुक्ति-संघर्ष के लिए करना चाहते हैं किन्तु वास्तविकता यह है कि नैतिकता स्थापित धर्मों का मूल तत्त्व नहीं है। उनमें मिथ, कर्मकाण्ड आदि पलायनवादी तत्त्व ज़्यादा प्रभावी रहते हैं जिसकी आलोचना मार्क्स का विषय है। स्थापित धर्मों की ताक़त का अन्दाज़ा लगाने में तीनों ही कमज़ोर रहे। गाँधी और अम्बेडकर जो धर्म में आन्तरिक सुधार और धर्म-परिवर्तन से इस समस्या का समाधान करना चाहते थे, वे भी स्थापित धर्मों की अपने को बदलने की सीमाओं से अनभिज्ञ रहे। इसी कारण एक दूरी तक जाने के बाद उनकी परियोजना खटाई में पड़ गयी। किन्तु इतना तो तय है कि आज जब हम सामाजिक मुक्ति के सन्दर्भ में धर्म की सकारात्मक और नकारात्मक भूमिका पर पुनर्विचार करने खड़े होते हैं तो तीनों दिग्गजों के विचारों/अनुभवों से पायी अन्तर्दृष्टियों से अपने संघर्ष की राह तलाश सकते हैं।

अन्त में उपरोक्त विवेचन के आधार पर इतना तो कहा जा सकता है कि सामाजिक मुक्ति के संघर्ष में धर्मों की भूमिका नकारात्मक ज़्यादा है, सकारात्मक कम। यद्यपि विशेष परिस्थितियों/व्यक्तियों के सन्दर्भ में धर्म की सीमित सकारात्मक भूमिका से इनकार तो नहीं किया जा सकता किन्तु उसे धर्मों की मुख्य धारा भी स्वीकारना मुश्किल है क्योंकि कहीं-न-कहीं ऐसे प्रयोग स्थापित धर्मों के विरोध में ही खड़े पाये जाते हैं। आज यह चुनौती स्थापित धर्मों के सामने है कि क्या वे इक्कीसवीं शताब्दी के सामाजिक मुक्ति-संघर्ष के अनुरूप अपने में परिवर्तन करने को तैयार हैं या वे अपनी सुलाने वाली पूर्व भूमिका से ही खुश हैं।

सांस्कृतिक बहुलतावाद और धर्मनिरपेक्षता

हालाँकि सांस्कृतिक बहुलतावाद और धर्मनिरपेक्षता, दोनों को ही पारस्परिक भेदों -भिन्नताओं के अनुशासन के लिए युक्ति की तरह इस्तेमाल किया जाता है, फिर भी सांस्कृतिक बहुलतावाद का राजनीतिक आयोजन सांस्कृतिक बहुलतावाद की अनेक प्रवृत्तियों की प्रदत्त धर्मनिरपेक्षता के सामने अपने सार्वजनिक और वैयक्तिक के अन्तर के पुनर्मूल्यांकन समेत एक चुनौती खड़ा करता है। इसलिए हमारे समय के बदलते सन्दर्भ में उनके पारस्परिक सामंजस्य को लेकर सवाल पूछना प्रासंगिक है। सवाल का 'हाँ' या 'ना' में होना धर्मनिरपेक्षता और सांस्कृतिक बहुलतावाद के उन नमूनों पर निर्भर करता है, जिनको हम अपने हिसाब में लेते हैं। यहाँ इस विश्लेषण और उद्‌घाटन की कोशिश की जा रही है कि इन दोनों के कौन-से नमूनों में परस्पर सामंजस्य हो सकता है और किनमें नहीं। इसके आगे यह सवाल भी उठाया जायेगा कि कैसे उनका सामंजस्य एक धर्मबहुल समाज में जनतन्त्र के कार्य से उठने वाली चुनौतियों का बेहतर सामना करने के लिए परस्पर पूरक बनाया जा सकता है। बात की शुरुआत हम इन दोनों सिद्धान्तों की समान दार्शनिक परम्परा, ज्ञानोदय और ज्ञानोदय के उपरान्त–चिन्तन के साथ उनकी आनुवंशिक साझेदारी की निशानदेही से करेंगे।

(1)

धर्मनिरपेक्षता 18वीं और 19वीं सदी में एक राजनीतिक सिद्धान्त की तरह उभरती है और सांस्कृतिक बहुलतावाद हेगेल के आरम्भिक 19वीं सदी के राजनीतिक दर्शन की 20वीं सदी में व्युत्पत्ति है। चार्ल्स टेलर ने ईसाई विश्वास-व्यवस्था और पश्चिमी दार्शनिक प्रत्ययों से धर्मनिरपेक्षता के विकास/उभार का ऐतिहासिक लेखा-जोखा दिया है।[1] मार्क्स ने सामन्तवाद से धर्मनिरपेक्ष उदारवादी जनतन्त्र में संक्रमण की जो समीक्षा की उसके माध्यम से धर्मनिरपेक्षता की छानबीन की गयी है। धर्मनिरपेक्षता में आत्मपरकता का प्रत्यय बाकी बचा हुआ है जो

(ईसाई) धार्मिक चेतना की रंगत में रँगा हुआ है। सांस्कृतिक बहुलतावाद हेगेल के 'पहचान' के राजनीतिक दर्शन से व्युत्पन्न है, वह भी ऐसी व्यक्ति-चेतना से जुड़ा हुआ है जो एक 'सार्वभौम' (या हेगेल के लिए आत्मा) से सम्बद्ध होकर निर्मित हुई है और जो ईसाई आस्था के प्रमाणचिह्नों में से एक है। इस तरह धर्मनिरपेक्षतावाद और सांस्कृतिक बहुलतावाद दोनों के ही बीज में "उस व्यक्ति और विधान का अंकुर निहित है जो एक बड़ी हद तक संस्कृति की धर्म से अविभाज्य अवधारणा से निर्मित हुआ है।"[2] दोनो ही विमर्शों से व्युत्पन्न अखण्ड स्वायत्त आत्मचेतना की समसामयिक अभिव्यक्ति राष्ट्रराज्य के 'जन' में होती है। धर्मनिरपेक्षता और सांस्कृतिक बहुलतावाद को एक ही राजनीतिक और दार्शनिक वंशपरम्परा से उभरते देखने के इस प्रयास का उद्देश्य यह दिखाना है कि सांस्कृतिक बहुलतावाद भिन्नता और विविधता के प्रति अपने आकर्षण के बावजूद धर्मनिरपेक्षता की तरह स्वयं भी निरन्तर एक स्वायत्त व्यक्ति की अवधारणा का पुनर्लेखन करता रहा है जो न केवल स्वतःपूर्ण, स्वतन्त्र और विवेकशील है बल्कि एक सांस्कृतिक-धार्मिक अस्मिता से प्रतिबन्धित/अवरोधित भी है जो अन्य ग़ैर-ईसाई अस्तित्व-विधियों के द्वारा चुनौतीग्रस्त होने के क्षणों में प्रत्यक्ष/उद्घाटित हो उठती है। इस समझ के निहितार्थ ये हैं कि यद्यपि सांस्कृतिक बहुलतावाद का उद्देश्य सांस्कृतिक 'भिन्नता और विविधता' को पहचानना है तथा धर्मनिरपेक्षता धर्म को लोकवृत्त/सार्वजनिक क्षेत्र से अलग रखना चाहती है, तथापि दोनों ही वैयक्तिकता की उस अवधारणा के बन्दी हैं जो एक ईसाई सांस्कृतिक-धार्मिक विरासत द्वारा पूर्व-कल्पित है और जो स्वीकृति-योग्य भिन्नता का और नियम के सहन-योग्य अपवादों का निर्धारण करती है।

धर्मनिरपेक्षता और सांस्कृतिक बहुलतावाद के समसामयिक रूपों की जड़ों की समानता की यह छानबीन दोनों की पारस्परिक पूरकता के पक्ष में हमारी मुख्य प्रस्तावना की पूर्वपीठिका है लेकिन ब्रिटेन, कनाडा, फ्रांस, अमेरिका जैसे विभिन्न राजनीतिक सन्दर्भों में दोनो की कार्यान्विति से उत्पन्न होने वाले तनावों से इनकार नहीं किया जा सकता क्योंकि वहाँ धर्मनिरपेक्षता और सांस्कृतिक बहुलतावाद के अलग-अलग मॉडलों का इस्तेमाल किया जाता है। इसलिए ज़रूरी है कि दोनों के विभिन्न मॉडलों के परस्पर सामंजस्य और असमंजसता की जाँच, पड़ताल की जाये।

(2)

बात की शुरुआत धर्मनिरपेक्षता के दो भिन्न मॉडेलों से करते हैं। पहले मॉडल

को चर्च-राज्य मॉडल कहा जा सकता है जो पश्चिरम में चर्च और राज्य की टकराहट को सम्बोधित करने के लिए अपनाया गया था। उसने धर्म और राज्य के बीच एक अलगाव की दीवार पर ज़ोर दिया। इसके विपरीत दूसरे मॉडल को वैविध्य/विभेद मॉडल या धार्मिक संघर्ष मॉडल कह सकते हैं जो निष्पक्षता के रुख़ द्वारा सामाजिक विभेद के प्रबन्धन की प्रक्रिया है। पहला मॉडल धर्म के साथ एक सन्दिग्ध वस्तु जैसा सलूक करता है जिसे लोकवृत्त या सार्वजनिक क्षेत्र से बाहर रखा जाना है, जबकि दूसरा मॉडल धर्म को जीवन के अन्य किसी भी सिद्धान्त के समकक्ष दर्जा देते हुए मानता है कि न्याय के विचार में निहित निष्पक्षता की ज़रूरत और उत्तरोत्तर वैविध्यमय होते हुए आधुनिक समाजों के विभेदों के प्रबन्धन की ज़रूरत के कारण उसे लोकवृत्त या सार्वजनिक क्षेत्र में कोई विशेषाधिकार नहीं मिलना चाहिए। इसी प्रकार आधुनिक राजनीतिक जीवन की ऐसी तज्जन्य परिस्थितियों में जहाँ विवेकशील प्रक्रियाएँ भंग हो जाती हैं और नैतिक निर्णय अनिवार्य हो जाते हैं, पहला मॉडल निश्चित सिद्धान्तों से चिपका रहता है अर्थात् चर्च और राज्य का अलगाव जबकि दूसरा मॉडल ऐसी दुविधाओं को आधुनिक राजनीति की निर्मिति का आंशिक घटक मानते हुए विभेदों के न्यायपूर्ण प्रबन्धन के सवाल को 'राजनीतिक' की अपनी अवधारणा के मर्म में स्थापित करता है।

चर्च-राज्य मॉडल ने धार्मिक प्रभावों और राज-शक्ति के बीच संघर्ष की ऐतिहासिक वजहों से महत्त्व पाया। अतः धर्म को एक समस्या की तरह देखने के पीछे अच्छे-ख़ासे ऐतिहासिक कारण हैं। लेकिन बदले हुए समय और सन्दर्भों में आधुनिक समाजों का सामना इस बड़े सवाल के साथ है कि "समसामयिक सांस्कृतिक बहुलतावादी तथ्य के प्रकाश में जनतान्त्रिक मूल्यों को कैसे सुरक्षित रखा जाये। जो पहले दृष्टिकोण के पोषक हैं, वे इस बोध के कारण ऐसा करते हैं कि यह उस 'पैकेज' (मानवाधिकार, जनतान्त्रिक संविधान, क़ानून का शासन इत्यादि के साथ) का हिस्सा है जिसे एक जनतान्त्रिक समाज का नियमन करना चाहिए। टेलर इसको 'नागरिक सिद्धान्त' कहते हैं। उनका तर्क है कि ऐसे 'पैकेज' दृष्टिकोण के विपरीत यह नागरिक सिद्धान्त अन्य अधिक गहरे औचित्यों के साथ जोड़ा और जगाया जा सकता है (जैसे जॉन रॉल के परवर्ती कामों में 'आंशिक एकमत' की अवधारणा या अहिंसा का बौद्ध सिद्धान्त आदि)। अतः कह सकते हैं कि बदले हुए सन्दर्भ में (अर्थात् भारतीय) धर्मनिरपेक्षता के राज्य और धर्म के बीच अलगाव की अलंघ्य दीवार वाले मॉडल की अपेक्षा वैविध्य/विभेद वाला मॉडल कहीं अधिक काम्य है। इस मामले में धर्म और राजनीति के रिश्तों में न पूरी सम्पृक्ति की ज़रूरत है, न पूरे अलगाव की बल्कि जैसा कि राजीव भार्गव

का कहना है, सिद्धान्त पर आधारित दूरी की।" उपरोक्त तर्क को लेकर दो आपत्तियाँ उठाई जा सकती हैं। पहली यह कि हमें नागरिक सिद्धान्त में निहित बुनियादी कारणों पर राज़ी होने की ज़रूरत है। दूसरी का दारोमदार भी ऐसे ही विश्वास पर है कि जनतान्त्रिक समाजों को एक समान अस्मिता के सबल बोध की ज़रूरत होती ही है। हमें एक-दूसरे पर भरोसा करना ही होगा, हमें विश्वास करना पड़ेगा कि सार्वजनिक बहस ईमानदार ही होती है, हमें एक-दूसरे के लिए त्याग का इच्छुक होना ही पड़ेगा। दोनों आपत्तियाँ ऐसे ही सारपूर्ण दावे पर आधारित हैं कि समान अपनत्व का कोई-न-कोइ बोध ज़रूरी है। यही बिन्दु है जहाँ धर्मनिरपेक्षता और सांस्कृतिक बहुलतावाद का मिलन होता है क्योंकि दोनों ही इस सवाल को सम्बोधित करने की कोशिश करते हैं कि 'कैसे हम साथ-साथ हों?' और जैसा इसे टेलर प्रस्तुत करते हैं, धर्मनिरपेक्षता की पीड़ा वही है जो सांस्कृतिक बहुलतावाद की पीड़ा है।[3]

अपने महाग्रन्थ 'ए सेक्युलर एज' में टेलर का तर्क है कि सांस्कृतिक बहुलतावाद केवल अन्तर्राष्ट्रीय प्रवासन से पैदा हुई एक ज़रूरत भर नहीं बल्कि पश्चिमी आधुनिकता की अनकही समझ में एक बदलाव का नतीजा है। जिस समाज में सत् और शिव पर विश्वास न करना असम्भव था, उससे यह एक ऐसे समाज की ओर संक्रमण है जिसमें धार्मिक आस्था अन्य अनेक मानवीय सम्भावनाओं में से केवल एक सम्भावना है। टेलर का मानना है कि ऐसी परिस्थितियों में जनतान्त्रिक राजनीति के लिए आवश्यक हो जाता है कि पश्चिमी समाजों में जो राजनीतिक अस्मिताएँ ऐतिहासिक रूप से उभरी हैं उन पर पुनर्विचार और पुनः अभिव्यक्त करे, यह धर्मनिरपेक्षता और सांस्कृतिक बहुलतावाद, दोनों के ही द्वारा उपस्थित राजनीतिक चुनौती है।

हालाँकि कुछ अमूर्त समानताएँ निकाली जा सकती हैं, लेकिन विभिन्न देशों में आकार लेते हुए सांस्कृतिक बहुलतावाद के कुछ निश्चित रूपों में विराट अन्तर देखे जा सकते हैं। "जिन विधिवत तरीक़ों से अल्पसंख्यक समुदाय पहचाने या शामिल किये जाने चाहते हैं या अपने साथ हुए ऐतिहासिक अन्यायों की क्षतिपूर्ति चाहते हैं, वह देश-देश में एक-दूसरे से और एक ही देश में अनेक अल्पसंख्यक समुदायों में एक-दूसरे से बहुत बड़ा अन्तर रखता है।"[4]

लेकिन जैसा कि अमर्त्य सेन का तर्क है, सांस्कृतिक बहुलतावाद की दो बुनियादी तौर से भिन्न दृष्टियाँ देखी जा सकती हैं। पहली का ज़ोर अपने आपमें एक लक्ष्य की तरह वैविध्य को बढ़ावा देने पर है, जबकि दूसरी तर्क और निर्णय की स्वतन्त्रता पर अपना ध्यान एकाग्र करती है और इस हद में वैविध्य

का उत्सव मनाती है कि वह सम्बद्ध व्यक्तियों द्वारा यथासम्भव स्वतन्त्रतापूर्वक चुना गया है। सांस्कृतिक बहुलतावाद और 'एकल-सांस्कृतिक बहुलता' (Plural Monoculturalism) के बीच एक और महत्त्वपूर्ण अन्तर है। संस्कृतियों के वैविध्य का ऐसा अस्तित्व, जो रात में गुज़रते जहाज़ों की तरह एक-दूसरे के क़रीब से गुज़र जाती है, सांस्कृतिक बहुलतावाद का सफल उदाहरण नहीं माना जा सकता।सांस्कृतिक बहुलतावाद का जो मुखर बचाव आजकल सुनाई देता है, वह अकसर 'एकल सांस्कृतिक बहुलता' की वकालत से अधिक कुछ नहीं होता। सेन का कहना है कि "सांस्कृतिक बहुलतावाद के साथ एक ओर सांस्कृतिक स्वच्छन्दता की और दूसरी ओर आस्था पर आधारित अलगाव वाली 'एकल-सांस्कृतिक बहुलता' की भ्रान्ति से बचना चाहिए। एक राष्ट्र अलग-अलग टुकड़ों के संकलन जैसा नहीं दिख सकता जिसमें नागरिकों के पास पहले से निर्धारित टुकड़ों में तयशुदा जगहें सुनिश्चित कर दी गयी हों।"[5]

हम यह स्पष्ट करना चाहते हैं कि सांस्कृतिक बहुलतावाद के विभिन्न अवधारणाबद्ध तथा कार्यान्वित होते हुए रूपों में आलोचनात्मक सांस्कृतिक बहुलतावाद अन्यों की अपेक्षा अधिक श्रेयस्कर है क्योंकि इसका आग्रह है कि सांस्कृतिक आलोचना और सामाजिक न्याय के लिए प्रतिबद्धता की राजनीति के दायरे के भीतर ही वैविध्य को स्वीकृत होना चाहिए। धर्मनिरपेक्षता और सांस्कृतिक बहुलता का उपरोक्त अवधारणात्मक विश्लेषण इस नतीजे की ओर ले जाता है कि चर्च-राज्य के अलगाव पर आधारित धर्मनिरपेक्षता के उग्र सिद्धान्त और सांस्कृतिक बहुलतावाद के बीच एक सैद्धान्तिक असमंजस है। जिस समाज में हाशिये के और वंचित अल्पसंख्यक समुदायों में कुछ धार्मिक अल्पसंख्यक समुदाय भी शामिल हैं, वहाँ सांस्कृतिक बहुलतावाद की सरकारी नीति को धार्मिक अल्पसंख्यकों की सरकारी पहचान की ज़रूरत होगी और सैद्धान्तिक असमंजस एक सार्वजनिक मुद्दा बन जायेगा। ऐसी स्थिति में वैविध्य मॉडल पर आधारित उदार/नरमदलीय धर्मनिरपेक्षता[6] न केवल सैद्धान्तिक स्तर पर आलोचनात्मक सांस्कृतिक बहुलतावाद के साथ सामंजस्यपूर्ण है बल्कि एक सांस्थानिक व्यावहारिक समझौते का आधार भी देती है।

लेकिन किसी को सामाजिक एकता की ज़रूरत का अधिमूल्य और उसमें बाधास्वरूप वास्तविक तनावों का अवमूल्यन नहीं कर बैठना चाहिए। आधुनिक राज्य की माँगों ओर अपनी स्थानीय, धार्मिक और भाषिक विशिष्टताओं को सुरक्षित रखने की अल्पसंख्यक समुदायों की आकांक्षाओं के बीच तनाव को 'बहुलतावादी दुविधा'[7] का नाम दिया गया है : एक ओर राष्ट्रीय एकता और

सबल सामाजिक सामंजस्य की ज़रूरत और दूसरी ओर अल्पसंख्यक संस्कृतियों द्वारा स्वीकृति और शामिल किये जाने की माँग के बीच तालमेल कैसे बिठाया जाये? और भी, दो अल्पसंख्यक समुदायों के बीच टकराहट की स्थिति में समाज में शान्ति और व्यवस्था की स्थापना के लिए राज्य को उन दोनों के बीच एक निर्णायक सिद्धान्त की आवश्यकता हो सकती है। ऐसी स्थिति में धर्मनिरपेक्षता का धार्मिक संघर्ष वाला मॉडल सांस्कृतिक बहुलतावाद के आलोचनात्मक मॉडल के साथ (सांस्कृतिक स्वतन्त्रता के साथ सांस्कृतिक बहुलतावाद) मिलकर संघर्ष का एक सम्भावित समाधान प्रदान करने में एक-दूसरे के पूरक हो सकते हैं।

अन्त में बात को साफ़ और सरल कर लिया जाये। पश्चिम की आधुनिकता सांस्कृतिक बहुलता को मनमर्ज़ी से नहीं मिटा सकी। अतः सांस्कृतिक अस्मिता की ज़रूरत को नकारा नहीं जा सकता लेकिन ये अस्मिताएँ निर्बन्ध रूप में हिंसा और आतंक का सबब हो सकती हैं। और उनको पहचान न देना भी सामाजिक टकराहटों का और असामांजस्य का कारण बन सकता है। इस लिए टकराहटों में बिचवई के लिए सांस्कृतिक बहुलतावाद की कोई-न-कोई क़िस्म और किसी तरह का धर्मनिरपेक्षतावाद स्थायी तौर पर रहेगा ही। दोनों के बीच सामंजस्य काम्य है, अकेला धर्मनिरपेक्षतावाद काफ़ी नहीं है, न सांस्कृतिक बहुलतावाद ही।

सन्दर्भ

1. C. Taylor, *The Age of Secularism* (2007)
2. Brenna Bhandar, *'TheTies That Bind:Multiculturalism &Secularism Reconsidered'* in Journal of Law & Society, Vol-36, No3, Sept 2009, p. 301-26
3. Mark Caxigan, Secularism & Multiculturalsm : An Encounter With Charles Taylor
4. *Will Kymlicka, The Global Diffusion Of Multiculturalism, 2007*
5. Amartya Sen, *Identity and Violence : The Illusion Of Destiny,* Allen Lane, Penguin Books, 2006, p. 165
6. Tariq Modad, Multiculturalism, Secularism and The State
7. John Hammond, *Multiculturalism: The Pluralism Dilemma*

हमारा राष्ट्रवाद कैसा हो : सांस्कृतिक या राजनीतिक

यह कैसी विडम्बना है कि राष्ट्रवादी विचारधारा का जो प्रारूप स्वतन्त्रता आन्दोलन और स्वतन्त्रता-प्राप्ति के समय हाशिये पर था, आज वर्चस्व का दावा ठोंक रहा है। एकमात्र अपने को असली और अन्यों को नक़ली कहने का दम्भ भर रहा है। अपने से सहमति को देशभक्ति और असहमति को देशद्रोह की संज्ञा दे रहा है। यह सब अचानक ही नहीं हो गया है। इसके पीछे कार्यरत कारकों की पहचान ज़रूरी है। लेकिन इन सभी सामाजिक-आर्थिक-राजनीतिक कारणों का विश्लेषण इस छोटे-से लेख का विषय नहीं है। हालाँकि इसे भी अन्य स्थानों की तरह, भूमण्डलीकरण के दबाव में आयी संकटग्रस्त अस्मिताओं की एक प्रतिक्रिया के रूप में देखा जा सकता है। एक ओर भूमण्डलीकरण ने राष्ट्र-राज्य की ताक़त को कम किया है तो दूसरी ओर, विशेषकर विकासशील देशों में, जातीय अस्मिताओं के उभार को बल दिया है। राष्ट्रीयता की जो समझ उपनिवेशवाद-विरोधी आन्दोलन में विकसित हुई थी, धीरे-धीरे उस का स्थान एक उग्र धर्म-संस्कृति आधारित समझ लेती जा रही है। राष्ट्रवाद का यह प्रारूप उन सभी तर्कों की अवहेलना करता है जो पूर्व के ऐतिहासिक अनुभवों ने इसके ख़िलाफ़ खड़े किये हैं। ऐसे में कई सवाल सामने आते हैं। क्या हमने राष्ट्रवाद को कम करके आँकने की भूल की, क्योंकि आज भी राजनीतिक दर्शन के रूप में राष्ट्रवाद पर उत्कृष्ट सामग्री का अभाव-सा है? क्या यह कृत्रिम, काल्पनिक संरचना है या इसका कोई सुनिश्चित आधार है? क्या राष्ट्रवाद का एक ही प्रारूप है या इसके कई प्रारूप हैं या सम्भव हैं? इनके पक्ष-विपक्ष के बारे में क्या कहा जा सकता है? क्या भारत एक बना-बनाया राष्ट्र है या बनने की प्रक्रिया में है? क्या हमारी राष्ट्रीयता का आधार एक धर्म, भाषा, संस्कृति हो सकती है? राष्ट्रवाद और देशभक्ति में क्या अन्तर है या फिर ये एक ही हैं? देशद्रोह का क्या मतलब है, क्या यह राज्य द्वारा अपने विरोधियों के दमन का क़ानूनी अस्त्र मात्र है? क्या एक तरह के राष्ट्रवाद का विकल्प दूसरे तरह का राष्ट्रवाद है या हमें राष्ट्रवाद से परे जाकर

विश्ववाद में समस्या का हल खोजना होगा? इनमें से कुछ प्रश्नों का विवेचन करने का प्रयास हम करेंगे।

यह एक हक़ीक़त है कि आज सारी धरती राष्ट्र-राज्यों की सीमाओं में बँटी हुई है। अठारहवीं और उन्नीसवीं सदी के यूरोप में उपजा राष्ट्रवाद का विचार केवल दो-ढाई सौ वर्ष पुराना है किन्तु यह बेहद शक्तिशाली और टिकाऊ साबित हुआ है। सामान्य रूप से राष्ट्रवाद का अर्थ किसी समूह की उस आस्था से लगाया जाता है जिसके अन्तर्गत वे स्वयं को साझा इतिहास, परम्परा, भाषा, जातीयता और संस्कृति के आधार पर एकजुट मानते हैं। इन्हीं आधारों पर वे एक सम्प्रभु राजनीतिक समुदाय अर्थात् 'राष्ट्र' की स्थापना करते हैं। राष्ट्र-राज्य बनने से पूर्व राष्ट्र केवल कल्पना में ही रहता है। यद्यपि कोई भी राष्ट्र ऐसा नहीं है जो सभी कसौटियों पर खरा उतरे किन्तु राष्ट्र-राज्य की परियोजना और राजनीतिक कार्यक्रमों में ऐसी शक्ति भी पायी जाती है कि इस आधार पर बने राजनीतिक समुदाय कई बार जाति और धर्म की दीवारों को भी लाँघ जाते हैं। राष्ट्र-राज्य की सीमाओं में रहने वालों से यह अपेक्षा रहती है कि वे राष्ट्र के क़ानूनों को पालन करेंगे, राष्ट्रीय अस्मिता को अन्य अस्मिताओं पर वरीयता देंगे और ज़रूरत पड़ने पर आन्तरिक और बाह्य सुरक्षा के लिए प्राणों का बलिदान देने के लिए तैयार रहेंगे।

यहाँ यह स्पष्ट कर देना भी ज़रूरी है कि कई समानतायें होने के बावजूद राष्ट्रवाद और देशभक्ति में अन्तर है। देशभक्ति एक भावना है जबकि राष्ट्रवाद एक राजनीतिक परियोजना। देशभक्ति की भावना प्राचीनकाल से रही है जबकि राष्ट्रवाद की राजनीतिक विचारधारा और राष्ट्र-राज्यों की स्थापना आधुनिकता की उपज है। राष्ट्रवाद एकरूप नहीं है, उसके कई संस्करण हैं जो ऐतिहासिक रूप से विकसित हुए हैं किन्तु सभी में एक बात समान है कि राष्ट्र सर्वोपरि है। निरी देशभक्ति से यह सम्भव नहीं है, इसके लिए कई बार ऐतिहासिक के तथ्यों को तोड़ने-मरोड़ने का काम किया जाता है जिससे दूसरे राजनीतिक समुदायों पर अपने समुदाय की श्रेष्ठता स्थापित की जा सके। राष्ट्र को उच्चतम नैतिक आदर्श स्वीकार कर लेने के बाद जातीय श्रेष्ठता की धारणा अन्य किसी भी बाहरी समुदाय को अपने से हीन घोषित कर देती है और उसे अपने लिए एक ख़तरा समझती है। इसके परिणामस्वरूप मेरा देश, 'सही या ग़लत' के प्रति अन्धनिष्ठा का जन्म होता है। इतिहास गवाह है कि राष्ट्रीय गर्व की यह भावना कई बार मनुष्यता के ख़िलाफ़ भयानक अपराधों के पीछे रही है। उदाहरण के लिए, हम दूसरे विश्वयुद्ध में नाज़ी जर्मनी में यहूदी नरसंहार और पिछले दिनों कोसोवो और रिवांडा में हुई हिंसा को कैसे भूल सकते हैं। शायद इन्हीं कारणों

से रवीन्द्रनाथ टैगोर ने स्वतन्त्रता आन्दोलन के दौरान ही, राष्ट्रवाद का विरोध किया था। अपने उपन्यास 'घर-बाहर' में निखिल के चरित्र के माध्यम से उन्होंने राष्ट्रीय दर्प की भावना को न्याय, शान्ति और एकता के सार्वभौम लक्ष्यों के लिए ख़तरनाक बताया है। किन्तु क्या कोई कह सकता है कि वे देशभक्त नहीं थे?

हमारे उपरोक्त विवेचन का अर्थ यह नहीं है कि राष्ट्रवाद कोई 'नैतिक भूल' है जिससे बचा जाना चाहिए। यह एक वास्तविकता है जिसके कई ऐतिहासिक प्रारूप विकसित हुए हैं। हमें इनके पक्ष-विपक्ष के तर्कों की जाँच करनी चाहिए। हमें नहीं भूलना चाहिए कि वर्तमान विश्व की राजनीति और मानव-अधिकारों को संगठित करने का काम राष्ट्र-राज्यों ने ही किया है। राष्ट्रवाद कई पूर्व-उपनिवेशों में उपनिवेशवाद-विरोधी संघर्ष को आधार प्रदान करता आया है। यह सामूहिक एकता का वाहक है जो आधुनिक प्रजातन्त्र की स्थापना के लिए आवश्यक परिस्थितियों में से एक है। आज जब भूमण्डलीकरण में व्यक्ति शक्तिशाली आर्थिक-राजनीतिक ताक़तों के सामने असहाय-सा महसूस करता है तो राष्ट्रीयता की भावना उसे एक सामुदायिक जुड़ाव की भावना का अनुभव कराती है। भले ही भूमण्डलीकरण के दबाव में राष्ट्र-राज्यों की ताक़त कुछ कम हो गयी हो, राष्ट्र-राज्यों का अन्त अभी नहीं होने वाला। वे बने रहेंगे। इसलिए हमें नहाने के पानी के साथ शिशु को बहा देने की ग़लती नहीं करनी चाहिए।

ऐसे में यह प्रश्न स्वाभाविक ही है कि यदि विश्व की संरचना और राजनीति राष्ट्र-राज्यों के इर्द-गिर्द ही संगठित है तो राष्ट्रवाद से जुड़ी हिंसा से मुक्ति पाने के लिए क्या किया जाये? क्या हम राष्ट्रवाद के अन्य प्रारूपों पर विचार करें या फिर उनसे परे विश्ववाद की परिकल्पना अपनायें? हमें मालूम है कि राष्ट्रवाद की कोई सर्वमान्य परिभाषा या दर्शन नहीं है। विद्वानों ने राष्ट्रवाद के कई प्रारूप इंगित किये हैं। इसलिए उपरोक्त आलोचित राष्ट्रवाद ही एकमात्र विकल्प नहीं है। इसका स्थान राजनीतिक राष्ट्रवाद, जिसे नागरिक राष्ट्रवाद या उदार राष्ट्रवाद या संवैधानिक राष्ट्रवाद भी कहते हैं, ले सकता है। यह ऐसी सर्वसमावेशी अवधारणा है जो संविधान में प्रदत्त सभी नागरिकों के समान अधिकार पर आधारित है। इसमें देशभक्ति की शर्त अतीत की किसी धर्म-संस्कृति के प्रति वफादारी नहीं बल्कि राज्य द्वारा निर्मित क़ानूनों का पालन करना है जो सभी के लिए समान हैं। यह जाति-धर्म पर आधारित नहीं हो सकता और न ही बहुसंख्यक-अल्पसंख्यक के भेद को मान्यता देता है। इस कारण इसे धर्मनिरपेक्ष राष्ट्रवाद की संज्ञा भी दी जा सकती है। दरअसल दुनिया के कई बड़े और सफल राष्ट्र, जैसे—फ्रांस, संयुक्त राज्य अमेरिका, यूनाइटेड किंगडम अपनी संरचना में मुख्य रूप से

राजनीतिक ही हैं। भारत को भी उसी श्रेणी में रखा जा सकता है, यद्यपि यहाँ सांस्कृतिक और राजनीतिक राष्ट्रवाद के बीच बहस और टकराव अभी जारी है। अपने संविधान सम्मत राजनीतिक स्वरूप के कारण ही भारत धीरे-धीरे बहुसांस्कृतिकता, बहुजातीयता, बहुभाषिकता और पृथकतावाद के कई झटकों के बावजूद एक अनूठी भारतीय राष्ट्रीयता गढ़ने में सफल हुआ है। चूँकि भारतीय राष्ट्र अभी निर्माण की प्रक्रिया में है इसलिए किसी एक भाषा, धर्म, संस्कृति के आधार पर इसको गठित करने का प्रयास विघटनकारी ही साबित हो सकता है। इस बात को हमारे स्वतन्त्रता आन्दोलन के नायकों—गाँधी, नेहरू, अम्बेडकर आदि ने ठीक से समझा था और भारतीय संविधान की रचना इसी आधार पर हुई है। प्रारम्भ से ही उपनिवेशवाद-विरोधी चरित्र के कारण भारतीय राष्ट्रवाद पर राजनीतिक रंग हावी रहा है क्योंकि एकजुटता की भावना आपस में लड़ती जातियाँ और धर्म नहीं हो सकते थे। यद्यपि पूर्व सोवियत संघ, यूगोस्लाविया और चेकोस्लोवाकिया का कई राष्ट्रों में विघटन राजनीतिक राष्ट्रवाद के एक ख़ास ढंग के मॉडल की नाकामी का प्रतीक है किन्तु लोकतन्त्र पर आधारित होने के कारण भारत में प्रधान राष्ट्रीयता के दबाव में स्वयं को उत्पीड़ित मानने वाली छोटी राष्ट्रीयताओं की सांस्कृतिक दावेदारी की अभिव्यक्ति लोकतान्त्रिक तरीक़े से हो सकती है, हथियार उठाना अनिवार्य नहीं। साथ ही प्रधान राष्ट्रीयता द्वारा छोटी-छोटी राष्ट्रीयताओं के आत्मसातीकरण की कोशिशें भी बहुसंख्यक राजनीति के रूप में लोकतान्त्रिक ढंग से अभिव्यक्ति पा सकती हैं।

अतः उपरोक्त विवेचन के आधार पर हम कह सकते हैं कि विविध धर्मों, जातियों, संस्कृतियों को समाहित करने वाले भारत देश के लिए राष्ट्रवाद का राजनीतिक मॉडल ही श्रेयस्कर है। विभाजन के समय 'हिन्दू-पाकिस्तान' न बनने देने का निर्णय कितना उचित था, यह इसी बात से समझा जा सकता है कि धर्म के आधार पर बना पाकिस्तान दो टुकड़ों में बँट गया और बचा हुआ आज भी हिंसक धार्मिक टकराव से ग्रस्त है। यदि हमने अपना निर्णय बदलने की भूल की तो इतिहास हमें कभी माफ़ नहीं करेगा। साथ ही हमें यह भी समझना होगा कि राष्ट्रवाद का एक मॉडल स्वीकारने से दूसरे मॉडल को स्वीकारने वाले देशद्रोही नहीं हो जाते। लोकतन्त्र में दोनों को बराबर से अपनी बात कहने की स्वतन्त्रता और बहस में हिस्सा लेने का अधिकार है। देशप्रेम का मतलब केवल सीमाओं की सुरक्षा ही नहीं है वरन् समस्त देशवासियों के रोटी, कपड़ा, मकान, शिक्षा और स्वास्थ्ययुक्त सुखी जीवन जीने के लिए संघर्ष में सहयोग भी है। ग़रीबी, भूख, आर्थिक ग़ैर-बराबरी और बहिर्निवेशन से आज़ादी की गुहार लगाने वाले देशद्रोही नहीं होते।

भारतीय आधुनिकता के दो चेहरे : नेहरू और अम्बेडकर

हमारे स्वतन्त्रता संग्राम के महानायकों—गाँधी और नेहरू तथा गाँधी और अम्बेडकर के आपसी रिश्तों और वैचारिक अवदानों के तुलनात्मक अध्ययन के बारे में तो काफ़ी कुछ लिखा गया है किन्तु नेहरू और अम्बेडकर के वैचारिक-राजनीतिक सम्बन्धों के बारे में कम ही पढ़ने को मिलता है जबकि स्वतन्त्रता के पश्चात् भारतीय लोकतन्त्र के निर्माण में दोनों की अमिट छाप है। अलग-अलग पृष्ठभूमि से सम्बन्धित होने के बावजूद आधुनिकता के प्रोजेक्ट में दोनों की आस्था है, यद्यपि कई महत्त्वपूर्ण मुद्‌दों पर आपसी मतभेद भी हैं। इस वैचारिक समानता-असमानता के पीछे, मेरी दृष्टि में, आधुनिकता के दो भिन्न-भिन्न संस्करण हैं जिनमें धर्म की भूमिका के बारे में मतभेद अहम है। आज जब लोकवृत्त (Public Sphere) में धर्म की भूमिका के बारे में पुनर्विचार की आवश्यकता अनुभव की जा रही है क्योंकि पश्चिम में भी धर्म को निजी जीवन तक सीमित रखने में पूर्ण सफलता नहीं मिली है, यह वैकल्पिक आधुनिकताओं के बीच भारतीय आधुनिकता के मॉडल की खोज के चयन के लिए भी महत्त्वपूर्ण है कि उसका धर्म से क्या सम्बन्ध होना अपेक्षित है। प्रस्तुत आलेख के प्रथम खण्ड में नेहरू और अम्बेडकर के विचारों में समानताओं और असमानताओं पर विचार करने का प्रयत्न है, दूसरे खण्ड में उनकी वैचारिक भिन्नता के पीछे दिये गये तर्कों और युक्तियों का विश्लेषण करने का प्रयास है और तीसरे खण्ड में दोनों के विचारों का ऐतिहासिक दृष्टि से मूल्यांकन करके यह समझने की कोशिश है कि भविष्य-निर्माण में उनकी क्या प्रासंगिकता है। ऐतिहासिक कारणों से नेहरू और अम्बेडकर की लोकप्रियता का ग्राफ़ स्वतन्त्र भारत में, उनकी मृत्यु के उपरान्त, काफ़ी ऊपर-नीचे हुआ है जो उनके अवदान के तटस्थ मूल्यांकन में बाधा न बनने पाये, इस बारे में विशेष सतर्कता बरतने का प्रयत्न किया जायेगा। हमें इन्दिरा-राजीव-राहुल गाँधी की दृष्टि से नेहरू और कांशीराम-मायावती के नज़रिये से अम्बेडकर को समझने की भूल नहीं करना चाहिए।

(1)

इससे पहले कि हम नेहरू और अम्बेडकर के विचारों में समानता-असमानता का विवेचन करें, उनकी पृष्ठभूमियों में अन्तर को रेखांकित करना ज़रूरी है। नेहरू का जन्म एक कश्मीरी ब्राह्मण परिवार में हुआ था, उनके पिता मोतीलाल नेहरू इलाहाबाद के एक सफल वकील थे जो बाद में गाँधी से प्रभावित होकर स्वतन्त्रता संग्राम में भागीदार बने। समृद्ध बचपन और शिक्षा-दीक्षा हैरो और कैम्ब्रिज में होने के कारण नेहरू का प्रारम्भिक जीवन बिना किसी अभाव के व्यतीत हुआ। उनका घर 'आनन्द भवन' राजनीतिक गतिविधियों का केन्द्र होने के कारण राजनीतिक चेतना नेहरू को विरासत में मिली। बाद में कांग्रेस की अगली पंक्ति के नेता होने के नाते की गयी देश-विदेश की यात्राओं, विशेषकर सोवियत यूनियन, का उनके विचारों के निर्माण में बड़ा योगदान रहा। स्वतन्त्र भारत के प्रथम प्रधानमन्त्री के रूप में चुनौतियों का सामना करते हुए उनको अपने विचारों में संशोधन-परिवर्धन का भी अवसर मिला।

अम्बेडकर का जन्म एक अछूत-महार परिवार में हुआ था। उनके पिता रामजी सेना में सूबेदार के पद तक पहुँच गये थे, उन्हें सन्तों की अमृतवाणी पढ़ने की बेहद लगन थी। अम्बेडकर का बचपन, प्रारम्भिक और बाद की शिक्षा जाति-प्रथा और छुआछूत के कटु अनुभवों की दास्तान है जिसने सामाजिक विषमता के घाव उनके अवचेतन में उतार दिये। 'गौतम बुद्ध का जीवन चरित्र' पढ़ने के उपरान्त वर्णाश्रम धर्म को पोषित करने वाली वेद-गीता की परम्परा से उनका मोहभंग हो गया। बड़ौदा रियासत के महाराजा सयाजी राव गायकवाड़ से मिली छात्रवृत्ति और शिक्षा-प्राप्ति के बाद दस वर्ष तक रियासत की सेवा करने के इक़रारनामे पर हस्ताक्षर करके वे उच्च शिक्षा प्राप्त करने कोलम्बिया विश्वविद्यालय गये और पी.एचडी. की उपाधि प्राप्त की। बाद में (1920-23) लन्दन स्कूल ऑफ इकोनॉमिक्स से उन्होंने डी.एससी. की उपाधि अर्जित की और क़ानून की पढ़ाई भी पूरी की। इस तरह अम्बेडकर के विचारों के निर्माण में उनकी अध्ययनशीलता और जातिगत विषमता के कटु अनुभवों, दोनों की महत्त्वपूर्ण भूमिका रही।

उपरोक्त कथन से स्पष्ट है कि नेहरू और अम्बेडकर की पृष्ठभूमियों में अन्तर और समानता दोनों देखी जा सकती हैं जो आगे चलकर उनके सरोकारों में अभिव्यक्त हुईं। दोनों ने विदेश में रहकर आधुनिक शिक्षा प्राप्त की जिसने उन्हें स्वतन्त्रता, समानता, भाईचारा के आदर्शों और औद्योगिकीरण के ज़रिये समाज में होते परिवर्तनों से अवगत कराया। परिणामस्वरूप दोनों ही आधुनिकता के प्रबल समर्थक बन गये। किन्तु अपने जीवनानुभवों में अन्तर के कारण धर्म-परम्परा

के प्रति दोनों का दृष्टिकोण एक-सा नहीं रहा। जातिगत असमानता का समूल नाश जहाँ अम्बेडकर के जीवन का प्रथम लक्ष्य बन गया, वहीं नेहरू के लिए यह विषय स्वतन्त्रता संघर्ष के मुक़ाबले कभी महत्त्वपूर्ण नहीं रहा। इसी कारण दोनों की आधुनिकता का मॉडल एक-सा नहीं है। आगे हम इसी पर रोशनी डालने का प्रयास करेंगे।

लोकतन्त्र–लोकतन्त्र में नेहरू की अगाध आस्था थी। न केवल इसलिए कि इसमें व्यक्ति की स्वतन्त्रता का सम्मान होता है अपितु इसलिए भी कि भारत जैसे विविधता वाले देश को एकताबद्ध रखने की इससे अच्छी कोई शासन-प्रणाली नहीं हो सकती। इसके लिए उन्होंने उदार संसदीय लोकतन्त्र का वेस्टमिनिस्टर मॉडल चुना क्योंकि पूर्वपरिचित होने के कारण भारत में इसके स्थायित्व की सम्भावना ज़्यादा थी। साधन की पवित्रता की धारणा तो उन्होंने गाँधी से ली किन्तु सत्ता की विकेन्द्रित अवधारणा को यह कहकर निरस्त कर दिया कि इससे राष्ट्रीय एकता में कमी आयेगी और पूर्व की तरह हम बाहरी हमलों से निपट नहीं पायेंगे। इसीलिए उन्होंने सशक्त केन्द्रीय सत्ता के ऐसे संघीय ढाँचे को अपनाया जिसमें राज्यों को शासन की स्वायत्तता प्राप्त है। नेहरू जानते थे कि संसदीय लोकतन्त्र की सफलता के लिए मज़बूत विरोध पक्ष का होना अनिवार्य है जो उनके समय में नहीं था, इसलिए प्रारम्भिक दिनों में, कई बार वे स्वयं विरोधी दल के नेता की तरह सरकार की नीतियों और अपने साथियों की स्वयं आलोचना करके एवं पत्रकारों को इसके लिए प्रोत्साहित करके इस कमी को पूरा करने का प्रयास करते थे।

भारतीय लोकतन्त्र के संविधान के मसौदे को स्वरूप देने वाली समिति के चेयरमैन के रूप में डॉ. अम्बेडकर के अभूतपूर्व योगदान को कौन भूल सकता है। उनके द्वारा 25 नवम्बर 1949 को संविधान सभा में दिया गया अन्तिम भाषण आज भी प्रासंगिक जान पड़ता है जिसमें उन्होंने लोकतन्त्र की सफलता के लिए तीन चेतावनियाँ दी थीं। पहली, लोकतन्त्र की स्थापना के उपरान्त समाज-परिवर्तन के लिए हिंसक और असंवैधानिक तरीक़े अपनाना अराजकता को बढ़ावा देना है जिसका कोई औचित्य नहीं है। जितनी जल्दी इसको छोड़ दिया जाये, उतना ही लोकतन्त्र के स्वास्थ्य के लिए अच्छा होगा। दूसरी, महान नेताओं का सम्मान करना उचित है किन्तु भक्ति अनुचित। न हमें अपनी स्वतन्त्रता उनके चरणों में समर्पित करना चाहिए और न उनको ऐसी शक्तियों से लैस होने देना चाहिए कि वे उसका हनन कर सकें। तीसरी चेतावनी सबसे महत्त्वपूर्ण है जिसे उन्हीं के शब्दों में रखने का लोभ-संवरण करना मुश्किल है–

"The third thing we must do is not to content with mere political democracy. We must note that our political democracy can not last unless their lies at the base of its social democracy. ...On the social plane, we have in India a society based on the principle of graded inequality, which means elevation for some and degradation for others. On the economic plane, we have a society in which there are some who have immense wealth as against many who live in abject poverty". ...On January 26, 1950, by adapting a democratic constitution, it was..."going to enter a life of contradictions. In politics we will have equality and in social and economic life we will have inequality. In politics we will be recognizing the principle of one vote one value. In our social and economic life, we shall by reason of our social and economic structure, continue to deny the principle of one man one value. How long shall we continue to live this life of contradictions? How long shall we continue to deny equality in our social and economic life? If we, continue to deny it for long, we will do so only by putting our political democracy in peril."[1]

स्वतन्त्रता-प्राप्ति के बाद का इतिहास इस बात का साक्षी है कि हमने उक्त चेतावनियों पर पूरा ध्यान नहीं दिया, इसी कारण आज भी हमारा लोकतन्त्र कई बार राजवंशीय (Dynastic) लोकतन्त्र-सा लगता है और हिंसक-अराजक प्रतिरोधों का सामना नहीं कर पा रहा। संवैधानिक, संसदीय लोकतन्त्र के विचार और संस्थानीकरण में नेहरू और अम्बेडकर समान रूप से सहभागी थे। प्रजातन्त्रात्मक परम्पराओं के निर्माण में नेहरू ने अपने शासनकाल में अभूतपूर्व योगदान किया। दोनों ने हमें ख़तरों और सामाजिक अन्तर्विरोधों के प्रति आगाह किया किन्तु राजनीतिक लोकतन्त्र को सामाजिक लोकतन्त्र में बदलने का 'विज़न' देने का कार्य डॉ. अम्बेडकर ने ही किया। सामाजिक लोकतन्त्र को परिभाषित करते हुए उन्होंने कहा, "What does social democracy mean? It means a way of life which recognises liberty, equality and fraternity as the principles of life. These principles of liberty, equality and fraternity are not to be treated as separate items in a trinity. They form a union of trinity in the sense that to divorce one from the other is to defeat the very purpose of the democracy. ...Without equality, liberty would produce the supremacy of the few over the many. Equality without liberty would kill individual initiative. Without fraternity, liberty and equality could not become a natural course of things."[2]

औद्योगिकीकरण–गाँधी की सोच के विपरीत नेहरू ग़रीबी मिटाने, जीवनस्तर उठाने और वैश्विक अर्थव्यवस्था के साथ क़दम मिलाकर चलने के लिए व्यापक रूप से औद्योगिकीकरण के पक्षधर थे। नेहरू के अनुसार भारत का ब्रिटेन के मुक़ाबले वैज्ञानिक और औद्योगिक रूप से पिछड़ा होना भी उसकी दासता के पीछे एक कारण था। वे कृषि के स्थान पर उद्योग को आर्थिक विकास के लिए वरीयता देना चाहते थे। उनके अनुसार कृषि उत्पादन एक आदिम और सांस्कृतिक दृष्टि से निम्न कार्य है जो न केवल मनुष्य को भाग्यवादी, रूढ़िवादी, संकीर्ण और पुरातनपन्थी बना देता है अपितु गाँव का सीमित वातावरण अज्ञान, आलस्य, अन्धविश्वास पैदा करने का कार्य करता है। वे कुटीर उद्योगों को भी कुछ समय तक ही अपनाने के पक्षधर थे, जब तक कि देश का पूर्ण औद्योगिकीकरण नहीं हो जाता। इसके लिए आधुनिक तकनीक और बड़ी मशीनरी को अपनाना उचित होगा।

भारत के औद्योगिकीकरण के मामले में नेहरू के उपरोक्त विचारों से अम्बेडकर दूर तक सहमत थे। गाँधी के विचारों से मतभेद व्यक्त करते हुए उन्होंने मशीनरी के प्रयोग को आधुनिक सभ्यता के विकास के लिए आवश्यक माना। उनके अनुसार कोई भी प्रजातन्त्र मशीनरी के प्रयोग का विरोधी नहीं हो सकता क्योंकि मशीनरी के प्रयोग से मानवीय श्रम की बचत होती है, जिससे बचे हुए ख़ाली समय का उपयोग मनुष्य अर्थपूर्ण सांस्कृतिक जीवन जीने में कर सकता है। पहले के समाजों में यह सुविधा सिर्फ़ सीमित उच्च वर्ग तक ही सीमित थी, अधिक और उन्नत मशीनरी के प्रयोग से यह सभी को उपलब्ध करायी जा सकती है।

नेहरू और अम्बेडकर, दोनों की दृष्टि में, गाँधी के विपरीत, ग्रामीण भारतीय समाज की आधुनिक सभ्यता से कोई संगति नहीं थी। अतः उसको भारतीयता के नाम पर महिमामण्डित करने की ज़रूरत नहीं थी। दोनों के विचारों में थोड़ा अन्तर इस बात से था कि जहाँ नेहरू के लिए गाँव वर्ग-विभेद, अज्ञान और पिछड़ेपन की निशानी थे, वहीं अम्बेडकर के लिए शोषण, दमन और बहिष्करण के क्षेत्र थे, जहाँ रहकर अपनी जातिगत अस्मिता के बाहर आ पाना असम्भव था। उनके कटु शब्दों में–

"What is the village but a sink of localism, a den of ignorance, narrow mindedness and communalism."[3]

समाजवाद–एक आदर्श समाज की परिकल्पना के रूप में समाजवाद के लक्ष्य में नेहरू की आस्था आजीवन रही। उनके लिए समाजवाद मात्र एक आर्थिक विचारधारा या न्यायपूर्ण समाज व्यवस्था ही नहीं थी अपितु एक पुनर्निर्मित मनुष्य

के आधार पर नयी सभ्यता का उदय था। इसमें उत्पादन योजनाबद्ध आपसी सहयोग के आधार पर मानवीय ज़रूरतों को पूरा करने के उद्देश्य से किया जाता है, न कि अधिकतम लाभ अर्जित करने के उद्देश्य से। यह वर्गविहीन और प्रजातन्त्रात्मक होना चाहिए जिससे प्रत्येक मनुष्य को उसकी प्रतिभा के पूर्ण विकास का अवसर मिल सके। यह तभी सम्भव है जब नागरिक के मौलिक अधिकार सुरक्षित हों। नेहरू का समाजवाद सोवियत यूनियन में विकसित समाजवाद से इस अर्थ में भिन्न था कि उन्होंने सर्वहारा के अधिनायकत्व और हिंसक क्रान्ति तथा पूँजीवाद को उखाड़ फेंकने के सिद्धान्त का समर्थन नहीं किया। वे मिश्रित अर्थव्यवस्था के पक्षधर थे जिसमें सार्वजनिक क्षेत्र की प्रमुख भूमिका थी। इसके पीछे उनके आर्थिक और राजनीतिक उद्देश्य थे। उनकी दृष्टि में केवल समाजवाद ही राष्ट्रीय स्वतन्त्रता, राज्य की स्वायत्तता और प्रजातन्त्र की रक्षा कर सकता है। उस समय की परिस्थितियों में सार्वजनिक क्षेत्र की प्रमुख भूमिका के औचित्य से इनकार नहीं किया जा सकता क्योंकि राज्य के पास ही इतने संसाधन और शक्ति थी कि भारी उद्योग लगाये जा सकें जो न केवल आर्थिक विकास को गति दें बल्कि अपनी आर्थिक ताक़त से निजी क्षेत्र की ताक़त को भी क़ाबू में रख सकें जिससे उत्पादन का आधार समाज की ज़रूरत हो, न कि मात्र कुछ का लाभ।

नेहरू की तरह डॉ. अम्बेडकर भी सर्वहारा की तानाशाही के विरोधी थे लेकिन समाजवादी व्यवस्था के पक्षधर। वे राज्य के नियन्त्रण में ऐसी आर्थिक व्यवस्था स्थापित करना चाहते थे जिसमें सम्पत्ति का समान वितरण हो, कृषि पर राज्य का स्वामित्व हो, सामूहिक खेती की व्यवस्था हो और बीमा का राष्ट्रीयकरण हो। इसलिए उन्होंने राज्य-समाजवाद की वकालत की जिसके अन्तर्गत वे राज्य के लिए समाजवाद की स्थापना को संवैधानिक रूप से बाध्यकारी बनाना चाहते थे। उनका मानना था कि यदि समाजवाद को बहुमत के भरोसे छोड़ दिया गया तो ब्राह्मणवादी और पूँजीवादी ताक़तें इस सपने को कभी साकार नहीं होने देंगी। वे राज्य-समाजवाद को बिना तानाशाही और संसदीय जनतन्त्र के साथ प्राप्त करना चाहते थे। इससे स्पष्ट है कि उनकी चिन्ता का केन्द्र सम्पूर्ण जनता थी, न कि केवल दलित। सम्पूर्ण मानवता के कल्याण का भाव उनमें निहित था।

सेकुलरिज़्म–नेहरू सेकुलर राज्य के ज़बर्दस्त हिमायती थे। इसका अर्थ राज्य को धर्म से तटस्थ और परे रखना था। राज्य एक सार्वजनिक उपक्रम है और धर्म एक निजी। दोनों के बीच अलगाव ज़रूरी है। साथ ही नेहरू आध्यात्मिकता और धर्म के वैचारिक–संस्थागत आयामों के बीच अन्तर करते थे। जहाँ संस्थागत धर्म के प्रति उनमें घोर विरोध था, वहीं आध्यात्मिकता के प्रति उनमें लगाव

दृष्टिगोचर होता है। हालाँकि उन्होंने कभी उसे स्पष्ट रूप से व्याख्यायित करने का प्रयत्न नहीं किया। कभी इसका अर्थ उन्होंने नैतिकता के समानार्थी माना तो कभी मनुष्य की नियति और जीवन के उद्देश्य खोजने/पाने के अर्थ में किया। उनके अनुसार यद्यपि आध्यात्मिकता ही धर्म के पीछे प्रेरक शक्ति है किन्तु धर्म इन प्रश्नों के बारे में अन्तिम उत्तर देने का प्रयास करता है जो अनुचित है। चूँकि भारत ऐसे देश में जहाँ की संस्कृति धर्म पर आधारित है, राज्य और धर्म के बीच पूर्ण अलगाव व्यावहारिक नहीं है। इसलिए कई बार संविधान में प्रदत्त नागरिक अधिकारों की सुरक्षा के लिए राज्य को धार्मिक व्यवस्था में हस्तक्षेप करने का हक़ है। इसलिए अस्पृश्यता के विरुद्ध क़ानून बनाने, हिन्दू कोड बिल और मन्दिरों का इंतज़ाम सुव्यवस्थित करने में राज्य के हस्तक्षेप का उन्होंने समर्थन किया। वे ये भी चाहते थे कि भारत के सभी नागरिकों के लिए समान आचार संहिता हो लेकिन इसके लिए मुस्लिम समाज के तैयार होने तक वे इन्तज़ार करने के पक्षधर थे।

अम्बेडकर का भी मानना था कि जगत और मनुष्य का व्यवहार मानवीय तर्क बुद्धि से समझा जा सकता है, इसके लिए किसी दैवी सत्ता को स्वीकार करने की ज़रूरत नहीं है। ऐसा विश्वास मनुष्य के पिछड़ेपन की अवस्था का द्योतक है जब उसमें प्रकृति और समाज को समझने/बदलने की क्षमता नहीं थी। किसी परम शक्ति की ज़रूरत और उस पर निर्भरता मानवीय गरिमा के विपरीत है और उसकी स्वतन्त्रता से इनकार करना है। लेकिन धर्म के बारे में उनका विचार उभयअर्थी था। एक ओर जहाँ वे व्यक्तिगत ईश्वर और इल्हाम में आस्था को अन्धविश्वासों में गिनते थे, वहीं धर्म की समाजहितकारी भूमिका को भी स्वीकार करते थे। उनके अनुसार धर्म मनुष्य की पाशविक प्रवृत्तियों के उन्नयन के लिए ज़रूरी है। धर्म प्रेम, सद्भाव, सेवा, सामाजिक एकता को बढ़ावा देता है और बुराई तथा न्याय के लिए संघर्ष करने की प्रेरणा प्रदान करता है। सच्चे अर्थों में धर्म मनुष्य को आत्म-सम्मान और ज़िम्मेदारी से परिपूर्ण करता है। यही विशेषताएँ न केवल अच्छे और ख़राब धर्म के बीच विभाजक रेखा बनाती है अपितु किसी भी स्थापित धर्म के भीतर श्रेष्ठ तत्त्वों को बढ़ावा देने की कसौटी बन जाती है। अतः धर्मों में सुधार की गुंजाइश हमेशा बनी रहती है। इस दृष्टि से नैतिक शुभ की स्थापना केवल आधुनिक तर्कबुद्धि से सम्भव नहीं है। न केवल नैतिक शुभ को तर्कयुक्त होना चाहिए अपितु तर्क को भी नैतिकता के अन्तर्गत कार्य करना चाहिए। इसलिए ऐसी मान्यता के साथ धर्म कर्मकाण्डी या मताग्रही नहीं हो सकता। इसी कारण हिन्दू धर्म की मान्यताओं से आजीवन संघर्ष करने और

लगभग तीस वर्ष तक विचार करने के बाद अम्बेडकर ने बौद्ध धर्म अपनाया। साथ ही उसमें समयोचित परिवर्तन भी सुझाये।

राष्ट्रवाद–नेहरू सच्चे देशभक्त और राष्ट्रवादी थे। ब्रिटिश साम्राज्यवाद के विरुद्ध संघर्ष के दौरान उनके अन्दर भारतीय राष्ट्र की परिकल्पना ने जन्म लिया जिसे उन्होंने इतिहास के अपने अध्ययन द्वारा और पुष्ट किया। आधुनिक अर्थ में जिसे राष्ट्र कहा जाता है, वह आधुनिक परिघटना है। उन्हें पता था कि इतिहास में पहले कभी केन्द्रीय राज्यसत्ता के न रहने से भारत कभी एक नहीं रह पाया जिस कारण वह बार-बार बाहरी आक्रमणकारियों के आखेट का आसान निशाना बनता रहा। उनकी मान्यता थी कि भारतीय संविधान ने एक सशक्त राष्ट्र की नींव रखी है जिसमें स्वायत्तता की क्षेत्रीय आकांक्षाओं का मज़बूत केन्द्रीय सत्ता के साथ अच्छा समन्वय है। औद्योगिकीकरण द्वारा सारे देश को आर्थिक परस्पर निर्भरता के संजाल में बाँधने में मदद मिलेगी और आर्थिक नियोजन द्वारा इस बात की गारण्टी रहेगी कि सभी क्षेत्रों को आर्थिक विकास के फल समान रूप से प्राप्त हो सके। उन्हें आशा थी कि यात्रा और संचार की बढ़ती सुविधाएँ, हमारे विश्वविद्यालय, सार्वजनिक उपक्रम और प्रदेशों की सरकारें मिलकर भारतीय राष्ट्र की नयी तस्वीर बनायेंगे। वे पुनरुत्थानवादी सांस्कृतिक राष्ट्रवाद और धार्मिक राष्ट्रवाद के घोर विरोधी थे। इसीलिए उन्होंने द्विराष्ट्र के सिद्धान्त का कभी समर्थन नहीं किया। उनका राष्ट्रवाद संकीर्णता से परे था, वह राष्ट्रों की सरहदों के पार विश्ववाद (Cosmopolitanism) को छूता था। अपनी बेटी इन्दिरा को 44वें पत्र में वे लिखते हैं–"We have the whole world to consider, and if a small part of it, even though it may be the part where we live, took up much of our time, we would never get on with the rest."[4] तभी तो उन्होंने सभी देशों के उपनिवेश-विरोधी आन्दोलनों का समर्थन किया और उनकी मुक्ति में महत्त्वपूर्ण भूमिका निभाई। अफ्रीकन नेशनल कांग्रेस का समर्थन इसका ज्वलन्त उदाहरण है।

अम्बेडकर की देशभक्ति पर गाँधी तक को सन्देह नहीं था जिनका विरोध आजीवन वे करते रहे। लेकिन अम्बेडकर की राष्ट्रवाद की परिकल्पना कांग्रेस के नेताओं से भिन्न थी जिनके हाथ में स्वतन्त्रता संग्राम की बागडोर थी। यह सच है कि अम्बेडकर ने कांग्रेस द्वारा ब्रिटिश हुकूमत के ख़िलाफ़ चलाये गये आन्दोलनों में हिस्सा नहीं लिया, यहाँ तक कि 1942 के भारत छोड़ो आन्दोलन का भी विरोध किया लेकिन इसके पीछे उनकी दृष्टि में भारतीय राष्ट्रवाद का उच्च वर्गीय/जातीय स्वरूप था। ब्रिटिश साम्राज्यवाद द्वारा भारत के आर्थिक शोषण से

अम्बेडकर भली-भाँति परिचित थे और भारत के स्वतन्त्र होने से उनका विरोध नहीं था। लेकिन वे ऐसे किसी स्वतन्त्र भारत के पक्षधर नहीं थे जिसमें अनुसूचित जातियों को उनकी संख्या के अनुरूप प्रतिनिधित्व न मिले। अम्बेडकर की दृष्टि में अंग्रेज़ शासन से जिस स्वतन्त्रता की वकालत कांग्रेस के राष्ट्रवादी कर रहे थे, उससे शूद्रों-अछूतों को अपनी ग़ुलामी और दरिद्रता से मुक्ति नहीं मिलने वाली थी। यदि हम राष्ट्र को उच्च शासक वर्गों तक सीमित न माने तो अम्बेडकर की माँग को राष्ट्रविरोधी घोषित नहीं किया जा सकता। हमें यह नहीं भूलना चाहिए कि परतन्त्रता का एक आन्तरिक पहलू भी था जिसकी ओर अम्बेडकर के विरोध ने ध्यान दिलाया। राष्ट्रवाद और मातृभूमि की अन्धभक्ति में अन्तर है और एक सशक्त राष्ट्र के निर्माण के लिए बाहरी और भीतरी, दोनों प्रकार की ग़ुलामी और शोषण से मुक्ति ज़रूरी है। सदियों से शोषित, दमित, बहिष्कृत दलित वर्गों के पक्ष में आवाज़ उठाकर अम्बेडकर ने भारतीय राष्ट्रवाद से सामाजिक आधार को अधिक चौड़ा और मज़बूत बनाने का कार्य किया जिसका स्वतन्त्र भारत का 67 साल का इतिहास गवाह है।

इतिहास-दृष्टि—नेहरू और अम्बेडकर, दोनों ही प्राचीन भारतीय इतिहास में रुचि रखते थे किन्तु दोनों के दृष्टिकोण भिन्न थे—विशेष रूप से बौद्ध धर्म के भारत में प्रचार-प्रसार और अवसान के बारे में। नेहरू की दृष्टि में (क) मौर्य साम्राज्य के आन्तरिक सांस्कृतिक टकराव से जो नया समाज उदय हो रहा था, बुद्ध का सार्वभौमिक सिद्धान्त उसके लिए ज़्यादा उपयोगी और प्रासंगिक था, (ख) इससे नयी शक्तियों का प्रादुर्भाव हुआ जिसने भारत के भीतर और बाहर व्यापार को बढ़ावा दिया। जबकि अम्बेडकर ने आर्यों के पतनशील सामाजिक-सांस्कृतिक जीवन के सन्दर्भ में बौद्ध नैतिकता की श्रेष्ठता पर ज़्यादा ज़ोर दिया। उनकी दृष्टि में गौतम बुद्ध द्वारा जाति, ग़ैर-बराबरी और यज्ञ ऐसे ब्राह्मणवादी कर्मकाण्डों के विरोध में ही उनकी सफलता का राज़ छिपा है। ऐसा नहीं है कि नेहरू ने बुद्ध के नैतिक विचारों की सार्वभौमिकता और श्रेष्ठता से इनकार किया लेकिन उसके प्रचार-प्रसार में राज्य-सत्ता के सहयोग को भी महत्त्वपूर्ण माना, जबकि अम्बेडकर ने राजनीतिक-आर्थिक कारकों की ओर ज़्यादा ध्यान नहीं दिया। प्रश्न उठता है कि जब बौद्ध धर्म और नैतिकता हिन्दू धर्म से इतनी श्रेष्ठ थी तो भारत में बौद्ध धर्म का पतन कैसे हुआ, जबकि सुदूर देशों में पनपने में उसे सफलता मिली? यह भारतीय इतिहास के सबसे जटिल प्रश्नों में से एक है जिसका उत्तर नेहरू और अम्बेडकर ने अलग-अलग दिया।

बौद्ध धर्म के भारत में अवसान के नेहरू ने कई कारण गिनाये। वे इस प्रक्रिया को

बौद्ध धर्म के पतन की दृष्टि से नहीं बल्कि हिन्दू धर्म द्वारा उसे अपने में समावेशित कर लेने की नज़र से देखते हैं। इसके पीछे वे कई अन्य कारणों को भी गिनाते हैं लेकिन मुख्य रूप से अहिंसा पर ज़रूरत से ज़्यादा ज़ोर देने के कारण चौथी शताब्दी में विदेशी आक्रान्ताओं से लड़ने के लिए उसकी शक्तिहीनता ने ब्राह्मणवाद को पुनः स्थापित होने का मौक़ा दिया। किन्तु अम्बेडकर की दृष्टि में बौद्ध धर्म के पतन का मूल कारण ब्राह्मणों द्वारा उनका दमन था। ब्राह्मणों ने वर्चस्व के लिए न केवल शास्त्रों का उपयोग किया अपितु अबौद्ध राजाओं द्वारा बौद्धों का दमन करवाया। इस कार्य में मुस्लिम आक्रान्ताओं ने भी योगदान किया किन्तु अम्बेडकर की दृष्टि में हिन्दू आक्रमण ज़्यादा दुर्दान्त था। इसी से वे बौद्ध धर्म के उदय को क्रान्ति और ब्राह्मणवाद द्वारा उसके अन्त को प्रतिक्रान्ति की संज्ञा देते हैं।

भारतीय संस्कृति–भारतीय इतिहास के उपरोक्त महत्त्वपूर्ण अध्याय के प्रति दोनों विचारकों की दृष्टि में मतान्तर के पीछे भारतीय संस्कृति के बारे में उनके मतभेद भी उजागर होते हैं। नेहरू की पुस्तक 'The Discovery of India' की आधारभूत मान्यता 'विभिन्नता में एकता' और संश्लेषण की क्षमता है। जबकि अम्बेडकर की पुस्तक 'Revolution and Counter-Revolution in Ancient India' में सांस्कृतिक निरन्तरता के प्रत्यय पर ही सवाल उठाया गया है। अम्बेडकर ने बड़े ही स्पष्ट शब्दों में कहा–

"In the first place it must be recognized that there has never been such a common Indian culture, that historically there have been three Indias, Brahmanic India, Buddhist India and Hindu India, each with its own culture. Secondly, it must be recognized that history of India before Muslim invasions is the history of a moral conflict between Brahmanism and Buddhism."[5]

अपनी पुस्तक में नेहरू ने भारतीय संस्कृति की जो तस्वीर खींची है, वह किसी शुद्ध हिन्दू संस्कृति का बखान नहीं है। उनकी दृष्टि में यह सदियों से होती आयी सांस्कृतिक मिश्रण, स्वीकार्य और अनुकूलन का परिणाम है जिसमें एक के ऊपर दूसरी तहे हैं लेकिन जो पहली वाली तहों को न पूरी तरह छिपाती है और न विनष्ट करती है। इस पर्तदार संस्कृति की संरचना को हम भारतीय संस्कृति की विकेन्द्रित धारणा कह सकते हैं। अपनी आत्मकथा में उन्होंने लिखा है कि जिस तरह भारत के अतीत में कोई एक राजधानी नहीं रही, उसी तरह भारतीय संस्कृति सारे देश में इस तरह फैली हुई थी कि किसी एक भाग को उसका केन्द्रीय हृदय कहना उचित नहीं होगा। संस्कृति की इसी समझ के चलते उन्हें एक नयी पर्त के रूप में अंग्रेज़ी प्रभाव को ग्रहण करने में कभी दिक़्क़त

नहीं हुई और सड़ी-गली सांस्कृतिक मान्यताओं को हस्तक्षेप द्वारा बदलने में कोई आपत्ति भी नहीं थी। आपस में जुड़ी भिन्नताओं वाली भारत की छवि ने उन्हें भाषा, धर्म आदि पर आधारित किसी एक पहचान को थोपने के प्रयासों का निरन्तर विरोध करने को बाध्य किया। फिर भी उन्हें परम्परा-विरोधी भी नहीं कहा जा सकता क्योंकि वे सम्राट अशोक और कौटिल्य से प्रभावित थे और इसी कारण भारतीय राज्य की मोहर सारनाथ के शेरों वाली और राष्ट्रीय ध्वज में धर्म-चक्र प्रवर्तन वाला चक्र स्वीकारने में उनकी सहमति थी। बौद्ध धर्म में दीक्षा लेकर अम्बेडकर ने तो भारतीय सांस्कृतिक परम्परा की एक विशेष धारा पर अपनी मोहर ही लगा दी।

वैज्ञानिक दृष्टि–नेहरू की नज़र में इसका अर्थ विज्ञान और प्रौद्योगिकी का विकास नहीं अपितु जीवन और जगत के प्रति सोच में तार्किकता और अनुभवपरकता का विकास है। लगभग एक हज़ार साल से भारत के पतन के पीछे उसके लोगों की रूढ़िवादी, रहस्यवादी, तथ्य और तर्क से परे काल्पनिक सोच ही कारण है। अब समय आ गया है कि यूरोप की तरह भारतीय भी वैज्ञानिक दृष्टि को अपनायें। वैज्ञानिकता से नेहरू का मतलब यह है कि अन्ध आस्था के स्थान पर केवल तथ्यों द्वारा समर्थित ज्ञान को ही स्वीकारना, नये साक्ष्यों के आधार पर उसमें परिवर्तन करना, अन्तिम सच के स्थान पर बराबर जाँच-परख के दरवाज़े खुले रखना ही है। लेकिन नेहरू विज्ञान की सीमाओं से भी परिचित थे और प्रत्यक्षवादियों की भूल को दोहराना नहीं चाहते थे। उनका मानना था कि जीवन के कई क्षेत्रों में विज्ञान की भूमिका सीमित है। विज्ञान यह भी बताने में असमर्थ है कि उसके द्वारा अर्जित ज्ञान का उपयोग कैसे किया जाये। लेकिन इन सीमाओं के होते हुए भी नेहरू का कहना था कि प्राकृतिक विज्ञानों में विज्ञान की भूमिका सर्वोपरि है, समाज के अध्ययन में भी इसका पूरा दख़ल होना चाहिए और आत्मा, परमात्मा जैसे प्रत्ययों की वास्तविकता जाँचने में इसे अपनी नकारात्मक भूमिका निभानी चाहिए।

अम्बेडकर भी नेहरू की इस बात से सहमत थे कि भारतीय समाज का बहुत बड़ा तबका रूढ़िवादी अन्धविश्वासों से जकड़ा है जिससे चालाक लोगों को अपना न्यस्त स्वार्थ सिद्ध करने का पूरा मौक़ा मिलता है। अम्बेडकर का दृष्टिकोण प्रकृतिवाद के बहुत नज़दीक है। उनका मानना था कि हर घटना के पीछे कोई कारण होता है जो प्रकृति का नियम या मानवीय कर्तृत्व का परिणाम होता है। हो सकता है कि आज हम उस कारण को ठीक से न समझते हों किन्तु मानवीय बुद्धि से एक दिन अवश्य समझ लेंगे। इससे तर्क और अनुभव के आधार पर वे

किसी अति-प्राकृतिक तत्त्व, जैसे—आत्मा, परमात्मा, कर्मफल, पुनर्जन्म की सत्यता से इनकार करते हैं और यह भी बताते हैं कि इन पर विश्वास करने से मनुष्य अपना आत्मविश्वास, साहस और स्वतन्त्रता खो देता है। विज्ञान की सीमाओं से वे नेहरू के मुक़ाबले ज़्यादा चेतनाशील थे। तभी तो धर्म की ज़रूरत को बड़ी शिद्दत से महसूस करते हैं और बौद्ध धर्म अपनाते हैं। अन्य धर्मों के मक़ाबले बौद्ध धर्म अपनाने के पीछे भी उसमें निहित तर्कशीलता और अनुभवगम्यता ही है। जाति व्यवस्था का विरोध वे उसकी अवैज्ञानिकता के आधार पर भी करते हैं। मानवीय मुक्ति के लिए वे किसी अवतार या दैवी हस्तक्षेप पर विश्वास नहीं करते।

जाति-प्रथा और उसका उन्मूलन—वर्ण और जाति की उत्पत्ति के बारे में नेहरू पाश्चात्य विद्वानों के मत से ही सहमत दिखाई देते हैं कि आर्यों और दस्युयों के भीषण संघर्ष में ही वर्णवाद उदित हुआ। बाद में आर्थिक समुदायों और श्रेणियों के विस्तार से वर्णवाद और मज़बूत हुआ, जातिवाद उसी का विकृत स्वरूप है। अन्य सभ्यताओं में भी वर्णवाद का अंशतः समर्थन तो मिलता है किन्तु हिन्दुओं जैसा जटिल-शोषक जातिवाद संसार में अन्यत्र नहीं है। इससे मुक्ति, नेहरू के विचार में, धीरे-धीरे औद्योगिकीकरण, आर्थिक विकास और समाजवाद की स्थापना के साथ ही सम्भव है। लेकिन समीपवर्ती दृष्टि से निम्न जातियों के आरक्षण का समर्थन भी उन्होंने किया।

अम्बेडकर का तो सारा जीवन ही शूद्र और अछूत जातियों के उत्थान के लिए समर्पित था। इसके लिए उन्होंने न केवल जाति-प्रथा की उत्पत्ति और उसके विनाश के बारे में गहराई से विचार किया अपितु अछूतों में चेतना फैलाने, उन्हें संगठित करने, आन्दोलन करने, सरकारों से विभिन्न वैधानिक सुविधाएँ प्राप्त करने के लिए संघर्ष भी किया। ऐसा लगता है कि प्रारम्भ में उनका संघर्ष हिन्दू धर्म के अन्तर्गत ही अछूतों को एक सम्मानजनक स्थान दिलाने के लिए था किन्तु धीरे-धीरे इससे उनका मोहभंग हो गया और इसीलिए अन्त में उन्होंने हिन्दू धर्म छोड़कर बौद्ध धर्म अपनाया। इस विषय पर उनके कांग्रेस और गाँधी जी से काफ़ी मतभेद थे किन्तु उसकी चर्चा यहाँ अवान्तर होगी। यहाँ हम उनके विचारों की कतिपय विशेषताओं की ही चर्चा करेंगे—

1. 1948 में प्रकाशित अपनी पुस्तक 'The Untouchables' में अम्बेडकर ने यह स्थापित किया कि प्रारम्भ में अछूत बौद्ध धर्म के अनुयायी थे जो बौद्ध धर्म और ब्राह्मण धर्म के संघर्ष में बौद्ध धर्म की पराजय के बाद अछूत हो गये।
2. उनका पक्का विश्वास था कि केवल अछूत ही अछूतों को नेतृत्व प्रदान

कर सकते हैं। इसीलिए उन्होंने उच्च जातियों के किसी संगठन का समर्थन लेने का प्रयत्न नहीं किया। यद्यपि अपनी गतिविधियों में उच्च जाति के सदस्यों का स्वागत किया।

3. स्वतन्त्रता से पूर्व और उसके पश्चात्, अछूतों के हितों की रक्षा के लिए क़ानूनी लड़ाई को वरीयता प्रदान की और उसके लिए भारतीय संविधान में व्यवस्थायें भी कराईं।
4. समस्या के मनोवैज्ञानिक पहलू को नज़रअन्दाज़ न करते हुए उन्होंने अछूतों में आत्म-सम्मान और आत्मविश्वास जगाने पर भी बहुत ज़ोर दिया। इसके लिए उन्होंने अछूतों द्वारा किये जा रहे परम्परागत कार्यों, जैसे–मरे जानवरों को उठाना आदि का निषेध किया। तो दूसरी ओर उन्हें उच्चतर स्तर तक शिक्षा प्राप्त करने के लिए प्रेरित भी किया।
5. उनके अनुसार अछूतों को एक अलग, अल्पसंख्यक समुदाय के रूप में देखा जाना चाहिए और जिनकी विशेष ज़रूरतों पर ध्यान दिलाने के लिए अछूतों द्वारा ही उनका सरकार में हर स्तर पर प्रतिनिधित्व होना चाहिए।
6. उनके प्रयत्नों के परिणामस्वरूप ही भारतीय संविधान में अस्पृश्यता को क़ानूनी रूप से अवैध घोषित किया गया। साथ ही अनुसूचित जातियों के लिए विभिन्न स्तरों पर आरक्षण का प्रावधान भी किया गया।
7. अम्बेडकर का उद्‌देश्य महज अस्पृश्यता से निपटना नहीं था, वे तो जाति प्रथा का समूल नाश चाहते थे। उन्होंने समाज को चार वर्णों में विभाजित करने वाली वर्ण-व्यवस्था और उसके अन्तर्गत चलने वाली जाति-व्यवस्था, दोनों का विरोध किया और अपनी पुस्तक 'Annihilation of Caste' में उनके अन्त के उपाय सुझाये।
8. वैधानिक उपायों के लिए संघर्ष और सफलता के बावजूद अम्बेडकर उनकी सीमाओं से भी परिचित थे। उनके अनुसार चूँकि हिन्दू धर्म सामाजिक स्तर पर ग़ैर-बराबरी को औचित्य प्रदान करता है। अतः उसे छोड़े बिना दलितों को बराबरी का हक़ व सम्मान नहीं मिल सकता। इसीलिए उन्होंने लगभग तीस वर्षों तक सभी धर्मों का गहरा तुलनात्मक अध्ययन करने के पश्चात्, अपने सहयोगियों के साथ 1956 में बौद्ध धर्म अपना लिया क्योंकि उनकी दृष्टि में बौद्ध धर्म जाति-विरोधी और नैतिकता प्रधान होने के कारण सर्वश्रेष्ठ है। इसकी विस्तृत चर्चा उन्होंने अपनी पुस्तक 'The Buddha and his Dhamma' में की है।

गुटनिरपेक्षता—गुटनिरपेक्षता का आदर्श आज चाहे कितना ही धूमिल क्यों न पड़ गया हो, नेहरू के विचारों की चर्चा उसके बिना अधूरी ही रहेगी। इसे अपनाने के पीछे उनकी मान्यता थी कि प्रबुद्ध पूँजीवाद उदार साम्यवाद के साथ दोस्ताना प्रतिस्पर्धा में रह सकता है। उनका शान्तिपूर्ण सह-अस्तित्त्व विश्व-शान्ति के लिए ज़रूरी है। अतः दोनों शक्ति-केन्द्रों से बाहर रहकर भारत न केवल अपने हितों की रक्षा बल्कि अन्तर्राष्ट्रीय सम्बन्धों में एक महत्त्वपूर्ण भूमिका निभा सकता है। इसे औचित्य प्रदान करने के वास्ते उन्होंने तीन कारण बताये। प्रथम, यह भारत की स्वतन्त्रता की अभिव्यक्ति और उसे सुरक्षित रखने के लिए आवश्यक है। द्वितीय, भिन्न-भिन्न विचार रखने वाले भारतीयों को एकसूत्र में बाँधे रखने का यह एक सुरक्षित उपाय है। तृतीय, किसी एक शक्ति-केन्द्र के साथ जुड़कर भारत न तो बड़ी शक्तियों के बीच मध्यस्थता कर सकता है, न महत्त्वपूर्ण अन्तर्राष्ट्रीय मुद्दों पर नयी दृष्टि से वैचारिक समर्थन जुटा सकता है और न ही तीसरी दुनिया के देशों के पक्ष में बोल सकता है। अपने समय में ये विचार बड़े ही सार्थक जान पड़ते हैं। इन्होंने नेहरू और भारत को एक वैश्विक पहचान दिलाने में मदद की।

अम्बेडकर कांग्रेस की गुटनिरपेक्ष नीति से सहमत नहीं थे और 1951 में मन्त्री पद से इस्तीफ़ा देते समय इसका उल्लेख भी किया था। वे कम्युनिस्ट देशों के मुक़ाबले पश्चिमी देशों से सम्बन्ध रखने के पक्षधर थे।

(2)

नेहरू और अम्बेडकर के विचारों में समानताओं और भिन्नताओं के उपरोक्त विवेचन से यह तो स्पष्ट ही है कि जहाँ उनके बीच समानता का व्यापक क्षेत्र है, वहीं भिन्नता भी कम महत्त्वपूर्ण नहीं है। लोकतन्त्र, औद्योगिकीकरण और सभाजवाद जैसे मुद्दों पर उनमें दूर तक सहमति के पीछे दो मान्यतायें कार्यरत दिखाई देती हैं। पहली, ऐतिहासिक दृष्टि से भारत के लिए अपनी स्वायत्तता बनाये रखने के लिए और अपनी आर्थिक-सामाजिक-राजनीतिक समस्याओं को हल करने के उद्देश्य से आधुनिकीकरण को अपनाना आवश्यक है। दूसरी, आधुनिक पश्चिमी सभ्यता पहले की सभ्यताओं से श्रेष्ठ है क्योंकि यह मनुष्य की स्वतन्त्रता की चाह का परिणाम है जिसने प्रकृति को वश में करने, भौतिक अभावों को दूर करने, सामाजिक बाधाओं को दूर करने और मनुष्य की वैयक्तिकता स्थापित करने में सफलता पायी है। यद्यपि इसमें कुछ कमियाँ भी हैं लेकिन यह उपलब्ध अन्य विकल्पों से श्रेष्ठ है। इसमें अपनी कमज़ोरियों को पहचानने और उन्हें ठीक करने की क्षमता है। आधुनिकता का मतलब केवल औद्योगिकीकरण

नहीं है, यह एक तार्किक, मानववादी, सेकुलर और वैज्ञानिक विश्वदृष्टि भी है। अतः भारत के लिए आधुनिकीकरण की न केवल ज़रूरत है अपितु यह वांछनीय भी है। यह भारत का युगधर्म है।

आधुनिकीकरण को श्रेष्ठतम युगधर्म स्वीकार करने का एक अर्थ यह भी था कि दोनों, नेहरू और अम्बेडकर, के लिए हिन्दू पुनरुत्थानवाद की कोई प्रासंगिकता नहीं थी। वेद-उपनिषद की दुहाई देने वालों से उनका स्पष्ट मतभेद था। लेकिन ज़्यादा महत्त्वपूर्ण बात यह है कि दोनों का भारत के भविष्य का सपना गाँधी के सपने से भी भिन्न था। अपने में स्वावलम्बी जिस ग्राम स्वराज की बात गाँधी करते थे, उसे नेहरू और अम्बेडकर अज्ञान और पिछड़ेपन की निशानी मानते थे। कई तरह से गाँधी आधुनिक सभ्यता के आलोचक थे और भारी मशीनों पर आधारित औद्योगिकीकरण के विरोधी जबकि नेहरू और अम्बेडकर, दोनों की दृष्टि में मशीनों पर आधारित औद्योगिकीकरण का कोई विकल्प नहीं था। गाँधी विकेन्द्रीकरण के पक्षधर थे जबकि ये दोनों मज़बूत केन्द्रीय सत्ता के पक्षपाती थे।

नेहरू पर सोवियत यूनियन और फेबियन सोशलिस्टों का और अम्बेडकर पर अमरीकी दार्शनिक जॉन डेवी और ब्रिटिश राजनीतिशास्त्री हेराल्ड लास्की का प्रभाव था। यद्यपि दोनों ही पूँजीवाद के विरोधी और समाजवाद के समर्थक थे किन्तु वे समाजवाद की स्थापना के लिए सोवियत ढंग की तानाशाही के विरोधी थे। इस तरह भारत के लिए आधुनिकीकरण का उनका मॉडल न अमेरिका ढंग का पूँजीवादी था और न सोवियत रूस की तरह साम्यवादी। वे पश्चिम की अन्धी नक़ल के पक्षधर नहीं थे।

भारत को एक आधुनिक ढंग का संविधान देने में नेहरू और अम्बेडकर की भूमिका पर किसी को सन्देह नहीं है लेकिन हिन्दू व्यक्तिगत क़ानूनों में संशोधन करने में उनकी संयुक्त भूमिका के बारे में लोगों को कम जानकारी है। क़ानून मन्त्री के रूप में अम्बेडकर ने जिस हिन्दू कोड बिल का ड्राफ्ट तैयार किया था, वह नारी सशक्तीकरण की दृष्टि से बड़ा क्रान्तिकारी था। उसमें महिलाओं को व्यापक अधिकार दिये गये थे जिसके विरोध में हिन्दू समाज की प्रतिगामी शक्तियाँ एकजुट होकर विरोध में खड़ी हो गयी थीं। इसके अन्तर्गत पहली बार विधवा और पुत्री को सम्पत्ति में पुत्र के बराबर अधिकार, महिलाओं को क्रूर एवं लापरवाह पति से तलाक़ का अधिकार, एक पत्नी होते हुए पुरुष को दूसरी पत्नी से वंचित किया गया, भिन्न जाति के पुरुष और स्त्री को हिन्दू क़ानून के अन्तर्गत विवाह का अधिकार और हिन्दू पति-पत्नी को दूसरी जाति के बच्चे को गोद लेने का अधिकार दिया गया था। कांग्रेस के अन्दर का रूढ़िवादी तबका,

यहाँ तक कि राष्ट्रपति डॉ. राजेन्द्र प्रसाद भी इसे स्वीकार करने को तैयार नहीं थे। इस विरोध और आने वाले चुनाव को देखते हुए नेहरू ने उस समय बिल को वापस ले लिया जिसके विरोध में अम्बेडकर ने मन्त्रिमण्डल से त्याग-पत्र दे दिया। लेकिन बाद में नेहरू ने यही बिल टुकड़ों-टुकड़ों में संसद से पारित करवाया। अम्बेडकर की मृत्यु पर संसद में बोलते हुए नेहरू ने इस तरह श्रद्धांजलि दी कि अम्बेडकर को हमेशा याद किया जायेगा "as a symbol of the revolt against all the oppressive features of Hindu society" But Ambedkar, said Nehru, "will be remembered also for the great interest he took and the trouble he took over the question of Hindu law reform. I am happy that he saw that reform in a very large measure carried out, perhaps not in the form of that monumental tome that he had himself drafted, but in separate bits."[6]

मतभेद की दृष्टि से नेहरू और अम्बेडकर में स्वतन्त्रता से पूर्व राष्ट्रवाद को लेकर विचारों में अन्तर दिखाई देता है। जहाँ नेहरू के लिए ब्रिटिश साम्राज्यवाद से लड़कर भारत को स्वतन्त्रता दिलाना पहली प्राथमिकता थी, वहीं अम्बेडकर के लिए जातिवादी हिन्दू समाज के उत्पीड़न से दलितों की मुक्ति का सवाल पहले नम्बर पर था। स्वतन्त्रता के बाद भी, संविधान द्वारा अस्पृश्यता को ग़ैर-क़ानूनी घोषित कर दिये जाने और दलितों के पक्ष में आरक्षण की घोषणा के बाद भी अम्बेडकर के लिए दलित उत्थान का प्रश्न सर्वोपरि बना रहा जिसका परिणाम उनके द्वारा बौद्ध धर्म के स्वीकार के रूप में सामने आया जबकि नेहरू इसका दूरगामी हल शनैः-शनैः औद्योगिकीकरण जनित आधुनिकीकरण की प्रक्रिया में ही देखते हैं। महत्त्वपूर्ण होते हुए भी यह उनकी प्राथमिकता नहीं रही।

एक बड़ा और महत्त्वपूर्ण अन्तर दोनों के बीच धर्म की भूमिका को लेकर है। वैज्ञानिक दृष्टि का समर्थन करते हुए दोनों ही विज्ञान की सीमाओं से भी परिचित हैं। दोनों ही इस कमी को नैतिकता से दूर करना चाहते हैं किन्तु अम्बेडकर जहाँ धर्म को सामाजिक नैतिकता के स्रोत के रूप में स्वीकार करते हैं, वहीं नेहरू संस्थागत धर्मों की इस भूमिका को पूरी तरह नकार देते हैं। नेहरू एक धुँधली-सी आध्यात्मिकता की बात तो करते हैं किन्तु उसे स्पष्ट नहीं करते जबकि अम्बेडकर बौद्ध धर्म को न केवल स्वीकार करते हैं वरन् उसमें युगानुरूप परिवर्तन के सुझाव भी देते हैं।

उपरोक्त के अलावा भी कई मुद्‌दों पर नेहरू और अम्बेडकर के विचारों में अन्तर दिखाई देता है। भारत-पाकिस्तान बँटवारा, कश्मीर का विलय, गुटनिरपेक्षता और भाषा के आधार पर राज्यों की पुनर्रचना ऐसे ही मतभेद के विषय हैं।

अम्बेडकर बँटवारे के प्रारम्भ से ही पक्षधर थे, वे कश्मीर का भी बँटवारा चाहते थे जिसके अन्तर्गत हिन्दू और बौद्ध बहुल हिस्से भारत के साथ और मुस्लिम बहुल हिस्सा पाकिस्तान को दिया जाना उचित समझते थे। इसके पीछे वे अपनी पुस्तक 'Pakistan or Partition of India' में तर्क देते हुए बड़े ही स्पष्ट शब्दों में कहते हैं—'The brotherhood of Islam is not the universal brotherhood of man. It is the brotherhood of Muslims for Muslims only. For non-Muslims, there is nothing but contempt and enmity. The Muslim has allegiance to a nation which is ruled by a Muslim; a land not ruled by a Muslim is his enemy. A Muslim is not attached to the country where he lives but he is more attached to the religion which he professes."[7] अपनी-अपनी धार्मिक पहचानों को लेकर हो रहे वर्तमान हिंसक संघर्ष के सन्दर्भ में अम्बेडकर के विचार सामयिक जान पड़ते हैं।

भारतीय संस्कृति और परम्परा के बारे में दोनों के विचारों में साम्य और अन्तर, दोनों ही दिखाई देते हैं। सुनहरे अतीत में किसी स्वर्णपात्र से ढकी शुद्ध महान भारतीय संस्कृति की अवधारणा दोनों को स्वीकार्य नहीं। किन्तु जहाँ नेहरू बाहरी प्रभावों को परत-दर-परत आत्मसात करने की विशेषता पर ज़ोर देते हैं, वहीं अम्बेडकर ब्राह्मणवाद, बौद्ध धर्म और हिन्दू धर्म की ऐतिहासिक टकराहटों पर हमारा ध्यान केन्द्रित करते हैं। भारतीयता के प्रति दोनों का लगाव है किन्तु यह भविष्योन्मुखी ज़्यादा है, भूतोन्मुखी कम। काफ़ी सोच-विचार के बाद अम्बेडकर तो बौद्ध परम्परा से जुड़ना चाहते हैं किन्तु नेहरू में ऐसा कोई प्रयत्न दिखाई नहीं देता। दोनों ही आधुनिक पश्चिम की श्रेष्ठता से प्रभावित हैं, अम्बेडकर कुछ कम और नेहरू कुछ ज़्यादा। इसका असर उनके भारतीय आधुनिकता के मॉडलों में देखा जा सकता है।

(3)

भारतीय आधुनिकता के दोनों पहलुओं के अवदानों का जब हम मूल्यांकन करने बैठते हैं तो एक बात बड़ी साफ़ उभरकर आती है कि ज्ञानोदय के आदर्श—स्वतन्त्रता, समानता और भाईचारा ही नेहरू और अम्बेडकर के समाज-निर्माण की वैचारिकी के पीछे हैं। इसका प्रमाण दोनों की संसदीय लोकतन्त्र में गहरी आस्था और भारत के लिए एक आधुनिक संविधान गढ़ने और स्थापित करने में पूरी तरह प्रतिबद्ध होना है। भारत की स्वतन्त्रता के समय चर्चिल सहित कई पर्यवेक्षकों का मत था कि भारत बिखर जायेगा क्योंकि जाति, धर्म, भाषा आदि के आधार पर बँटा समाज अपने अतीत की भाँति एक केन्द्रीय राज्य के अन्तर्गत रहने में

असमर्थ होगा। स्वतन्त्रता के 70 वर्ष बाद यदि हम गर्व कर सकते हैं कि उक्त भविष्यवाणी झूठी साबित हुई तो इसके पीछे नेहरू और अम्बेडकर का योगदान सबसे अधिक है। इस बात का महत्त्व इससे और भी ज़्यादा बढ़ जाता है जब हम पाते हैं कि उसी समय के आसपास औपनिवेशिक दासता से मुक्त हुए कई देश आज भी प्रजातन्त्र के लिए संघर्ष कर रहे हैं। हमारा पड़ोसी पाकिस्तान इसका सटीक उदाहरण है। आज भारत को दुनिया का सबसे बड़ा लोकतन्त्र होने का गौरव प्राप्त है, जहाँ स्वतन्त्र और निष्पक्ष चुनावों के आधार पर सरकार चुनी जाती है, प्रेस, न्यायपालिका और कार्यपालिका एक-दूसरे से सापेक्षतया स्वतन्त्र कार्य करते हैं और निम्न वर्गों के उत्थान के लिए बराबर सकारात्मक क़दम उठाये जाते हैं। यदि हम ऐसा ढाँचा नहीं बना पाते तो निश्चय था कि समाज के विभिन्न वर्गों के बीच होने वाले हितों के टकराव का कोई शान्तिपूर्ण हल नहीं खोज पाते और दबाव में टूटकर बिखर जाते। एक मज़बूत, लोकतन्त्रात्मक राज्य के निर्माण में नेहरू और अम्बेडकर के अवदानों को भुलाया नहीं जा सकता।

यह सही है कि सोवियत यूनियन के पतन के बाद के बदले वैश्विक माहौल में समाजवाद का विचार और सपना आज खटाई में पड़ गया है, भूमण्डलीय पूँजीवाद के रथ को रोकना फ़िलहाल सम्भव नहीं दीखता। इस कारण कई लोग भारत की धीमी आर्थिक प्रगति के लिए नेहरू-अम्बेडकर जैसे नीति-निर्माताओं को दोषी ठहराते हैं क्योंकि उन्हीं के प्रभाव से समाजवादी आर्थिक नीतियाँ अपनायी गयीं जिसमें सार्वजनिक क्षेत्र का वर्चस्व था, पंचवर्षीय योजनायें थीं, नौकरशाही का आधिपत्य था जो धीरे-धीरे लाइसेन्स-परमिट राज्य में बदल गया। वास्तव में यह सच नहीं है। उस समय एक आम सहमति थी कि एक ग़रीब, अभी-अभी औपनिवेशिक दासता से मुक्त हुए देश के विकास के लिए आर्थिक क्षेत्र में राज्य का हस्तक्षेप ज़रूरी है। उसी समय टाटा, बिड़ला जैसे बड़े उद्योगपतियों के हस्ताक्षर से एक 'बम्बई प्लान' सरकार के सामने रखा गया था जिसमें राज्य द्वारा 'इन्फ्रास्ट्रक्चर' में विनियोग और उन्हें बाहरी देशों से प्रतिस्पर्धा से बचाने की अपील की गयी थी। दूसरी पंचवर्षीय योजना के मैनिफेस्टो, जिसमें भारी उद्योगों को लगाने की नीति पूरी तरह स्वीकारी गयी थी, को भी 24 में से 23 देश के शीर्षस्थ अर्थशास्त्रियों का समर्थन प्राप्त था। अतः हमें अपना आकलन उस दौर की परिस्थितियों के आधार पर करना चाहिए। आज जब पूँजीवाद का कोई विकल्प नज़र नहीं आ रहा, उसकी वकालत करना नेहरू-अम्बेडकर के समय की ऐतिहासिक ज़रूरतों को नज़रअन्दाज़ करना है।

पिछले कुछ वर्षों से नेहरू के सेकुलरिज़्म को लेकर भी बहुतेरे सवाल उठाये

जाते रहे हैं। उसे 'छद्म सेकुलरिज़्म' की संज्ञा से अभिहित किया जाता है क्योंकि यह अल्पसंख्यकों के तुष्टीकरण और बहुसंख्यकों की भावनाओं के अनादर पर टिका है। ये लोग भारत को एक 'हिन्दू राज्य' घोषित करवाना चाहते हैं, जहाँ हिन्दू शब्द धर्म के अर्थ में नहीं सभ्यता-संस्कृति के अर्थ में प्रयुक्त किया जाता है। दूसरी ओर गाँधीवादी हैं जो सेकुलरिज़्म का मतलब 'सर्वधर्म समभाव' से लेते हैं। तीसरा विकल्प भारत को एक बहुधर्मी राज्य घोषित करना है जिसमें सभी धर्मों का प्रतिनिधित्व हो। नेहरू की आधुनिक दृष्टि में राज्य एक सार्वजनिक संस्था है जिसके कार्यकलाप में धर्म की कोई भूमिका नहीं है। धर्म सर्वथा एक निजी मसला है। दिक़्क़त यह है कि भारत में धर्म कभी भी घर की चहारदीवारी में क़ैद नहीं रहा है, निजी जीवन में धार्मिक व्यक्ति सार्वजनिक जीवन में धर्म से तटस्थ नहीं रह पाता। समाज का सेकुलराइजेशन हुए बग़ैर राज्य का सेकुलर बने रहना हमेशा एक टेढ़ी खीर है। लेकिन धर्मों की हठवादी नैतिकता और विभिन्न धर्मावलम्बियों के आपसी संघर्ष को देखते हुए आज भी सेकुलरिज़्म का कोई विकल्प नहीं है। हाँ, जैसा कि आज पश्चिम में भी विचार हो रहा है कि चूँकि धर्म को निजी क्षेत्र तक सीमित नहीं रखा जा सकता, इसलिए उसे सार्वजनिक क्षेत्र में अपनी बात रखने की छूट होनी चाहिए लेकिन विमर्श पर एकाधिकार किसी का भी नहीं होना चाहिए। मेरे विचार से बँटवारे के समय हुई साम्प्रदायिक हिंसा के सन्दर्भ में नेहरू का सेकुलरिज़्म भारत की एकता के लिए एक ऐतिहासिक ज़रूरत थी। बाद के वर्षों में अपने निहित राजनीतिक स्वार्थों के लिए धर्म का इस्तेमाल करने वालों ने जिस तरह सेकुलरिज़्म की व्याख्या को तोड़ा-मरोड़ा, उसके लिए नेहरू को दोषी ठहराना उचित नहीं होगा। आज जब सारा विश्व धार्मिक आतंकवाद से जूझ रहा है, धर्म के ऋणात्मक पक्ष को नियन्त्रित करने के लिए सेकुलरिज़्म की प्रासंगिकता से इनकार नहीं किया जा सकता।

अम्बेडकर की स्थिति नेहरू से भिन्न है, जैसा कि हम पूर्व-खण्ड में विवेचित कर चुके हैं। वे धर्म के घनात्मक पक्ष—सामाजिक नैतिकता देने की क्षमता को स्वीकार करते हुए अपने आधुनिकता के प्रोजेक्ट को उससे जोड़ना चाहते हैं। इस दृष्टि से वे धर्मों में अन्तर पाते हैं और अपने अध्ययन और अनुभव से यह परिणाम निकालते हैं कि उनके द्वारा संशोधित बौद्ध धर्म ही यह कार्यभार उठाने में सक्षम है। इससे बहुत सारे प्रश्न उठ खड़े हुए। हिन्दू धर्म परम्परा के घोर विरोधी का एक-दूसरी धर्म-परम्परा में शरण लेना कुछ विद्वानों की दृष्टि में दलित-मुक्ति संघर्ष को पीछे धकेलना था। लेकिन अन्य की दृष्टि में यह उस शून्य को भरने का प्रयास था जो पश्चिम में आधुनिकता के अनुभव

से उभरा है। अतिशय व्यक्तिवाद, अलगाव, सम्बन्धों का वस्तुकरण और जीवन का एक आयामी उपभोक्तावाद आज आधुनिकता के पश्चिमी प्रोजेक्ट पर पुनर्विचार की माँग कर रहा है। ऐसे में अम्बेडकर के प्रयास का औचित्य नकारा नहीं जा सकता। हाँ, यह दूसरी बात है कि वे इस प्रयास में कहाँ तक सफल हुए और आज वह कितना प्रासंगिक है। यह सही है कि अम्बेडकर के बाद बौद्ध धर्म में दीक्षा लेने वालों की संख्या काफ़ी कम है और दलित-संघर्ष की दशा-दिशा काफ़ी बदल चुकी है लेकिन इससे दलितों के संघर्ष में उनके योगदान का महत्त्व कम नहीं होता। सदियों से ग़ैर-बराबरी वाले समाज में दलितों को समान नागरिकता का संवैधानिक अधिकार और आरक्षण की नींव रखने के लिए उन्हें हमेशा याद किया जायेगा। लेकिन हमें नहीं भूलना चाहिए कि वे केवल दलितों के मसीहा नहीं थे। वे राष्ट्र-निर्माता थे जिन्होंने परम्परा और आधुनिकता के द्वन्द्व को नेहरू से ज़्यादा अच्छी तरह समझा था और उनका एक हल देने का प्रयास भी किया था। नेहरू जहाँ पूर्व आधुनिकता से कन्नी काट करके निकल गये, वहीं अम्बेडकर ने उसमें हस्तक्षेप करके उससे लोहा लेने की ठानी। हिन्दू परम्परा का विरोध किया तो बौद्ध परम्परा की भी आधुनिकता के मानदण्डों पर समीक्षा की। इस तरह पश्चिमी आधुनिकता के बजाय एक वैकल्पिक आधुनिकता की नींव रखी।

आज जब हम दोनों राष्ट्र-निर्माताओं के अवदानों का मूल्यांकन करते हैं तो पाते हैं कि उनके द्वारा आधुनिकीकरण को प्राथमिकता देना उचित ही था। लेकिन यह नहीं भूलना चाहिए था कि पश्चिम में आधुनिकता के साथ जुड़े तत्त्व—तार्किकता, व्यक्तिवाद, उदारवादी लोकतन्त्र, राष्ट्र-राज्य, प्रौद्योगिकी, वैज्ञानिक विश्वदृष्टि, उपयोगितावाद और अर्थवाद, एक-दूसरे से तार्किक रूप से नहीं, ऐतिहासिक रूप से जुड़े हुए थे। अतः अलग-अलग समाजों में इन तत्त्वों को अलग-अलग ढंग से समायोजित करने की आवश्यकता से इनकार नहीं किया जा सकता। इसी प्रक्रिया से अपने ढंग की अनूठी आधुनिकता का सृजन सम्भव था। गाँधी सहित अनेक विचारकों ने आधुनिकता के अँधेरे पक्ष की ओर भी ध्यान दिलाया है। यह दुर्भाग्य ही कहा जायेगा कि स्वतन्त्र भारत के दो दिग्गज चिन्तक नेताओं ने राष्ट्र-निर्माण में उनकी बातों को नज़रअन्दाज़ किया। यदि ऐसा न होता तो शायद भारतीय गाँव, प्राइमरी शिक्षा, संस्कृति पर हम ज़्यादा ध्यान देते और हमारी आधुनिकता एक समन्वित आधुनिकता होती, केवल मध्य और उच्च वर्गों की आधुनिकता नहीं।

उपरोक्त आलोचना का अर्थ किसी भी तरह दोनों, नेहरू और अम्बेडकर के

अवदानों को कम करके आँकना नहीं है। दोनों ही पश्चिम में पल्लवित आधुनिकता से दूर तक प्रभावित थे। किन्तु जहाँ नेहरू ने उसका उपयोग औपनिवेशिक सत्ता के विरुद्ध संघर्ष और स्वतन्त्रता के बाद एक मज़बूत प्रजातन्त्रात्मक समाजवादी राष्ट्र-राज्य की स्थापना, जो एक हिन्दू-पाकिस्तान नहीं था, के लिए किया वहीं अम्बेडकर ने हिन्दू धर्म को ही अपना मुख्य निशाना बनाया। अम्बेडकर से पहले भी कई समाज-सुधारकों, जैस—दयानन्द, विवेकानन्द और गाँधी आदि ने जाति-व्यवस्था में सुधार के प्रयत्न किये थे किन्तु वे सब हिन्दू धर्म के अन्तर्गत ही सुधार के प्रयत्न थे जबकि अम्बेडकर ने जाति-व्यवस्था के लिए हिन्दू धर्म को ही ज़िम्मेदार मानते हुए उसी के अन्त का क्रान्तिकारी कार्यक्रम चलाया। इस दृष्टि से वे ज्योतिबा फुले, ई.वी. नायकर की परम्परा में आते हैं। पूँजीवाद से दोनों का ही विरोध था लेकिन एक न्यायपूर्ण समाज की स्थापना के लिए अन्यायपूर्ण हिन्दू धर्म की परम्परा से संघर्ष की अहमियत जितनी अम्बेडकर ने समझी, उतनी नेहरू ने नहीं। भारत की राजनीति में यह मुद्दा इतना प्रभावी हुआ कि दोनों के जाने के वर्षों बाद जब एक संस्था ने इस बात का सर्वे किया कि गाँधी के बाद महानतम भारतीय कौन हैं तो यह स्थान अम्बेडकर को ही मिला।[8] वे दलितों के मसीहा ही नहीं, हिन्दू समाज के सुधारक भी थे।

सन्दर्भ

1. Ambedkar, B.R., Speech in the Constituent Assembly (25 November 1949) *Constituent Assembly Debates*, Vol. 12, New Delhi, 1950, p. 979
2. Ibid
3. Moon, V., 'Draft Constitution - Discussion' in *Dr Babasaheb Ambedkar Writings and Speaches*, Vol. 13, Govt. of Maharashtra, 1994, p. 62
4. Nehru, Jawahar Lal, *Glimpses of World History*, Letter 44, Lindsey Diamond, London, 1939
5. Ambedkar, B.R., "Revolution and Counter Revolution in Indian History", *Dr. Baba Saheb Ambedkar : Writings and Speeches*, Vol. 3, Govt. of Maharashtra, Bombay, 1987, p. 275
6. Quoted by Ram Chandra Guha in Reforming The Hindus, Published in The Hindu, 18/7/2004, http://ramchandraguha.in/archives/reforming-the-hindus-html
7. Ambedkar, B.R., Pakistan or Partition of India, Quoted by L.S. Rathore in his monograph *Dr. B.R. Ambedkar : His works and key concepts*, Published by Dr. Ambedkar Studies Centre, National Post Graduate College, Lucknow
8. जनसत्ता 30 सितम्बर 1992, CANN-IIBAN का सर्वेक्षण

गाँधी : परम्परा और आधुनिकता

गाँधी के विचारों को समझने के लिए विद्वानों ने अलग-अलग साँचों का प्रयोग किया है। किसी ने उन्हें परम्परावादी और आधुनिकता-विरोधी माना तो किसी ने आलोचक-परम्परावादी। यहाँ तक कि उनको उत्तर-आधुनिकतावादी तक क़रार दिया गया। कोई भी दृष्टि उनके साथ पूरा न्याय करती प्रतीत नहीं होती। इधर पुनः उन्हें भारतीय परम्परा, विशेषकर हिन्दू परम्परा से जोड़कर देखने का प्रयास दिखाई दे रहा है। उन्हें 19वीं शताब्दी के सन्दर्भ में रखकर, पूर्व के समाज-सुधारकों की तरह, भारतीय परम्परा के रक्षक और पश्चिमी परम्परा का विरोधी सिद्ध करने का प्रयास हो रहा है।[1] उनको भारतीय परम्परा की पश्चिमी परम्परा पर श्रेष्ठता स्थापित करने वाला भी माना जा रहा है। इधर सारे विश्व में आधुनिकता के विरोध में अपनी-अपनी जातीय परम्परा को महिमामण्डित करने का दौर चल रहा है। इसे ही 'सभ्यताओं के बीच संघर्ष' का दर्जा प्रदान किया गया है। इसके चलते परम्परावादियों द्वारा गाँधी को अपने पक्ष में इस्तेमाल करने का प्रयास भी हो रहा है। यह एक ख़तरनाक संकेत है। इससे न केवल गाँधी के विचारों को समझने में दिक़्क़त आती है अपितु गाँधी अस्मितावादी राजनीति के पैरोकार भी बन जाते हैं, जो सत्य नहीं है। इसलिए ज़रूरी है कि हम भारतीय परम्परा से गाँधी के सम्बन्धों की पुनः जाँच-पड़ताल करें। यह कार्य हमें अपने व्यावहारिक जीवन में भी परम्परा और आधुनिकता के द्वन्द्व से उपजे संकट से निकलने में मददगार हो सकता है।

उक्त पूर्व पक्ष की सत्यता की जाँच करने के लिए निम्न प्रश्नों के उत्तर पाना ज़रूरी है—19वीं सदी के औपनिवेशिक सन्दर्भ और बीसवीं सदी के प्रारम्भ के सन्दर्भ, जिनमें गाँधी अवस्थित थे, में क्या कोई अन्तर नहीं है? क्या कारण है कि गाँधी की प्रतिक्रिया पूर्व के समाज-सुधारकों (दयानन्द, विवेकानन्द, फुले आदि) से भिन्न है? क्या दोनों के उद्‌देश्य समान हैं? गाँधी द्वारा भारतीय परम्परा की आलोचना किस आधार पर की गयी, प्राचीन परम्परा से स्खलन के रूप में या

नयी पश्चिमी परम्परा के मानदण्डों के अनुरूप? गाँधी और ईसाई मिशनरी द्वारा की गयी आलोचना में क्या अन्तर है? भारतीय परम्परा का गाँधी द्वारा स्वीकृत स्वरूप क्या शास्त्रसम्मत है या लोकसम्मत या उनकी अपनी खोज? क्या अहिंसा को भारतीय परम्परा का सर्वोच्च मूल्य माना जा सकता है? क्या गाँधी द्वारा अहिंसा की दी हुई व्याख्या भारतीय परम्परा के अनुरूप है या उस पर पश्चिमी चिन्तकों का प्रभाव भी है? इसी तरह क्या हम स्वराज की अवधारणा को पूरी तरह भारतीय परम्परा का अंग मान सकते हैं? पश्चिमी आधुनिकता का विरोध गाँधी किस आधार पर करते हैं? गाँधी को हम क्या मानें, आलोचक-परम्परावादी, आलोचक-आधुनिकतावादी या उत्तर-आधुनिकतावादी?

उपरोक्त सभी प्रश्नों पर विचार करने से पूर्व यह समझना भी ज़रूरी है कि परम्परा से हमारा तात्पर्य क्या है? परम्परा और संस्कृति में क्या अन्तर है? क्या धर्म-दर्शन के ग्रन्थों से चुने हुए वाक्यों का संग्रह ही परम्परा है या इसमें शास्त्र के साथ-साथ लोक का भी महत्त्व है? परम्परा सनातन होती है या उसमें परिवर्तन सम्भव है? क्या परम्परा कभी संकट में भी पड़ती है? उससे उबरने का क्या उपाय है? भारतीय परम्परा का स्वरूप क्या है, उसके ऐतिहासिक, सामयिक संकट का स्वरूप क्या है? परम्परा और आधुनिकता में क्या सम्बन्ध है या हो सकता है? इन सभी प्रश्नों के उत्तर में यहाँ विस्तार में जाना सम्भव नहीं है, इसलिए मानवशास्त्र की कुछ स्थापनाओं को हम पूर्व मान्यताओं के रूप में स्वीकार कर सकते हैं। जैसा कि अपनी प्रसिद्ध पुस्तक 'परम्परा, इतिहास-बोध और संस्कृति' में प्रो. श्यामा चरण दुबे ने दर्शाया है, 'परम्परा और संस्कृति पर्यायवाची शब्द नहीं हैं। संस्कृति अधिक व्यापक अवधारणा है। परम्परा, संस्कृति का वह भाग है जिसमें भूतकाल से वर्तमान और वर्तमान से भविष्य तक एक निरन्तरता बनी रहती है लेकिन यह ज़रूरी नहीं कि वह जीवन के हर क्षेत्र में प्रभावी हो। वैसे तो संस्कृति का पूरा स्वरूप ही ऐतिहासिक सन्दर्भों से निर्मित होता है किन्तु ऐसे मूल्य और व्यवहार-प्रकारों को, जिनकी जड़ें इतिहास में बहुत गहरी है, परम्परा कहा जाता है। परम्परा का आधारशास्त्र भी है और लोक भी। कुछ दृष्टियाँ शास्त्र को महत्त्व देती हैं और कुछ लोक को। सच तो यह है कि संसार में एकदम शुद्ध परम्परा कोई है ही नहीं, प्रत्येक परम्परा पर प्रत्यक्ष और अप्रत्यक्ष रूप में अनेक बाह्य परम्पराओं के प्रभाव पड़ते हैं। परम्परा न मिथक और न इतिहास। दोनों के तत्त्व उसमें घुले-मिले रहते हैं। धर्मग्रन्थों में परम्परा की खोज एक जटिल प्रक्रिया का अति सरलीकृत और एकांगी निरूपण है।' परम्परा के सम्बन्ध में सबसे बड़ी भ्रान्ति उसे जड़ और अपरिवर्तनशील मानना है। परम्परायें स्वनिर्णय से बदलती

हैं। वे स्थितिजन्य समझौते भी करती हैं। शक्ति-प्रयोग भी उन्हें बदल सकता है, किन्तु इस स्थिति में उनमें तीव्र विपरीत प्रतिक्रिया भी सम्भव है।

ब्रिटिश दार्शनिक Alasdair MacIntyre ने परम्पराओं के संकट का विवेचन करते हुए उसे एक 'ज्ञानमीमांसीय संकट' की संज्ञा प्रदान की है जिससे निपटने के लिए 'ज्ञानमीमांसीय पहल' की ज़रूरत होती है। इसका उदाहरण उन्होंने यूरोपीय इतिहास में गैलीलियो की किताब, 'Dialogue Concerning the two Chief World Systems' के 1632 में प्रकाशन से की है, जिसने परम्परागत ज्ञान क़ो संकट से उबारने में मदद की। कुछ ऐसा ही संकट 19वीं शताब्दी में भारतीयों के सामने उपस्थित हुआ जब ब्रिटिश साम्राज्यवाद ने परम्परागत ज्ञान की वैधता को चुनौती दी। जब हम इस बात को ध्यान में रखकर 19वीं शताब्दी के औपनिवेशिक सन्दर्भ की तुलना 20वीं शताब्दी के प्रारम्भ से करते हैं तो यह स्पष्ट हो जाता है कि परम्परा के पुनर्जागरण का समय बीत चुका है। पश्चिमी सभ्यता के टकराव से जिस संकट का जन्म हुआ था, उसे किसी पुनरुत्थानवादी प्रयास (दयानन्द, विवेकानन्द आदि) से दूर नहीं किया जा सकता और न परम्परा और आधुनिकता के किसी घालमेल से या परम्परा के पूर्ण तिरस्कार से इससे पार पाया जा सकता है। अब मात्र समाज-सुधार नहीं बल्कि एक ऐसे राजनीतिक दर्शन की आवश्यकता थी जो स्वतन्त्रता आन्दोलन को दिशा दे सके। जैसा कि हम जानते हैं, ऐसे में दो तरह की विचारधारायें सामने आयीं। पहली तो वह थी जो सशक्त हिंसा और आतंकवाद के द्वारा ब्रिटिश शासन का नाश करना चाहती थी तो दूसरी उन संविधानवादियों की थी जो शासन के सामने अपीलों, प्रस्तावों के ज़रिये कुछ सुविधाएँ पाना चाहती थीं। ऐसे परम्परा विरोधी समय में दक्षिण अफ्रीका में सत्याग्रह की सीमित सफलता के बाद गाँधी का भारत आगमन होता है। उनके सामने भारतीय परम्परा के बचाव का सवाल नहीं था बल्कि यह था कि किस तरह परम्परागत रूप से आपस में बँटी हुई भारतीय जनता को एकजुट करके उपनिवेशवाद-विरोधी आन्दोलन में सक्रिय किया जाय। अपने अध्ययन और विदेशी अनुभव से उन्होंने यह जान लिया था कि यह काय न तो अन्ध परम्परा मोह से सम्भव है और न अन्ध आधुनिकता से। इसीलिए उन्होंने भारतीय परम्परा और पश्चिमी आधुनिकता, दोनों को अपनी आलोचना का निशाना बनाया और एक ऐसा राजनीतिक दर्शन तैयार किया जो परम्परा और आधुनिकता के सर्जनात्मक अन्तर्वेशन से तैयार हुआ था, उनके पार जाता था। लेकिन इसे उत्तर-आधुनिकतावादी भी नहीं कहा जा सकता। अतः यह कहना सही नहीं लगता कि 19वीं शताब्दी के औपनिवेशिक सन्दर्भ में गाँधी

की प्रतिक्रिया भी परम्परा की रक्षा करने की ओर थी। ऐसा नहीं है कि उन्होंने भारतीय परम्परा या पश्चिमी आधुनिकता से कुछ भी नहीं लिया, किन्तु उनके विचार अपने थे, उन्हें किसी परम्परागत श्रेणी में नहीं डाला जा सकता। यह बात तब और स्पष्ट हो जाती है, जब हम उनके प्रमुख विचार प्रत्ययों अहिंसा, स्वराज, सर्वोदय आदि पर विचार करते हैं।

यह देखने के लिए कि गाँधी किस तरह परम्परा के संकट से उबरने के लिए, गैलीलियो की तरह, नवीन अवधारणाओं का सृजन करते हैं, हमें उनके मानदण्ड को ध्यान में रखना होगा जो इसके पीछे हैं। वे कहते हैं–

"The Golden rule is to test everything in the light of reason and our experience, no matter from whom it comes. I reject any religious doctrine that does not appeal to reason and is in conflict with morality."[2]

उपरोक्त उद्धरण इस बात की गवाही है कि गाँधी की आत्म-छवि एक वैज्ञानिक की थी, न कि किसी सन्त-महात्मा की। इसी कारण उन्होंने अपनी आत्मकथा का शीर्षक 'मेरे सत्य के साथ प्रयोग' रखा था। यह बात भी उन्हें भारतीय परम्परा से विलग करती है। हम यह तो जानते हैं कि अन्य पूर्व के समाज-सुधारकों की तरह उन्होंने जातिवाद, ब्राह्मणवाद, बाल विवाह आदि का विरोध किया किन्तु यह उन्होंने उदारवादी आधुनिकता के आधार पर किया, इस ओर ध्यान कम ही जाता है। साथ ही हमें यह भी नहीं भूलना चाहिए कि गाँधी के मानस-निर्माण में टॉलस्टॉय की 'किंगडम ऑफ़ गॉड इज विदिन अस', रस्किन की 'अन टु दिस लास्ट' और थोरो की 'एशेज ऑन सिविल डिसओबीडियंस' का कितना महत्त्व था।

भारतीय परम्परा में अहिंसा पर सबसे गहराई से विचार जैन धर्म-दर्शन में हुआ है, यद्यपि बौद्ध और योग दर्शन में भी इसकी चर्चा है। लेकिन मुख्य बात यह है कि यह जितनी मनुष्य और प्रकृति तथा अन्य जीवधारियों के सन्दर्भ में है, मनुष्य से मनुष्य के सम्बन्ध के बारे में उतनी नहीं। केवल अशोक या महाभारत में युधिष्ठिर इसके अपवाद हैं जिन्होंने अहिंसा प्रत्यय को 'अहिंसा परमो धर्मः' के अर्थ में प्रस्तुत किया जहाँ यह मांस-भक्षण, बलि आदि से अलग मनुष्य समाज को धारण करने वाले एक सिद्धान्त के रूप में सामने आता है।

चूँकि अधिकांश भारतीय दार्शनिकों के अनुसार जीवन का उद्देश्य दुख से मुक्ति प्राप्त करना रहा है, इसीलिए उन्होंने अहिंसा की परिभाषा ऋणात्मक ढंग से किसी जीवधारी को हानि न पहुँचाने के रूप में की। यह धनात्मक ढंग से प्रेम या सेवा के रूप में नहीं की गयी क्योंकि इससे अनासक्ति के उद्देश्य को हानि

पहुँचने का डर था। बौद्धों ने मैत्री पर ज़ोर दिया किन्तु वह भी इस प्रकार से असम्पृक्त, अनासक्त, अभावात्मक दया का प्रत्यय था, उसमें प्रेम या सेवा जैसा कोई क्रियाशील, भावात्मक अर्थ नहीं था। विचारकों के बीच इस बात पर भी मतभेद था कि क्या सभी प्रकार की हानि को हिंसा कहना उचित है। यदि हिंसा लोकसंग्रह की प्राप्ति के लिए की जाती है और धार्मिक रूप से उसे औचित्य प्राप्त है तो क्या वह अमान्य होगी। उनके बीच इस बात पर भी मतभेद रहा है कि क्या सभी जीवों को एक ही समान योग्य माना जाये। चूँकि जीवित रहने के लिए हिंसा से बचना असम्भव है, इसीलिए उसे ऋणात्मक ढंग से परिभाषित किया गया। Non-violence अहिंसा का ठीक अनुवाद नहीं है। अहिंसा में कुछ आवश्यक हिंसा स्वीकार्य है, इसलिए अहिंसा हिंसा की ही पंक्ति का अन्तिम भाग है, उसका विरोधी नहीं। लोकसंग्रह के लिए हिंसा का प्रयोग वैध मानने के कारण व्यक्तिगत जीवन में कट्टर अहिंसा का पालन करने वाले जैनियों ने भी युद्ध और अपराधियों से निपटने के लिए हिंसा का प्रयोग वैध ठहराया।

उक्त भारतीय परम्परा से प्रभावित होने के बावजूद गाँधी का अहिंसा विचार उससे महत्त्वपूर्ण रूप से भिन्नता रखता है। अधिकांश भारतीय परम्परा का विकास संसार से विरक्ति भाव जगाने के सन्दर्भ में हुआ है, जबकि गाँधी के लिए मोक्ष संसार से जुड़े बिना सम्भव नहीं था। भारतीय परम्परा में प्रेम लगभग वर्जित-सा है, जबकि गाँधी के लिए वही उच्चतम भौतिक आदर्श है। इसीलिए गाँधी ने अहिंसा को नये ढंग से व्याख्यायित किया। उनके अनुसार चोट न पहुँचाना या हत्या न करना अहिंसा तब तक नहीं है, जब तक वह जाग्रत रूप से करुणा के साथ न हो क्योंकि सर्जन द्वारा चाकू का प्रयोग हिंसक नहीं कहा जा सकता और न कमज़ोर द्वारा शक्तिशाली के ख़िलाफ़ डर के कारण प्रतिरोध न करना भी अहिंसा का उदाहरण माना जा सकता। इस तरह गाँधी ने अहिंसा को दो तरह से, एक-दूसरों को हानि न पहुँचाने के 'ऋणात्मक' अर्थ में और दूसरे दूसरों को खुशी देने के 'धनात्मक' अर्थ में, परिभाषित किया। इस तरह गाँधी की अहिंसा सार्वभौमिक प्रेम का पर्याय बन गयी। यह दया और करुणा से भिन्न, संसार के लोगों के दुखों को दूर करने के लिए एक सक्रिय भाव है जिसके लिए सक्रिय सेवा को अपनाना होता है।

इस तरह हम देखते हैं कि गाँधी की अहिंसा भारतीय परम्परा में अहिंसा विचार से निश्चित रूप से भिन्न है। प्रेम के रूप में उसमें एक क्रियात्मक भाव है, वह एक गुण है अनुशासन नहीं, जो पूर्णता पाने के लिए आवश्यक है। परम्परागत रूप से यह माना जाता था कि पूर्ण अहिंसा को वही अपना सकता है जो संसार

से वैराग्य ले ले किन्तु गाँधी ने इसके विपरीत संसार में क्रियाशील रहते हुए अहिंसा को अपनाने की बात की। परम्परागत रूप से यह भी माना जाता था कि व्यक्तिगत जीवन और राजनीतिक जीवन में अन्तर है तथा व्यक्तिगत जीवन की भाँति राजनीतिक जीवन में कट्टर अहिंसक होना वांछनीय नहीं, जबकि गाँधी की दृष्टि इसके विपरीत थी। एक आधारभूत अन्तर यह भी है कि जहाँ परम्परागत रूप से अहिंसा का उद्देश्य स्व को अहिंसक बनाना था, वहीं गाँधी के सामने समस्या यह थी कि दूसरे की हिंसा से अहिंसक ढंग से कैसे निपटा जा सके।

गाँधी जानते थे कि उनका अहिंसा-विचार भारतीय परम्परा से भिन्न है, जैसा कि उन्होंने कई बार स्वीकार भी किया–

'Complete non-violence means complete cessation of all activity. Not such however is my definition of non-violence.'[3]

'Non violence is not cloistered virtue to be practised by the individual for his peace and final salvation, but a rule of conduct for society if it is to live consistently with human dignity.'[4]

उद्धरणों का पहला भाग जहाँ परम्परा में अहिंसा-विचार की ओर इंगित करता है, वहीं दूसरा भाग उससे दूर निकल जाता है।

'The religion of non-violence is not meant merely for the rishis and saints. It is meant for common people as well.'[5]

गाँधी के लिए अहिंसा मनुष्य-मनुष्य के बीच सम्बन्धों का नया व्याकरण गढ़ने का प्रयास है, इसीलिए वे कहते हैं–

'Yours should not be a passive spirituality that spends itself in idle meditation, but it should be an active thing which will carry war into the enemy's camp.[6]

यहाँ आकर गाँधी और परम्परा में विच्छेद एकदम साफ़ हो जाता है, जब वे अहिंसा का उपयोग आध्यात्मिकता से हटाकर सामाजिक न्याय की प्राप्ति के एक सशक्त हथियार के रूप में करते दिखाई देते हैं। निश्चय ही यहाँ उन पर टॉलस्टॉय और ईसाई धर्म का स्पष्ट प्रभाव दिखाई देता है। इसी कारण कई लोग उन पर हिन्दू धर्म को ईसाई धर्म से भ्रष्ट करने का आरोप भी लगाते हैं। लेकिन हम यह भी कह सकते हैं कि उन्होंने युगानुरूप अहिंसा की एक नयी व्याख्या प्रस्तुत की जो भारतीय और पाश्चात्य परम्पराओं के सर्जनात्मक उपयोग से बनी है, किसी एक की कार्बन कापी नहीं। अतः उन्हें भारतीय परम्परा की रक्षा करने वाला नहीं माना जा सकता। उन्हीं के शब्दों में–

'I have arrived at my views independently of any authority, though originally they may have been drawn from various sources, and I submit that they are in perfect consonance with ahimsa even though they proved contrary to the teaching of the philosopher.'[7]

इसी तरह हम गाँधी के अन्य वैचारिक अवदानों, जैसे—स्वराज, सत्याग्रह, सर्वोदय, स्वदेशी, अछूतोद्धार, नारी-उत्थान, हिन्दू धर्म, गीता की व्याख्या, भारतीय संस्कृति और अस्मिता का विश्लेषण करके यही पाते हैं कि गाँधी न तो किसी परम्परा से लेने में परहेज़ करते हैं और न उसकी आलोचना करने में। वे अपनी आवश्यक्तानुसार, भारतीय और पाश्चात्य परम्पराओं की आलोचना करते हुए एक नया सर्जनात्मक मार्ग तैयार करते हैं। अब स्वराज को ही लें। भारतीय परम्परा में 'स्वराज' शब्द से आशय—आत्मानुशासन, आत्म-संयम और आत्म-निर्धारण से है। इन अर्थों में स्वराज शब्द व्यक्ति-केन्द्रित और मोक्ष की अवधारणा के समीप ही है। यदि स्व का अर्थ आत्मा से लिया जाये तो अपने तात्त्विक अर्थ में यह प्रत्यय अपने आध्यात्मिक अर्थ में क़ैद हो जाता है। जहाँ आत्मा न कर्ता है, न भोक्ता है, जहाँ स्व और पर के भेद मिट चुके हैं, वहाँ अपने जागतिक-सामाजिक अर्थ में स्वराज के प्रत्यय की कोई प्रासंगिकता नहीं रह जाती। इसके सामने राजनीतिक प्रश्न गौण हो जाता है। लेकिन भारत के स्वतन्त्रता संग्राम के दौरान 'स्वराज' शब्द फिर से प्रचलन में आता है जिसका सीधा तात्पर्य विदेशी दासता से मुक्ति था। गाँधी से पूर्व यह शब्द दो अर्थ-ध्रुवों में विभाजित रहा। एक ओर टैगोर हैं जो इसके मूल्यात्मक-तात्त्विक अर्थ के प्रवर्तक हैं और जो स्वराज का अर्थ मुख्यतः आत्मानुशासन से लेते हैं। दूसरी ओर तिलक हैं जिनके लिए इसका तथ्यात्मक-राजनीतिक अर्थ प्रधान है। गाँधी ने व्यक्ति और समाज, दोनों स्तरों का समन्वय करके 'स्वराज' के अर्थ का पूर्ण प्रकाशन किया। व्यक्तिगत स्तर पर इसका अर्थ आत्मनियन्त्रण है, जहाँ अपनी उच्छृंखल प्रवृत्तियों पर नियन्त्रण करना ही साध्य है। सामाजिक स्तर पर स्वराज का अर्थ शासन-व्यवस्था पर अपनों के नियन्त्रण से है। सांस्कृतिक दृष्टि से इसका अर्थ वैचारिक दासता से मुक्ति है। दोनों ही अर्थ एक-दूसरे के विरोधी न होकर पूरक मात्र हैं। गाँधी की यह सोच कि तब तक शासन करने वालों में आत्मानुशासन नहीं होगा, स्वराज एक स्वप्न मात्र ही रहेगा, आज कितनी सटीक जान पड़ती है। भारतीय परम्परा से प्राप्त शब्द को पाश्चात्य परम्परा के स्वतन्त्रता के प्रत्यय के साथ जोड़कर, गाँधी ने स्वराज का जो प्रत्यय रचा वह अपने में अनूठा है, किसी एक परम्परा की नक़ल या वकालत नहीं।

गाँधी द्वारा प्रदत्त 'सत्याग्रह' का विचार भी अपने में अनूठा है जो किसी परम्परा में फिट नहीं किया जा सकता। सत्याग्रह अन्याय के प्रतिकार का अहिंसक

उपाय है। यह तर्क, नैतिकता और राजनीति का संगम है जिसमें तर्कपूर्ण दलीलों, प्रेमपूर्ण कष्ट सहन और संगठित दबाव द्वारा विरोधी के दिल-दिमाग़ और स्वार्थों से अपील समाहित है। इस तरह सत्याग्रह के दो आयाम हैं, नैतिक और राजनीतिक। गाँधी के लिए नैतिक आयाम प्रमुख था और उन्होंने सत्याग्रही के पालन के लिए नैतिक नियम भी बनाये थे। ये नैतिक नियम गीता की स्थितप्रज्ञ की अवधारणा से ज़रूर कुछ साम्यता रखते हैं लेकिन वे उन्हें आध्यात्मिक साधक बनाने के लिए नहीं हैं, वे तो सत्याग्रह के योद्धा हैं। इसी तरह सत्याग्रह का राजनीतिक पहलू थोरो के सविनय अवज्ञा की अवधारणा से प्रभावित कहा जा सकता है किन्तु दोनों के सर्जनात्मक सम्मिलन से जो सत्याग्रह की अवधारणा सामने आयी, वह किसी एक परम्परा की देन नहीं कही जा सकती।

यदि हम केवल दार्शनिक-वैचारिक परम्परा से हटकर सामाजिक परम्परा की ओर नज़र डालें तो भी गाँधी इनमें से कई का घोर विरोध करते दिखाई देते हैं। इनमें छुआछूत और समाज में नारी की स्थिति प्रमुख है। वर्ण-व्यवस्था के पक्षधर होते हुए भी गाँधी ने छुआछूत को कभी नहीं स्वीकारा, स्वयं भंगी बस्ती में रहे और अपने आश्रम में सभी को मल उठाने की ताकीद दी। अपने अन्तिम दिनों में तो वे जाति-व्यवस्था के इतने विरोधी हो गये थे कि केवल अन्तर्जातीय विवाहों (वो भी केवल दो उच्च जातियों के सदस्यों के बीच न हो) को ही अपना आशीर्वाद प्रदान करते थे। उन्होंने धर्मग्रन्थों और स्मृतियों में लिखी बातें अस्वीकार करते हुए नारी और पुरुष की समानता पर ज़ोर दिया और बाल विवाह, दहेज-प्रथा, पर्दा-प्रथा, देवदासी-प्रथा, विधवाओं की ख़राब स्थिति ऐसी कुरीतियों का जमकर विरोध किया जिस कारण उन्हें कट्टर हिन्दुओं का विरोध भी झेलना पड़ा। अपनी इस मान्यता, कि औरतों के लिए घरेलू जीवन ही श्रेष्ठ है, के बावजूद गाँधी उन्हें बराबर राजनीतिक गतिविधियों में हिस्सा लेने को प्रोत्साहित करते हैं और यही बात उनको अपने पूर्व के चिन्तक-सुधारकों से अलग कर देती है।

गाँधी द्वारा अपनी पुस्तक 'हिन्द स्वराज' में की गयी पश्चिम आधुनिकता की आलोचना को लेकर कई विद्वान उन्हें परम्परावादी ही मानते हैं। आशीस नन्दी उन्हें 'क्रिटिकल ट्रेडीशनलिस्ट' की संज्ञा से विभूषित करते हैं। लेकिन मेरे विचार से ऐसा मानना उचित नहीं जान पड़ता क्योंकि 'हिन्द स्वराज' में यदि गाँधी ने आधुनिकता के कतिपय पहलुओं की तीव्र आलोचना की है तो वहीं 'हिन्द स्वराज' और उसके बाद अपने जीवन-कार्यों में आधुनिकता के कई पहलुओं की तारीफ़ भी की है। हम गाँधी की वैज्ञानिकता की चर्चा पूर्व में कर चुके हैं।

वे आधुनिकता के अन्तर्गत किये गये उदारवादी और मानवीय संशोधनों को भी स्वीकारते हैं और उसी आधार पर परम्परागत कुरीतियों की आलोचना करते हैं। वे समाज-सुधार के लिए सन्त-महात्माओं की मध्ययुगीन शैली न अपनाकर आधुनिक राजनीति की संरचनाओं का सहारा लेते हैं। जैसे-जैसे भारत स्वतन्त्रता के क़रीब पहुँचता है, वे उनकी बातें राज्य और धर्म के बीच पार्थक्य का समर्थन सेकुलरवादियों की तरह करती दिखाई देती हैं। यह सही है कि पश्चिम की कुछ बातों के प्रति उनमें गहरी वितृष्णा है और वे ब्रिटिश संसद को पहले 'वेश्या' तथा बाद में 'बाँझ' तक कह देते हैं वकील, डॉक्टर आदि के वे बहुत ख़िलाफ़ हैं लेकिन हमें यह नहीं भूलना चाहिए कि उनकी बातें औपनिवेशिक आधुनिकता के अन्तर्गत अपने अनुभवों से जन्मी हैं। यदि वे परम्परा के कई पहलुओं की आलोचना कर सकते हैं तो आधुनिकता की क्यों नहीं? वे तार, टेलीफ़ोन, मोटरकार, प्रेस आदि आधुनिक विचार उपकरणों का खुलकर प्रयोग करते हैं। उन्हें औपनिवेशिक आधुनिकता,जिसने भारत जैसे उपनिवेश बनाये, का विरोधी तो माना जा सकता है किन्तु सम्पूर्ण आधुनिकता का विरोधी नहीं। दरअसल वे हमारे सामने एक वैकल्पिक आधुनिकता के प्रतिनिधि बनकर सामने आते हैं जो परम्परा और आधुनिकता के समन्वय से नहीं, अपितु दोनों के अन्तर्वेशन से बने एक संस्करण को सृजित करता है, जहाँ से हम भारतीय आधुनिकता की यात्रा प्रारम्भ कर सकते हैं।

कुछ विद्वान इस बात की ओर ध्यान दिलाते हुए कि गाँधी आधुनिकता की आलोचना चूँकि परम्परागत भारतीय आधारों पर करते हैं, इसलिए तात्त्विक रूप से उन्हें परम्परावादी ही मानना चाहिए। यह महत्त्वपूर्ण स्थापना है जिसका परीक्षण ज़रूरी है। पश्चिमी सभ्यता के विरोध में गाँधी अपना सभ्यतादर्शन प्रस्तावित करते हैं। उनके अनुसार 'सभ्यता वह आचरण है जिसमें आदमी अपना फ़र्ज़ अदा करता है। फ़र्ज़ अदा करने के मायने हैं नीति का पालन करना। नीति के पालन का मतलब है—अपने मन व इन्द्रियों को वश में रखना। ऐसा करते हुए हम अपने को पहचानते हैं। यही सभ्यता है। इससे जो उल्टा है, वह बिगाड़ करने वाला है।'[8] साथ ही आधुनिक पश्चिमी सभ्यता की आलोचना 'एक तरह के रोग' की तरह करते हुए वे उसकी पहचान इस बात से बताते हैं कि 'वह बाहरी खोजों में और शरीर के सुख में ही अपनी सार्थकता और पुरुषार्थ मानती हैं।' इसी के साथ भारतीय सभ्यता की पहचान 'हिन्दुस्तान का बल सत्याग्रह या आत्मबल या करुणा का बल है' कहकर करते हैं। उनकी ताकीद है कि 'हिन्दुस्तान के हित-चिन्तकों को चाहिए कि वे हिन्दुस्तान की सभ्यता से, बच्चा जैसे माँ

से चिपटा रहता है, वैसे चिपटे रहें।' उक्त उद्धरणों से यह स्पष्ट है कि गाँधी को अधिक शक्तिशाली इन्द्रिय भोगमूलक सभ्यता से आत्मबल पर आधारित भारतीय सभ्यता को ख़तरा दिखाई देता है और वे उसके विरोध में भारतवासियों को हिन्द स्वराज में आगाह भी कर रहे हैं किन्तु यही सवाल उठता है कि जिस भारतीय सभ्यता-संस्कृति की दुहाई गाँधी देते हैं, वह ऐतिहासिक रूप से कितनी यथार्थ है? हमारा मानना है कि हिन्द स्वराज में गाँधी ने भारतीय संस्कृति का एक आदर्शीकृत रूप प्रस्तुत किया है जिसका वास्तविकता से ज़्यादा लेना-देना नहीं है। 'भारतीय ग्राम' की अवधारणा की तरह ही भारतीय संस्कृति की उनकी अवधारणा भी स्वयं की अविष्कृति है। इसके आधार पर पश्चिमी आधुनिकता की आलोचना तो की जा सकती है और उसमें कोई बुराई भी नहीं है किन्तु उसकी स्थापना को परम्परागत भारतीय संस्कृति की रक्षा नहीं कहा जा सकता। यह कुछ ऐसी ही है, जैसे समाजवादी सिद्धान्तों के आधार पर पूँजीवाद की आलोचना को सामन्तवाद का समर्थन मान लेना। यह भविष्य की गाँधी परियोजना तो हो सकती है किन्तु यह पीछे लौटने की वकालत नहीं। गाँधी ने स्वयं भी इस बात को स्पष्ट कहा है। हिन्द स्वराज की एक पश्चिमी विरासत भी है, यह भी हमें नहीं भूलना चाहिए।

दरअसल परम्परावादी कहे जाने के भ्रम के पीछे कुछ हद तक गाँधी स्वयं ज़िम्मेदार थे। आत्मविश्वास से हीन भारतीय जनता को जगाने के लिए, उसे स्वतन्त्रता संग्राम सेनानी बनाने के लिए उसमें सांस्कृतिक आत्मविश्वास जगाना ज़रूरी था। इसके लिए जहाँ बाहरी रूप से उन्होंने अपने रहन-सहन में परम्परागत भारतीय शैली को अपनाया, वहीं विचारधारा के विकास के लिए परम्परागत शब्दों का ही प्रयोग किया जबकि भीतर से अन्तर्वस्तु को बहुत कुछ उन्होंने बदल दिया था। जिस तरह साबरमती आश्रम को परम्परागत साधु-सन्तों का आध्यात्मिक आश्रम कहना अनुचित होगा, उसी तरह अहिंसा, स्वराज, सभ्यता, संस्कृति आदि की गाँधी की व्याख्या भी परम्परागत व्याख्या नहीं कही जा सकती।

यह सही है कि गाँधी भारतीय सभ्यता को पुनर्जीवन देना चाहते थे किन्तु इसके लिए, उनके विचार से, पुरानी परम्परा नाकाफ़ी थी। यदि उसमें इतनी ही ताक़त होती तो भारत सदियों ग़ुलाम नहीं रहता। इसके लिए पुरानी परम्परा में मात्र कमियों को दूर कर पुनरुद्धार करना ही काफ़ी नहीं था। नयी चुनौतियों के अनुरूप नया ढाँचा गढ़ना था जिसमें भारतीय और पश्चिमी, दोनों परम्पराओं के तत्त्व तो थे किन्तु उसे किसी एक का प्रतिनिधि नहीं कहा जा सकता। यह एक नयी परम्परा की शुरुआत थी, एक पैराडाइम शिट था, विज्ञान की भाषा में।

गाँधी अहिंसा के रथ को भारतीय स्वतन्त्रता संग्राम के समर के बीचोबीच खड़ा करके सत्याग्रह का सन्देश देते हैं जो गीता के कृष्ण के उपदेश से किसी तरह कम नहीं। यह बात दूसरी है कि हम उनको ठीक से समझ नहीं सके या कहें कि हमारा अपना नैतिक सामर्थ्य उस स्तर तक उठने में नाकामयाब रहा और महाभारत के अन्त की तरह गाँधी-सन्देश का अन्त भी दुखद ही रहा।

ऐसे में फिर हमारी बातचीत की सार्थकता क्या है? सारांश तो यही है कि गाँधी को हम पुरानी भारतीय परम्परा का रक्षक और पश्चिमी परम्परा का भक्षक नहीं मान सकते। दोनों की आलोचना और अपनी सृजन-क्षमता से अपने समय की चुनौतियों का सामना करने के लिए उन्होंने नयी दृष्टि का सृजन किया जो पुरानी भारतीय परम्परा से काफ़ी भिन्न थी। आज भी हम अपने सामाजिक जीवन में उसी सांस्कृतिक द्वन्द्व से जूझ रहे हैं जिसकी ओर उन्होंने इशारा किया था। एक ओर पश्चिमीकरण की अन्धभक्ति है और हम जल्द-से-जल्द पश्चिमी उपभोक्तावादी जीवन-शैली अपनाना चाहते हैं। मध्यमवर्गीय माँ-बाप-बेटे-बेटी का सपना अमेरिका में जा बसने के अलावा कुछ भी नहीं। वहीं दूसरी ओर हमने भारतीय संस्कृति का एक ऐसा प्रारूप स्वीकार कर लिया है जो उसके ऐतिहासिक बहुलतावादी स्वरूप से मेल नहीं खाता। लेकिन उसी को अपनी अस्मिता का सवाल बनाकर हम एक आक्रामक सांस्कृतिक परम्परा को अपनी परम्परा मानने की भूल कर रहे हैं। इसके परिणामस्वरूप हम बहुसंख्यक-अल्पसंख्यक द्वन्द्व को हवा दे रहे हैं। यह आने वाली हिंसा के संकेत हैं। दुख की बात तो यह है कि यह न तो हमारी पुरानी परम्परा से मेल खाता है और न गाँधी की दृष्टि से। गाँधी की प्रासंगिकता यही है, जैसा कि हमने प्रारम्भ में उन्हीं के शब्दों में कहा था, कि हम अपने दरवाज़े, खिड़की खुली रखें, आने वाली हर हवा का परीक्षण सत्य और नैतिकता के आधार पर करें, यदि वह प्रदूषणकारी है तो उसे ठुकराने में ज़रा भी देर न करें भले ही वह भारत के सुदूर अतीत का प्रतिनिधित्व करती हो या सपनीले आधुनिक पश्चिम का, साहस के साथ उसे ही अपनायें जो कल्याणकारी हो, तभी हम एक अहिंसक समाज की रचना कर पायेंगे जो गाँधी का ही नहीं हम सबका सपना होना चाहिए। गाँधी का यह विवेक मन्त्र आज भी हमारे काम का है।

सन्दर्भ

1. जी.टी. सुब्रमन्यहम, Contexts, Criticisms and Defence of Indian Tradition : The Case of Gandhi; *गाँधी मार्ग,* (Vol.37; 3 & 4) p. 434-450

2. एन.बी. सेन, (सम्पा.), *Wit and Wisdom of Mahatma Gandhi,* New Book Society of India Publications, New Delhi, 1960, Supra Nr., 4, p. 189
3. राघवन अय्यर, *The Moral and Political Philosophy of M. Gandhi,* Oxford, 1987, Vol.1, p. 237
4. वही
5. *यंग इण्डिया,* 11 अगस्त, 1920
6. वही, 9 सितम्बर 1925
7. यंग इण्डिया, 9 सितम्बर, 1926
8. मो.क. गाँधी, *हिन्द स्वराज,* नवजीवन ट्रस्ट, 2008, पुनर्मुद्रण, पृ. 42-43

गाँधी आज कितने प्रासंगिक हैं?

गौतम बुद्ध के बाद जिस भारतीय को मानवता के लिए उसके अवदान से समस्त विश्व में सम्मान मिला, वह मोहनदास करमचन्द गाँधी ही हैं। महान वैज्ञानिक आइन्सटीन ने जब यह कहा था कि आने वाली नस्लें आसानी से यह विश्वास नहीं कर सकेंगी कि गाँधी जैसा कोई व्यक्ति इस धरती पर जन्मा था, तो शायद उनको भी अनुमान न रहा होगा कि गाँधी की उपलब्धियाँ अपने पीछे एक ऐसा शून्य छोड़ जायेंगी जिसे परम्परा का दर्जा देने के लिए गाँधी को एक बार फिर जन्म लेना होगा। यह काम 'सरकारी', 'मठी' गाँधीवादियों के बस का तो था ही नहीं, लेकिन लोहिया के बाद इक्के-दुक्के कुजात गाँधीवादियों के बस की भी बात नहीं थी। इसलिए, गाँधी के जाने के 66 वर्ष बाद यदि आज का कोई नवयुवक यह पूछे कि आख़िर गाँधी हमारे किस काम के तो यह सवाल यूँ ही टाल देने वाला नहीं है। रिचर्ड एटनबरो, जिनका अभी पिछले दिनों देहावसान हुआ, ने अपनी फ़िल्म 'गाँधी' द्वारा इस बात को जन-जन तक पहुँचाने में भारी योगदान दिया कि अपने समय में गाँधी ने क्या-क्या किया किन्तु आज के समय में उनकी प्रासंगिकता क्या है, हो सकती है, इस पर तो हमें ही विचार करना होगा।

पहली बात जो हमें अच्छी तरह समझ लेनी चाहिए कि गाँधी को हम किसी साँचे में फिट नहीं कर सकते, न परम्परा के, न आधुनिकता के और न उत्तर-आधुनिकता के। जिसने अपने जीवन को 'सत्य के प्रयोग' कहकर परिभाषित किया हो, उससे हम बनी-बनाई लीक पर चलने की अपेक्षा तो नहीं कर सकते। वे उन शास्त्रों को फेंक देने की वकालत करते हैं जो नैतिक चेतना के विपरीत हों। इसी प्रयोगात्मकता एवं सर्जनशीलता के चलते वे सामाजिक जीवन में नये-नये प्रयोग कर सके और अन्याय से लड़ने के लिए 'सत्याग्रह' जैसे अद्‌भुत अस्त्र का सृजन कर सके। उन्होंने कई बार अपने विचार बदले और बाद के विचारों को ही सही मानने की सलाह दी। आज बदलते समय के साथ ज़रूरत इस बात की है कि हम गाँधी की स्पिरिट के अनुयायी बनें, न कि अक्षरशः उनके शब्दों

के, ताकि भूमण्डलीकरण के इस दौर में उभरती समस्याओं के निराकरण के नये हल खोज सकें।

जिस तरह मार्क्स के चिन्तन के केन्द्र में 'आर्थिक मनुष्य' (Economic man) और फ्रायड के चिन्तन का केन्द्र 'कामुक मनुष्य' (Sexual being) है, उसी तरह गाँधी का समस्त आचार-विचार एक 'नैतिक मनुष्य' (Moral man) की परिकल्पना के इर्द-गिर्द है। उनके लिए यह न केवल यथार्थ है अपितु इसकी अनन्त सम्भावनाएँ हैं जिन्हें अहिंसा के बल से उकेरा जा सकता है। उदाहरण के लिए, यदि हम उनकी पुस्तक 'हिन्द स्वराज' में उनके द्वारा आधुनिक पश्चिमी सभ्यता की आलोचना को लें तो यह बात साफ़ तौर पर सामने आती है कि उनकी आलोचना का आधार नैतिक है। यह नीत्से, मार्क्स आदि अन्य विचारकों से भिन्न है। इसके पीछे यदि औपनिवेशिक ग़ुलामी का अनुभव है तो हज़ारों साल की भारतीय परम्परा का संस्कार भी। उनके अनुसार धर्म-नीति प्रधान सभ्यता ही सच्ची सभ्यता है। सभ्यता से उनका तात्पर्य वह आचरण है जिसमें आदमी अपना फ़र्ज़ अदा करता है। फ़र्ज़ अदा करने का मतलब नीति का पालन करना। नीति-पालन करने का मतलब है मन और इन्द्रियों को वश में रखना। भारतीय सभ्यता का झुकाव नीति को मज़बूत करने की ओर रहा है और पश्चिमी सभ्यता के सम्पर्क से उसके इन्द्रिय-भोगमूलक सभ्यता के वात्याचक्र में फँस जाने का ख़तरा है। देखने वाली ख़ास बात यह है कि वे न केवल उपनिवेशवाद का अपितु आधुनिकता के पश्चिमी विकास मॉडल का भी विरोध करते हैं और जिसका आधार वे वेद-वेदान्त की दुहाई या किसी गौरवशाली अतीत के पुनर्आवाहन को नहीं बनाते। यहाँ वे अन्य भारतीय चिन्तकों से अलग खड़े दिखाई देते हैं। इनमे टैगोर, अरविन्द और नेहरू के नाम गिनाये जा सकते हैं। वे न तो टैगोर की तरह पूर्व और पश्चिम के सामंजस्य की बात करते हैं और न नेहरू की तरह भारतीय आत्मा के पश्चिमी ढंग के नवीनीकरण के पक्षधर हैं। गाँधी जो विकल्प हमारे सामने रखते हैं, वह परम्परा बनाम आधुनिकता का नहीं है वरन् दोनों की इकट्ठे स्वीकृति बनाम किसी एक की बाध्यतामूलक स्वीकृति का है। हमारी चुनौती अपनी ज़रूरतों के अनुरूप आधुनिकता की कोटियों का निर्माण है। इसके लिए अन्यत्र प्रतिष्ठित आधुनिकता को ठुकराने का साहस भी अभीष्ट है। इसकी ज़रूरत स्वतन्त्रता आन्दोलन के समय जितनी थी, उतनी ही आज भूमण्डलीकरण के युग में भी है। जिस नव-उपनिवेशवाद को भूमण्डलीकरण बढ़ावा देता है, उससे बचने का एकमात्र रास्ता अपनी मानसिकता का वि-उपनिवेशीकरण ही है जो 'हिन्द स्वराज' में गाँधी ने सुझाया है। दरअसल गाँधी का प्रयास भारतीय

आधुनिकता को रेखांकित करने के प्रथम प्रयासों में से एक था। उनका इरादा स्वदेशी और विदेशी के बीच कोई अभेध्य दीवार खड़ी करने का नहीं था। वे तो हमें केवल 'मानसिक उपनिवेशीकरण' से सावधान कर रहे थे जो यह मानता है कि पश्चिमीकरण ही आधुनिकीकरण है। उन्हीं के शब्दों में 'My resistance to Western civilization is really resistance to its indiscriminate and thoughtless imitation based on assumption that Asiatics are fit only to copy everything that comes from the West.' हम आधुनिक बने ज़रूर किन्तु अपनी शर्तों पर, पश्चिम के पिछलग्गू बनकर नहीं। यही उनका सन्देश था जो आज भी प्रासंगिक जान पड़ता है। किन्तु इसके पीछे एक नैतिक जीवन दर्शन भी है जो यह मानता है कि नैतिक मानदण्डों के अनुरूप लेकिन कम समृद्धिशाली जीवन भी नैतिक मानदण्डों को तिलांजलि देकर पाये गये अधिक समृद्धिशाली जीवन से श्रेष्ठ है। अब सवाल यह है कि आर्थिक समृद्धि पाने की प्रतिस्पर्धा और खींचतान में नयी पीढ़ी के पास क्या इस पर विचार करने की फ़ुर्सत, इच्छा और इरादा है। नागरिक-सामाजिक जीवन में भ्रष्टाचार में डूबता-उतराता आज का भारत क्या इस चुनौती को स्वीकार कर पायेगा? यही बात तय करेगी कि हम गाँधी के उत्तराधिकारी कहलाने योग्य हैं या नहीं। विडम्बना यह है कि हममें से अनेकों का रोल मॉडल अब गाँधी नहीं धीरूभाई अम्बानी हैं। जब तक हम विकास के वर्तमान पूँजीवादी मॉडल, जो उपभोक्ता संस्कृति का प्रचार-प्रसार करने वाला है, को प्रश्नांकित नहीं करेंगे, गाँधी हममें से अधिकांश के लिए अप्रासंगिक ही बने रहेंगे। हो सकता है गहराता पर्यावरणीय संकट हमें इस दिशा में आगे सोचने को मजबूर कर दे।

सत्याग्रह का विचार और व्यवहार गाँधी का अमूल्य अवदान स्वीकार किया जाता है। ब्रिटिश उपनिवेशवाद के ख़िलाफ़ लड़ाई में यह एक कारगर हथियार साबित हुआ किन्तु आज इसकी प्रासंगिकता क्या है? सवाल यह भी है कि धार्मिक आतंकवाद से जूझते विश्व को अहिंसक प्रतिरोध की इस प्रणाली से क्या कोई मुक्तिमार्ग मिल सकता है? भले ही कई व्याख्याकार सत्याग्रह को पूरी तरह अहिंसक मानने से इनकार कर उसे अहिंसक बल-प्रयोग की संज्ञा देते हों, यह अन्य हिंसक तरीक़ों से काफ़ी कम होता है। एक सत्याग्रही से यह भी अपेक्षित है कि उसमें दुख सहने की सामान्य से अधिक क्षमता हो और उसका नैतिक विकास भी उच्च स्तर का हो। ऐसा न होने पर वह गाँधी की 'वीरों' की अहिंसा न होकर 'कमज़ोरों का निष्क्रिय प्रतिरोध मात्र' रह जाता है। यह भी सही है कि सत्याग्रह तब तक सफल नहीं हो सकता, जब तक कि वह व्यक्ति या समूह

जिसके ख़िलाफ़ आन्दोलन हो रहा है, उन्हीं मूल्यों को स्वीकार न करता हो जो स्वयं सत्याग्रही के हैं। ज़रा सोचिये तो यदि हमारा स्वतन्त्रता आन्दोलन ब्रिटिश हुकूमत के स्थान पर हिटलर के नाज़ी शासन के ख़िलाफ़ होता तो क्या स्थिति होती? लेकिन, इन सारी कमियों के बावजूद, हमें यह भी सोचना चाहिए कि सत्याग्रह की सीमित सफलता का राज क्या है? कैसे इसे और कारगर बनाया जा सकता है? आज जब राज्य की शक्ति में निरन्तर बढ़ोत्तरी से क्रान्तिकारी हिंसा द्वारा समाज-परिवर्तन की सम्भावनाएँ क्षीण होती जा रही हैं, सत्याग्रह शक्तिहीनता से बाहर आने, समाज के स्थापित मानदण्डों पर प्रश्नचिह्न लगाने, नयी सामाजिक संरचना के लिए जनसमाज को संगठित करने का एक सुगम तरीक़ा प्रदान करता है। भारतीय स्वतन्त्रता संग्राम के अलावा दक्षिण अफ्रीका और अमेरिका के नस्लवाद-विरोधी आन्दोलनों में इसका व्यापक रूप से सफलतापूर्वक प्रयोग हो चुका है। आज भी देश-विदेश में चल रहे विभिन्न सामाजिक आन्दोलनों, जैसे—चिपको आन्दोलन, नर्मदा बचाओ आन्दोलन, जर्मनी का पर्यावरण संरक्षण का ग्रीन आन्दोलन, अन्ना हजारे के भ्रष्टाचार-विरोधी आन्दोलन और अरब देशों के प्रजातन्त्र समर्थक आन्दोलनों पर इसकी छाप स्पष्ट देखी जा सकती है। ऐसे बहुत-से सामाजिक मुद्दे हैं जिन पर सार्थक रूप से सत्याग्रह चलाया जा सकता है। किन्तु उन पर समर्पित भाव से संघर्ष करने वाले सत्याग्रहियों का तो अकाल सा है। ऐसा क्यूँ हुआ, इस पर भी थोड़ा विचार करना चाहिए।

जहाँ तक सत्याग्रह में बल-प्रयोग की बात है, गाँधी के पक्ष में एक बात कही जा सकती है कि वे अटूट शान्तिवादी (Pacifist) नहीं थे। युद्ध का विरोध और शान्ति का पक्ष लेते हुए भी उन्होंने सैनिक सुरक्षा को कायरतापूर्ण समर्पण के आगे वरीयता प्रदान की। इसलिए विदेशी हमले या ख़ूनी आतंकवाद के सामने केवल शान्तिपूर्ण सत्याग्रह की बात करना बेमानी है। हमें यह भी नहीं भूलना चाहिए कि सत्याग्रह कोई 'रामबाण' औषधि नहीं है जिसमें सभी सामाजिक टकरावों की समुचित दवा मिल सके। सत्याग्रह से नैतिक और भावात्मक कट्टरता को कम करके बातचीत के लिए उपयुक्त वातावरण बनाने में मदद तो मिलती है लेकिन कभी-कभी मतभेद इतने गहरे होते हैं और मूल्यों के बीच टकराव इतना आधारभूत होता है कि किसी प्रकार के सत्याग्रह से उससे निपटा नहीं जा सकता।

आज धार्मिक कट्टरताजन्य आतंकवाद विश्व की प्रमुख समस्या है। साम्प्रदायिकता के ज़हर से बढ़ता सामाजिक अलगाव हमारे देश के विभिन्न भागों में दंगों के रूप में प्रकट हो रहा है। संविधान के स्तर पर भले ही हमने धर्मनिरपेक्षता को स्वीकार किया हो, समाज के स्तर पर वह प्रभावी नहीं है।

ऐसे में, भारत के बँटवारे के समय साम्प्रदायिक दंगों से जूझने में गाँधी ने जिस अदम्य साहस का परिचय दिया था, वह तो हमारी अमूल्य थाती है ही, हमें उनके द्वारा हल के रूप में प्रतिपादित सर्वधर्म-समभाव पर भी आज के सन्दर्भ में विचार अपेक्षित है। इसका मतलब यह नहीं लगाना चाहिए कि गाँधी सेकुलरिज़्म (राज्य और धर्म के अलगाव) के विरुद्ध थे। उन्होंने साफ़-साफ़ कहा 'If I were a dictator, religion and State would be separate. I swear by my religion. I will die for it. But it is my personal affair. The State has nothing to do with it. The State would look after your secular welfare, health, communications, foreign relations, currency and so on, but not your or my religion. That is everybody's personal concern.' (Talk with a Christian Missionary, Harijan, 22 Sept 1946, CWMG, Vol. 92, p.190) साथ में हमें यह भी नहीं भूलना चाहिए कि निजी जीवन में गाँधी एक धार्मिक व्यक्ति थे। अपने को वे एक हिन्दू ही मानते थे लेकिन 'हिन्दू' की उनकी अपनी सनातनी परिभाषा थी, आज के हिन्दुत्व जैसी नहीं। वे दूसरे धर्मों के अध्ययन, मेलजोल और उनसे सीखने के पक्षपाती थे। जहाँ अपने धर्म की कमियों की आलोचना करना वे अपना दायित्व समझते थे, वहीं दूसरे धर्मों के बारे में चुप रहना बेहतर समझते थे। दरअसल वे उन सार्वभौमिक सिद्धान्तों की खोज में थे जो उनके अनुसार सभी धर्मों के मूल में हैं, तभी तो वे विभिन्न धर्मों के परे 'धर्म के मर्म' की बात करते थे। इसीलिए वे धर्म-परिवर्तन के विरोधी थे और एक हिन्दू को 'अच्छा हिन्दू' तथा एक मुसलमान को 'अच्छा मुसलमान' बनने की सलाह देते थे। लेकिन धार्मिक टकराव की दृष्टि से जो सबसे महत्त्वपूर्ण बात उन्होंने, मेरी दृष्टि में, कही वह है 'All religions are more or less true. All proceed from same God, but all are imperfect because they have come down to us through imperfect human instrumentality.' (Young India, 29.05.24) न तो वे ये मानते थे कि कभी पृथ्वी पर एक ही धर्म होगा और न किसी एक को पूर्ण सत्य। सभी में सच्चाई का अंश है तो कुछ कमियाँ भी। वे धर्मशास्त्रों को तर्क और नैतिकता की कसौटी पर कसकर ही स्वीकारते थे। गीता भी इनका अपवाद नहीं थी। मेरे विचार से धर्मों के प्रति इस तरह का दृष्टिकोण अपनाकर हम अपने-अपने धर्मों को मानते हुए भी कट्टरता और उनकी सर्वश्रेष्ठता के भाव से बच सकते हैं जो धार्मिक टकराव के मूल में है। यद्यपि इस दिशा में गाँधी का अथाह परिश्रम और साहस भी पूरी तरह सफल नहीं हो सका, अन्ततः भारत को विभाजन और उसके बाद

साम्प्रदायिक दंगों की त्रासदी झेलनी पड़ी लेकिन सबके बावजूद भी भारत, आज भी एक धर्म-राष्ट्र नहीं है, इसके पीछे गाँधी-दृष्टि के योगदान को नकारा नहीं जा सकता। धीरे-धीरे धर्म का लोप हो जाने का आधुनिकतावादियों का सपना खण्डित हो चुका है। नागरिक-सामाजिक जीवन में छद्म धार्मिकता का बोलबाला बढ़ता ही जा रहा है। राजनीति में उनके प्रवेश पर कहीं कोई अंकुश दिखाई नहीं देता। उसकी बढ़ती ताक़त की अवहेलना हमारे लोकतन्त्र के लिए ख़तरनाक हो सकता है। ऐसे में गाँधी-दृष्टि में आशा की एक किरण ज़रूर दिखाई देती है लेकिन तभी जब हम धर्म को राष्ट्रवाद से अलग करके देखें।

राष्ट्र या राष्ट्रवाद जैसे शब्दों का प्रयोग गाँधी कम ही करते हैं, वे तो 'स्वराज', 'स्वदेशी', 'भारतीय सभ्यता' ऐसे शब्दों पर ज़्यादा केन्द्रित हैं। इसका मतलब यह नहीं कि भारतीय राष्ट्र की उनकी कोई परिकल्पना ही नहीं है अपितु वह अन्य राष्ट्रवादी परियोजनाओं से भिन्न है। वे किसी भी तरह के संकीर्ण, आक्रामक, जातिवादी, धर्मवादी, राष्ट्रवाद के विरोधी हैं। फिर चाहे वह पश्चिमी ढंग का राजनीतिक राष्ट्रवाद हो या पूर्वी ढंग का सांस्कृतिक राष्ट्रवाद। उनका राष्ट्रवाद अन्तर्राष्ट्रीयवाद का भी विरोधी नहीं है बल्कि उसे पाने की अनिवार्य शर्त है। 'हिन्द स्वराज' में उन्होंने बड़े ही स्पष्ट शब्दों में घोषणा की कि भारतीय राष्ट्र को किसी धर्म द्वारा परिभाषित नहीं किया जा सकता। इसमें सभी धार्मिक-सांस्कृतिक समूहों को बराबर का स्थान प्राप्त है जो यहाँ रहते हैं। चूँकि गाँधी का उद्‌देश्य औपनिवेशिक ब्रिटिश शासन के विरोध में एक विशाल आन्दोलन खड़ा करना था इसलिए उन्होंने सर्वसमावेशी भारतीय राष्ट्र की संकल्पना पर ज़ोर दिया। उन्हीं के शब्दों में 'India can not cease to be one nation because people belonging to different religions live in it ..... If the Hindus believe that India should be peopled only by Hindus, they are living in dreamland. Mahomedans also live in dreamland if they believe that there should only be Muslims in India.' (Hind Swaraj, CWMG, Vol. 10, p.270) जब उनका ध्यान हिन्दू-मुस्लिम अलगाव-टकराव की ओर दिलाया गया तो उनका कहना था कि यह औपनिवेशिक ब्रिटिश शासन की देन है, इसके पूर्व ऐसा नहीं था 'Religions are different roads converging to the same point.' गाँधी उन कतिपय नेताओं में थे जिन्होंने स्वतन्त्रता आन्दोलन के दौरान भारतीय राष्ट्रवाद का स्वरूप गढ़ने में महत्त्वपूर्ण भूमिका निभाई और जिसके आधार पर भारतीय संविधान की रचना हुई। किन्तु हमें यह भी नहीं भूलना चाहिए कि मुसलमानों की नुमाइन्दगी का दावा करने वाली मुस्लिम लीग और

उनके नेता जिन्ना को यह कभी मंजूर न था। नतीजा देश के बँटवारे के रूप में सामने आया। गाँधी जैसे कद्दावर नेताओं की कमी से आज यह ख़तरा भीतरी ताक़तों से है जो बहुसंख्यक धर्म के आधार पर भारतीय राष्ट्र का नया संस्करण गढ़ना चाहती है। ऐसे में गाँधी, जिन्होंने साम्प्रदायिक एकता और समरसता के लिए शहादत दी, हमारे लिए अचानक बहुत प्रासंगिक हो उठे हैं। 'रामराज्य' की परिकल्पना को साकार करने वाले राम गाँधी के मन में बसने वाले राम हैं, अयोध्यावासी राम नहीं।

एक बात जो उपरोक्त विमर्श से उभरकर सामने आती है, वह यह है कि विकल्पहीन नहीं है दुनिया। जब-जब आधुनिक पश्चिमी सभ्यता के विकल्पों की चर्चा होगी, उसके लिए संघर्ष की ज़रूरत महसूस होगी, जब तक हम एक अहिंसक समाज का स्वप्न देखना बन्द नहीं करेंगे, गाँधी प्रासंगिक बने रहेंगे।

गाँधी और नारी सशक्तीकरण

किसी भी महापुरुष के अवदान का मूल्यांकन करते समय हमें यह देखना चाहिए कि उसके कार्य की समीक्षा हम दो प्रकार से कैसे करें—एक, उसके अपने समय में जब वह जीवित और सक्रिय था और दूसरे, हमारे समय में जब वह जीवित नहीं है और परिस्थितियाँ काफ़ी बदल चुकी हैं। इस दृष्टि से जब हम गाँधी जी के नारी सशक्तीकरण सम्बन्धी विचारों पर उनके अपने समय सन्दर्भ में दृष्टिपात करते हैं तो एक बात स्पष्ट दिखाई देती है कि वे 19वीं शताब्दी के समाज-सुधारकों (राजा राममोहन राय, विवेकानन्द, दयानन्द, फुले आदि) से काफ़ी आगे थे। यद्यपि 19वीं शताब्दी के समाज-सुधार आन्दोलनों का एक प्रमुख विषय नारियों की स्थिति को बेहतर बनाना था किन्तु उनकी दृष्टि में इस कार्य में नारी स्वयं एक सक्रिय कर्ता नहीं है, शिक्षा, चिकित्सा और क़ानून में परिवर्तन करके उसकी स्थिति को सुधारा जा सकता है। इसके विपरीत गाँधी का मानना था कि नारी अपने आपमें ही समाज-परिवर्तन की सक्रिय, सचेत एजेण्ट है। अपनी नियति के निर्माण की क्षमता और अधिकार उसे है। अपनी इस मान्यता, कि औरतों के लिए घरेलू जीवन ही श्रेष्ठ है, के बावजूद गाँधी उन्हें बराबर राजनीतिक गतिविधियों में हिस्सा लेने को प्रोत्साहित करते हैं और यही बात उनको अपने से पूर्व के चिन्तक-सुधारकों से अलग कर देती है। सदियों से रसोईघर तक सीमित नारी के लिए यह एक लम्बी छलाँग लगाने वाली परिघटना थी जिसके महत्त्वपूर्ण दूरगामी परिणामों को नकारा नहीं जा सकता। इसी कारण भारतीय संविधान में, अनेक देशों से पहले ही, नारी को समान अधिकार प्रदान किये गये और आज भी नारी के क़ानूनी अधिकारों के लिए उठाये गये किसी क़ानूनी क़दम का विरोध करने का साहस सामान्यतः कम ही होता है।

नारी सशक्तीकरण को गाँधी जी कितना महत्त्वपूर्ण मानते थे, यह 1936 में ऑल इण्डिया वूमेन्स कॉन्फ्रेन्स में दिये गये उनके भाषण से जाना जा सकता है, जब उन्होंने कहा "When woman, whom we call abla becomes sabla, all those who are helpless will become powerful". इस तरह वे नारी के सबलीकरण को एक अलग समस्या के रूप में नहीं बल्कि अन्य वंचित वर्गों की सामाजिक मुक्ति की समस्या के साथ रखकर देखते हैं जो नारी-मुक्ति के बिना सम्भव नहीं। वे तो यहाँ तक मानते हैं कि सत्याग्रह के लिए जिस हथियार का आविष्कार उन्होंने स्वाधीनता संघर्ष के लिए किया, नारियाँ उसके लिए पुरुषों से अधिक उपयुक्त हैं "They are the better symbols of mankind. They have all the virtues of a Satyagrahee". स्त्री अपने सद्गुणों (स्नेह, करुणा, सहनशीलता आदि), जो गाँधी जी के अनुसार, उसके स्वभाव के अभिन्न अंग बन चुके हैं, के कारण युद्ध और संघर्ष से पीड़ित मानवता को शान्ति-प्राप्ति के लिए अहिंसक मार्ग पर चलने की कला सिखा सकती है। इन महान गुणों का उल्लेख गाँधी इसलिए भी करते हैं क्योंकि युगों से पुरुष स्त्री को अपने आधीन और सुख का साधन मात्र मानता रहा है जिस कारण स्त्री में आत्महीनता की भावना आ गयी है और जिसे वे दूर करना आवश्यक मानते हैं। जब कुछ लोगों ने गाँधी का ध्यान कुछ प्राचीन स्मृतिकारों (मनु, याज्ञवल्क्य) की उन उक्तियों के बारे में दिलाया जिनमें स्त्री की हीन स्थिति की वकालत की गयी थी तो उन्होंने पहले तो इन विचारों को स्मृतिकारों के विचार नहीं, प्रक्षेपित माना लेकिन साथ ही उन्हें मानने से इनकार भी कर दिया। उनका कथन है कि जो कुछ धर्मग्रन्थों में लिखा है, उसे ईश्वर का वचन मानकर हमें अनिवार्यतः स्वीकार नहीं कर लेना चाहिए। अतः स्मृतियों में लिखी सभी बातों को स्वीकार करना न तो आवश्यक है और न वांछनीय, यदि वे बातें तर्क और नैतिकता के विरुद्ध हों। इस तरह गाँधी जी असन्तुलित धर्म-परम्पराओं के स्थान पर नैतिक विवेक को नारी सशक्तीकरण के लिए अधिक महत्त्व प्रदान करते हैं। उनका कथन है कि "It is good to swim in the waters of tradition but to sink in them is suicide".

उपरोक्त महत्त्वपूर्ण स्थापनाओं के आधार पर गाँधी जी ने नारी और पुरुष की समानता, बाल विवाह, विधवाओं की स्थिति, दहेज-प्रथा, पर्दा-प्रथा, देवदासी-प्रथा आदि सामाजिक समस्याओं के सम्बन्ध में अपने विचार व्यक्त किये हैं जो उनके उदार, प्रगतिशील और व्यावहारिक दृष्टिकोण के परिचायक हैं। उनके कई सुझाव आज भी सार्थक और प्रासंगिक हैं। इस लेख की सीमाओं में उनकी संक्षिप्त चर्चा समीचीन होगी।

गाँधी जी स्त्री और पुरुष के समान अधिकारों में विश्वास रखते हैं। उनकी दृष्टि में मनुष्य होने के नाते स्त्रियों और पुरुषों की मूल समस्याएँ और आवश्यकताएँ समान हैं। वे एक-दूसरे से पृथक् नहीं, परस्पर पूरक हैं। एक-दूसरे से सहयोग

किये बिना वे जीवित नहीं रह सकते। वे एक-दूसरे के साथी एवं सहयोगी हैं, इसलिए पत्नी को पति के अधीन समझना बहुत बड़ी भूल है। सदियों से पुरुष यह भूल करता आ रहा है जिस कारण नारी को परिवार और समाज में उसका गौरवपूर्ण स्थान प्राप्त नहीं हो सका है। हिन्दू संस्कृति ने भी, गाँधी की दृष्टि में, नारी के साथ बहुत अन्याय किया है। वे कहते हैं, "हिन्दू संस्कृति ने पत्नी को पति के अत्यधिक अधीन मानकर और उसके व्यक्तित्व को पति के व्यक्तित्व में पूर्णतः विलीन करने पर ज़ोर देकर भूल की है। इसके परिणामस्वरूप पति कभी-कभी अपने अधिकारों का बहुत दुरुपयोग करता है जिसके कारण वह पशु के निम्न स्तर तक पहुँच जाता है। इस अत्याचार को रोकने का उपाय क़ानून बनाना नहीं, अपितु स्त्रियों को शिक्षित करना तथा पतियों के अनुचित व्यवहार के विरुद्ध जनमत का निर्माण करना ही है।" (हिन्दू धर्म, सम्पादक, भरतन् कुमारप्पा, पृ. 421)

यह तो सच है कि विवाह और काम नैतिकता के जो कठोर नियम नारी पर लागू किये गये, उनसे पुरुष लगभग मुक्त रहा जिसके फलस्वरूप हिन्दू समाज स्त्री और पुरुष के सम्बन्ध में दोहरी नैतिकता का शिकार हो गया। गाँधी जी ने इस अन्याय का दृढ़तापूर्वक विरोध किया। उनका कहना है कि राम और सीता का सम्बन्ध भारत में पति-पत्नी का आदर्श माना जाता है किन्तु सीता राम की दासी नहीं थीं। परस्पर पूरक होने के कारण पति और पत्नी में से कोई भी किसी के अधीन नहीं है। पत्नी भी स्वयं अपना मार्ग चुनने के लिए उतनी ही स्वतन्त्र है जितना कि पति। उन्होंने ज़ोरदार ढंग से घोषणा की, "मैं स्त्रियों को अधिकतम स्वतन्त्रता देना चाहता हूँ।" (सलेक्शन फ्रॉम गाँधी, सम्पादक निर्मल कुमार बोस, पृ. 273-274)

समानता की इस दृष्टि से स्वाभाविक है कि गाँधी जी हिन्दू समाज में आज भी प्रचलित उस अन्धविश्वास को हानिकारक और निन्दनीय मानते हैं जिसके अनुसार पुत्र को पुत्री की अपेक्षा अधिक महत्त्व दिया जाता है। यह अन्धविश्वास दाम्पत्य जीवन की मधुरता को नष्ट करने वाला तथा नारी के समान अधिकारों पर कुठाराघात है। गाँधी की दृष्टि से चूँकि संसार को बनाये रखने के लिए दोनों का होना अनिवार्य है, इसलिए इस भेदभाव का कोई औचित्य नहीं है। इस अन्यायपूर्ण अन्धविश्वास को जनमत जाग्रत करके ही दूर किया जा सकता है।

गाँधी जी नारी और पुरुष के समान क़ानूनी अधिकारों के भी समर्थक हैं। वे स्त्री पर किसी भी ऐसे प्रतिबन्ध के पक्ष में नहीं हैं, जो पुरुष पर नहीं लगाया गया है। इसका तात्पर्य यह है कि विवाह, सम्पत्ति, पारिवारिक, सामाजिक एवं

राजनीतिक जीवन के सभी क्षेत्रों में स्त्री को पुरुष के समान ही अधिकार प्राप्त होने चाहिए। इसीलिए गाँधी जी माता-पिता की सम्पत्ति में पुत्र और पुत्री के समान अधिकार को स्वीकार करते हैं। वैवाहिक सम्बन्ध-विच्छेद के सम्बन्ध में भी वे दोनों को पूर्णरूप से समान अधिकार देने के पक्ष में हैं। लेकिन समान क़ानूनी अधिकारों के पक्षधर होने के बावजूद गाँधी जी यह भी मानते हैं कि केवल इन अधिकारों की प्राप्ति से ही सारी समस्याओं का समाधान नहीं हो सकता। इसके लिए शिक्षित स्त्रियों को विशेष प्रयास करना होगा। राजनीति में सक्रिय भाग लेकर वे न केवल अपनी, वरन देश की समस्याओं के समाधान में अपना योगदान दे सकती हैं।

यहाँ पर एक बात स्पष्ट कर देना आवश्यक है कि गाँधी जी नारी और पुरुष के समान अधिकारों के पक्षधर होते हुए भी उनके बीच के नैसर्गिक अन्तर को स्वीकार करते हैं। इसी कारण वे स्त्री और पुरुष के कार्य-क्षेत्रों में भिन्नता देखते हैं। उनके अनुसार स्त्री का मुख्य कार्य घर और परिवार की देखभाल करना है, जबकि पुरुष का मुख्य दायित्व परिवार की सुरक्षा और उसके लिए धनोपार्जन करना है। नारी में मातृत्व और शिशुपालन से सम्बन्धित कुछ ऐसे गुण होते हैं जो प्रायः पुरुषों में नहीं पाये जाते। गाँधी जी यह मानते हैं कि बच्चों का पालन पोषण नारी का विशेषाधिकार है और इस सम्बन्ध में उसकी सक्रिय सहायता के बिना मानव जाति का विनाश निश्चित है। लेकिन इस कार्य-विभाजन से नारी का महत्त्व पुरुष की अपेक्षा किसी भी तरह कम नहीं होता क्योंकि मानव जाति के विकास के लिए दोनों का कार्य आवश्यक हैं। अलग-अलग कार्य करते हुए भी वे एक-दूसरे के सहयोगी एवं परस्पर पूरक हैं। इस तरह गाँधी जी स्त्री और पुरुष के बीच उस समानता में विश्वास नहीं करते जो उनके बीच नैसर्गिक सहयोग को नष्ट करके जीवन के सभी क्षेत्रों में परस्पर प्रतिस्पर्धा को बढ़ावा देती है। इस प्रकार वे कुछ पश्चिमी देशों की नारीवादियों के प्रभाव से चलाये जा रहे नारी-स्वतन्त्रता आन्दोलनों के समर्थक नहीं हैं। वे इसे परिवार और समाज के हित में अवांछनीय मानते हैं। उनके अनुसार समानता के नाम पर ऐसी प्रतिस्पर्धा को प्रोत्साहित करना सम्पूर्ण मानव जाति के लिए घातक होगा।

चूँकि विवाह गाँधी जी की दृष्टि में एक बहुत महत्त्वपूर्ण सामाजिक उत्तरदायित्व है, मात्र काम-सुख का साधन नहीं, इसलिए बालक-बालिकाओं के विवाह द्वारा इस गम्भीर दायित्व की पूर्ति सम्भव नहीं है। इसके लिए उनका शारीरिक और मानसिक दृष्टि से परिपक्व होना अनिवार्य है। अतः कम उम्र में विवाह व्यक्ति, परिवार और समाज सभी के लिए बहुत हानिकारक मानते हुए गाँधी जी बाल

विवाह प्रथा का दृढ़तापूर्वक विरोध करते हैं। अल्पायु में विवाह के कारण व्यक्तित्व का विकास न हो पाने से न केवल वे अपने अभिभावकों पर निर्भर रहते हैं, साथ ही बहुत-सी लड़कियाँ विधवा हो जाती हैं जिनको बाक़ी का सारा जीवन नारकीय कष्ट में व्यतीत करना पड़ता है। उन्होंने लिखा है कि "मैं बाल्यावस्था में होने वाले विवाहों से घृणा करता हूँ...ऐसे विवाहों को प्रारम्भ से ही अवैध घोषित कर दिया जाना चाहिए।" ('सलेक्शन्स फ्रॉम गाँधी', सम्पादक, निर्मल कुमार बोस, पृ0 273, 278) उनकी दृष्टि से 16 वर्ष से कम आयु की लड़की का विवाह सर्वथा अनुचित है, वैसे यह आयु 20 वर्ष निर्धारित होनी चाहिए। उन्होंने यह भी कहा है कि यदि स्मृतिकारों ने बाल विवाह का समर्थन किया है तो भी वैज्ञानिक ज्ञान और अपने अनुभव के आधार पर हमें उनके मत को अस्वीकार कर देना चाहिए।

गाँधी जी के समय में भारत में बाल-विधवाओं की संख्या काफ़ी बड़ी थी। उनका पुनर्विवाह भी सम्भव नहीं था क्योंकि उसे अनुचित और निन्दनीय माना जाता था। किन्तु एक महान समाज-सुधारक होने के नाते गाँधी जी उन बाल विधवाओं के पुनर्विवाह को वांछनीय ही नहीं, आवश्यक भी मानते थे। दरअसल उन्हें अविवाहित ही माना जाना चाहिए क्योंकि अल्पायु के कारण वे विवाह का अर्थ ही नहीं जानती थीं। बड़े ही स्पष्ट शब्दों में उन्होंने कहा, "अल्पायु की लड़कियों पर वैधव्य थोपना एक घृणित अपराध है...धर्म अथवा रीति-रिवाज द्वारा थोपा हुआ वैधव्य असह्य भार है और वह गुप्त दुराचार द्वारा घर को अपवित्र तथा धर्म को पतित करता है। यदि हम अपनी पवित्रता चाहते हैं और हिन्दू धर्म को बचाना चाहते हैं तो हमें अपने आपको इस थोपे हुए वैधव्य के विष से मुक्त करना चाहिए।" ('सलेक्शन्स फ्रॉम गाँधी', पृ. 274, 279)। कन्यादान के विषय में भी उनकी दृष्टि एकदम साफ़ है। उनके अनुसार पिता अपनी बेटी का संरक्षक है, स्वामी नहीं। बेटी उसकी सम्पत्ति नहीं है जिसे वह चाहे किसी को भी दान कर दे। गाँधी जी ने इस तर्क को अनुचित और निराधार माना कि विधवायें ब्रह्मचर्य का पालन करके मोक्ष प्राप्त कर लेती हैं। उनके अनुसार बलपूर्वक थोपे हुए ब्रह्मचर्य का कोई महत्त्व नहीं है। यदि विधवाओं का पुनर्विवाह पाप है तो निश्चय ही विधुर पुरुषों का पुनर्विवाह भी पाप है। इस सम्बन्ध में किसी प्रकार का भेदभाव करना अनुचित और अन्यायपूर्ण है। जो स्त्री युवावस्था में अपनी मर्ज़ी से विवाह करने के पश्चात् विधवा हुई है, उसे स्वयं यह निर्णय करने का अधिकार है कि वह विवाह करे या न करे, उसे कोई निर्णय करने के लिए बाध्य नहीं किया जाना चाहिए। किन्तु व्यक्तिगत रूप से गाँधी युवावस्था और प्रौढ़ावस्था

में विधवा और विधुर दोनों के पुनर्विवाह के विरुद्ध हैं, जो मनुष्य की अनिवार्य नैसर्गिक आवश्यकताओं को ध्यान में रखते हुए उचित नहीं जान पड़ता।

अन्य समाज-सुधारकों की भाँति गाँधी भी दहेज-प्रथा के सामाजिक दुष्परिणामों से परिचित थे और उसका उन्होंने तीव्र विरोध भी किया। उनका मानना है कि विवाह की एकमात्र सम्मानपूर्ण शर्त पारस्परिक प्रेम के कारण स्वेच्छया प्रदान की गयी सहमति है। विवाह को परिवार के लिए धन-प्राप्ति का साधन बनाना ग़लत है। इसलिए माता-पिता को अपनी पुत्रियों को यह शिक्षा देनी चाहिए कि वे उन युवकों से विवाह करने से इनकार कर दें जो विवाह के लिए क़ीमत वसूल करना चाहते हैं। ऐसे विवाह से अविवाहित रहना अधिक सम्मानपूर्ण होगा। लेकिन, मेरी दृष्टि में, अधिक अन्तर्दृष्टिपूर्ण बात उन्होंने यह कही कि सदियों से भारतीय समाज में जड़ जमाये बैठी जाति-प्रथा ही दहेज-प्रथा का प्रमुख कारण है। इसी कारण युवक-युवतियों के लिए जीवनसाथी प्राप्त करने का क्षेत्र बहुत सीमित हो जाता है जिसके फलस्वरूप लड़कों के माता-पिता को दहेज स्वरूप धन-सम्पत्ति माँगने का अवसर मिल जाता है। दहेज-प्रथा के नाश के लिए लड़के-लड़कियों और उनके माता-पिताओं को जाति के बन्धनों को तोड़ना होगा। ये विचार आज भी प्रासंगिक जान पड़ते हैं और ख़ुशी की बात यह भी है कि बहुतेरे युवक-युवतियाँ इस मार्ग पर चल भी रहे हैं।

अपने समय में भारत में प्रचलित पर्दा-प्रथा का भी गाँधी जी ने जमकर विरोध किया। उनका तर्क था कि पर्दा-प्रथा द्वारा उस उद्देश्य को पाया नहीं जा सकता जिसे ध्यान में रखकर उसको स्त्री के लिए आवश्यक माना जाता रहा है। बलपूर्वक नारी पर सतीत्व थोपना सम्भव नहीं है। वह अपनी इच्छाशक्ति द्वारा ही उसे बनाये रख सकती है। इसके लिए पर्दे की आवश्यकता नहीं है। इन सन्दर्भ में गाँधी जी ने एक महत्त्वपूर्ण प्रश्न यह भी उठाया है कि नारी के सतीत्व के विषय में पुरुष आख़िर इतना चिन्तित क्यों है? क्या नारी भी पुरुष के चरित्र की पवित्रता के सम्बन्ध में इतनी चिन्ता करती है। शायद ऐसा नहीं है। ''फिर पुरुष को क्या अधिकार है कि वे स्त्रियों की पवित्रता के विषय में नियम बनाये।'' (देखिये सलेक्शन्स फ्रॉम गाँधी', पृ. 280)। गाँधी जी की दृष्टि में पर्दा-प्रथा पुरुष के अहंकार का परिणाम है और स्त्री-पुरुष की समानता में बाधक है। यह एक क्रूर प्रथा है जो स्त्रियों के प्रति अन्यायपूर्ण है। वे ज़ोरदार शब्दों में कहते हैं, ''स्त्रियों को वही स्वतन्त्रता क्यों नहीं मिलनी चाहिए जो पुरुषों को प्राप्त है। ...हमें अपने शक्तिशाली प्रयास द्वारा पर्दे को फाड़कर फेंक देना चाहिए।'' ('हिन्दू धर्म', पृ. 424) यह सही है कि शिक्षित परिवारों में आज

पर्दा प्रथा लगभग समाप्त हो गयी है किन्तु अशिक्षित और अर्द्धशिक्षित परिवारों में यह आज भी प्रचलित है। इसलिए गाँधी के विचार उनके लिए प्रासंगिक हैं।

अन्य सामाजिक कुरीतियों की तरह दक्षिण भारत में प्रचलित देवदासी प्रथा की भी गाँधी जी ने तीव्र निन्दा की है। वे इसे निर्दय, घृणित और हिन्दू समाज पर बहुत बड़ा कलंक मानते हैं। भ्रष्ट व्यक्तियों की वासना-तृप्ति के लिए बालिकाओं को समर्पित करना धर्म और ईश्वर, दोनों के प्रति घोर अपराध है। धर्म के आधार पर इसे सहन करना उचित नहीं है। व्यापक जनशिक्षा और अभियान द्वारा इसका समूल नाश किया जाना चाहिए।

नारी से सम्बन्धित सामाजिक समस्याओं पर गाँधी के विचारों के उपरोक्त विवेचन से यह स्पष्ट है कि इन दुष्प्रथाओं के चलते सदियों से नारी को भारतीय समाज में अपना गौरवपूर्ण स्थान नहीं मिल सका है। निश्चय ही प्रगति हुई है किन्तु अभी भी बहुत कुछ करना बाकी है। गाँधी जी भी इन बुराइयों को दूर करने का मुख्य उत्तरदायित्व युवा पीढ़ी पर डालते हैं। युवा वर्ग ही ऐसे सामाजिक परिवर्तन को शान्तिपूर्ण और अहिंसात्मक ढंग से अंजाम दे सकता है। वे बड़े ही साफ़ शब्दों में कहते हैं कि युवक-युवतियों को अपने माता-पिता व अन्य अभिभावकों के ऐसे आदेशों को स्वीकार नहीं करना चाहिए जो समाज के लिए हानिकारक हैं और जिनके कारण नारी की सामाजिक प्रतिष्ठा को आघात पहुँचता है।

वर्तमान सन्दर्भ में गाँधी जी के उपरोक्त विचारों का मूल्यांकन करते समय हमें यह नहीं भूलना चाहिए कि प्रारम्भ से ही वे ऐसे न थे, उनके विचारों में निरन्तर गुणात्मक विकास देखने को मिलता है। उसके पीछे उनके अपने निजी और सामाजिक जीवन के अनुभव ही प्रेरणादायी थे। यदि आज वे जीवित होते तो शायद बदलती परिस्थितियों के अनुरूप उनमें यथोचित परिवर्तन करते। हमारा इशारा सन्तति-निग्रह के लिए कृत्रिम उपायों के प्रयोग का उनके द्वारा विरोध किया जाना और केवल आत्म-संयम की वकालत करना है जो आज बढ़ती जनसंख्या को संयमित करने की दृष्टि से उपयोगी नहीं जान पड़ता। इसी तरह काम-सम्भोग को केवल सन्तानोत्पत्ति तक सीमित करने की बात भी उचित नहीं है। काम एक नैसर्गिक आवश्यकता है और ब्रह्मचर्य के नाम पर उसका अनावश्यक दमन व्यक्ति और समाज के स्वास्थ्य के लिए घातक है। हर कोई गाँधी की तरह नैतिक रूप से इतना साहसी नहीं होता कि अपने ब्रह्मचर्य की परीक्षा कर सके और उसे सबके सामने रख सके। यद्यपि वे किसी पर ब्रह्मचर्य थोपने के पक्ष में नहीं हैं किन्तु सम्भोग को केवल सन्तानोत्पत्ति तक सीमित करने की बात ऐसे में अन्तर्विरोधी जान पड़ती है। शायद वे इस विषय पर परम्परागत धार्मिक विचारों

से पूरी तरह उबर नहीं पाये जो आज के विकसित शरीर विज्ञान, मनोविज्ञान की दृष्टि से सर्वथा अनुचित है।

प्रारम्भ में ही हम चर्चा कर चुके हैं कि किस तरह राजनीतिक जीवन में नारियों को सहभागी बनाकर गाँधी ने एक वैचारिक 'पैराडाइम शिफ्ट' को जन्म दिया जिसने नारी सशक्तीकरण को एक नैतिक औचित्य प्रदान किया। इस बदली हुई सोच के दूरगामी परिणाम हुए। सामाजिक पुनर्निर्माण में नारी की सक्रिय भूमिका के स्वीकार ने धर्मशास्त्रीय परम्परा और औपनिवेशिक दासता, दोनों पर प्रश्नचिह्न लगा दिये। धीरे-धीरे उन परिस्थितियों के निर्माण को बढ़ावा मिला जो नारी सशक्तीकरण के लिए आवश्यक थीं। यह सही है कि गाँधी के आवाहन पर महिलाएँ राजनीतिक क्षेत्र में सक्रिय हुईं लेकिन परम्परावादी होने के कारण जीवन के अन्य क्षेत्रों में पितृसत्ता को चुनौती नहीं दे सकीं। वे महिलाएँ भी जो राष्ट्रीय आन्दोलन में उभरकर सामने आयीं, राजनीति के क्षेत्र में निर्णय लेने के स्तर तक कम ही पहुँच सकीं। नारी के समान अधिकारों की वकालत करते हुए भी गाँधी ने स्त्रियों को अलग से अपने स्त्री-सम्बन्धी सरोकारों के इर्द-गिर्द संगठित होने को कभी प्रोत्साहित नहीं किया। वे इन्हें राष्ट्रीय आन्दोलन से जोड़कर ही देखते रहे। उनका विचार कि समाज-निर्माण में आगे आने से महिलाओं को अन्य क्षेत्रों में शोषण से अपने आप मुक्ति मिल जायेगी, पूरी तरह प्रतिफलित नहीं हुआ।

आज जब हम नारी सशक्तीकरण की बात करते हैं तो पितृसत्ता की संरचनाओं को कठघरे में खड़ा पाते हैं, जिन्हें नष्ट किये बिना नारी-मुक्ति सम्भव नहीं है। हम नारी के आर्थिक स्वावलम्बन, आर्थिक और राजनीतिक समानता की बात करते हैं जो उनकी सामाजिक परिस्थितियों में बदलाव ला सके। हम शिक्षा द्वारा स्त्री-पुरुष के सोच में बदलाव की बात भी करते हैं किन्तु उस तक सीमित नहीं रहते। गाँधी जी के विचारों/कर्मों की सीमा भी यही है कि उनकी दृष्टि में नारी सशक्तीकरण की समस्या मुख्यतः एक नैतिक समस्या है। वर्चस्व की पुरुष मानसिकता, शक्ति का दुरुपयोग, दोहरी नैतिकता, धर्म के पाखण्ड आदि पर तो वे करारी चोट करते हैं किन्तु उन आर्थिक-सामाजिक परिस्थितियों को बदलने की बात नहीं करते जो इस शक्ति का स्रोत है। इसके विपरीत नारी की परम्परागत घरेलू भूमिका पर मुहर लगाकर वे सत्ता के संरचनात्मक ढाँचे को और मज़बूती प्रदान करते प्रतीत होते हैं। इसी कारण उनके विचारों में एक अन्तर्विरोधजन्य तनाव भी दिखाई देता है, जब वे नारी की घरेलू भूमिका के साथ उसकी राजनीतिक संघर्ष में भागीदारी की वकालत करते हैं।

कतिपय नारीवादियों का यह आरोप सही जान पड़ता है कि गाँधी जी

स्त्री के काम-जीवन को उचित महत्त्व प्रदान नहीं करते। वे स्त्री की अत्यन्त त्यागमयी, सहिष्णु, अहिंसक छवि में विश्वास करते हैं जिसका प्रवेश सार्वजनिक जीवन में राजनीति को स्वच्छ और शुद्ध बनाएगा और राजनीतिज्ञों की असीम महात्त्वाकांक्षाओं को सीमित करेगा। यथार्थ में हम पाते हैं कि स्त्री में भी दुर्बलताएँ हैं और वह पुरुष के मुक़ाबले अधिक उत्कृष्ट या महान नहीं है। इसका अर्थ यह नहीं है कि इसे समान अधिकार पाने का हक़ नहीं है। लेकिन कई बार लगता है कि गाँधी की पुकार मध्यमवर्गीय, उच्च जाति की महिलाओं तक पहुँच पाती है, दलितों तक नहीं।

अन्त में हम कह सकते हैं कि कई विरोधाभासों के बावजूद नारी सशक्तीकरण के गाँधी जी के विचारों और कार्यों की स्वतन्त्रता आन्दोलन के दौरान, उसके बाद और आज तक एक प्रेरणास्पद भूमिका से इनकार नहीं किया जा सकता। उनके समय से चली आ रही कई सामाजिक समस्याओं से हम अभी तक मुक्त नहीं हो सके हैं। यहाँ संघर्ष में उनके विचार हमारी थाती हैं। लेकिन 21वीं शताब्दी के बदलते परिदृश्य में जो नयी-नयी समस्याएँ उभर रही हैं, उसके लिए हमें, उन्हीं की तरह, जड़ परम्पराओं और पश्चिम के नक़लचीपन से अलग हटकर विचार/कर्म करना होगा। नारी सशक्तीकरण में गाँधी-विचार की ज़रूरी भूमिका है किन्तु यह काफ़ी नहीं।

विवेकानन्द का समाज-दर्शन : अपने समय में, हमारे समय में

कुछ वर्ष पूर्व हमने स्वामी विवेकानन्द की 150वीं जन्मशती काफ़ी धूमधाम से मनाई। अलग-अलग विचारधाराओं को मानने वालों ने उन्हें अपने-अपने ढंग से व्याख्यायित कर अपना बताने का प्रयत्न किया। ऐसे में कई सवाल बड़े स्वाभाविक रूप से मन में उठे। पहला और महत्त्वपूर्ण सवाल तो यही है कि किसी महापुरुष, जो विचारक और समाज-सुधारक दोनों ही रहा हो, को हम कैसे याद करें? उसकी उपलब्धियों का मूल्यांकन हम उस समय सन्दर्भ में रखकर करें जब वह जीवित और सक्रिय था या फिर उसके अवदानों को आज के समय में प्रासंगिकता के साथ जोड़कर देखें। मेरे विचार से दोनों ही दृष्टियाँ अपेक्षित हैं, अकेली दृष्टि उनके साथ न्याय नहीं कर पायेगी। आइये देखें कि दोनों दृष्टियों, ऐतिहासिक और सामयिक, से देखने पर हम विवेकानन्द को कैसे मूल्यांकित कर सकते हैं। इसी क्रम में शायद हमें उन प्रश्नों के उत्तर भी मिल जायें जो विवादास्पद नज़र आते हैं, जैसे—विवेकानन्द को हिन्दुत्व-राष्ट्रवादी मानें या समाजवादी, नारी-उत्थान का प्रणेता समझें या नारीवाद का विरोधी, जातिवाद का समर्थक या उसका विरोधी आदि-आदि। भारतीय पुनर्जागरण के सन्दर्भ में यह प्रश्न भी विचारणीय है कि विवेकानन्द को हम पुनरुत्थानवादी कहें याकि नवनिर्माण का प्रणेता।

सच्चाई की तह तक पहुँचने के लिए, सबसे पहले, हमें उन पूर्वाग्रहों से मुक्त होना पड़ेगा जो हमने पश्चिम के औपनिवेशिक विमर्श का जवाब देने की प्रक्रिया में पाल रखे हैं। इनमें से एक है अतीत की अपनी संस्कृति के प्रति आत्ममुग्धता का भाव, बाहर से आयी (इस्लाम और ईसाई) संस्कृतियों के प्रति वैर भाव और स्वयं के विश्वगुरु होने का स्वप्न। ये हमारे निरपेक्ष ढंग से सोचने में बाधक हैं और इनके चलते हम अपने ही महापुरुषों को इतना महिमामण्डित कर देते हैं कि उनके अवदानों का सही मूल्यांकन नहीं कर पाते। पिछले वर्षों में जब बँगला के प्रसिद्ध उपन्यासकार शंकर ने 'विवेकानन्द की आत्मकथा' शीर्षक से विवेकानन्द

की शोधपरक जीवनी प्रकाशित की तो उनके बारे में कई मिथक टूटते नज़र आये। कंचन और कामिनी को छोड़कर अन्य किसी बन्धन की वे परवाह करते नज़र नहीं आते। विशेषकर खान-पान सम्बन्धी पाबन्दी। मधुमेह के रोगी होने के बावजूद वे चॉकलेट और आइसक्रीम के शौक़ीन थे। मित्रों को अपने हाथों से पकाकर खिलाना उनका प्रिय व्यसन था। वे धूम्रपान भी करते थे। गायन में तो वे माहिर थे ही (सबसे पहले रामकृष्ण परमहंस उनकी इसी प्रतिभा से प्रभावित हुए थे), साथ ही मुक्केबाज़ी, घुड़सवारी, तैरना और गोल्फ़ खेलने का भी उन्हें शौक़ था। इस जीवनी से इस बात की भी सही जानकारी मिलती है कि वे किन-किन बीमारियों से ग्रस्त थे जिस कारण अल्पायु में ही उनका देहान्त हो गया। अपनी पैत्रृक सम्पत्ति को लेकर पट्टीदारों से क़ानूनी विवाद, छोटे भाई का लन्दन जाकर ग़ायब हो जाना, दो छोटी बहनों की अकाल मृत्यु और माता को लेकर उनकी चिन्ताओं का अन्त न था। लेकिन इन सबके बावजूद, एक महत्तर उद्‍देश्य के लिए समर्पित होकर, एक कर्मयोगी की भाँति जिस अथक परिश्रम के साथ उन्होंने कार्य किया, वह विरल ही है और यही उन्हें अविस्मरणीय बनाता है। ये जानकारियाँ जहाँ उन्हें देवता से मानव रूप में देखने को बाध्य करती हैं, वहीं अल्प आयु में उनकी उपलब्धियाँ मनुष्य में छिपी अनन्त सम्भावनाओं की ओर भी इशारा करती हैं जिनको जगाना ही उनकी शिक्षा का उद्‍देश्य था। यह उनके चमत्कारी व्यक्तित्व और कार्यों का ही परिणाम था कि भारत के स्वतन्त्रता संग्राम के दिग्गज नेता—तिलक, बोस, टैगोर, अरविन्द, नेहरू, राधाकृष्णन और गाँधी तक उनसे प्रभावित नज़र आते हैं।

विवेकानन्द का जन्म उस भारत में हुआ था जो 1857 के असफल विद्रोह के बाद की हताशा से ग्रस्त था। एक ओर हिन्दू धर्म और समाज, सदियों से चली आ रही रूढ़िवादिता और जड़ता के कारण अपना सांस्कृतिक आत्मविश्वास खो चुका था तो दूसरी ओर अंग्रेज़ों द्वारा किये जा रहे अत्याचार और परिवर्तनों के सामने कुछ भी न कर पाने को विवश था। भक्तिवादी आन्दोलन अपने व्यक्तिवादी चिन्तन, निवृत्ति मार्ग और व्यक्तिगत मोक्ष की साधना के चलते सामूहिक कर्म की क्षमता खो चुका था और पलायनवाद का शिकार हो गया था। ऐसे में, विवेकानन्द के सामने पारम्परिक सोच की सीमायें स्पष्ट थीं। इसी कारण उनके अपने शिक्षा-गुरु आचार्य शंकर और दीक्षा-गुरु रामकृष्ण परमहंस से मतभेद थे। उन्होंने शास्त्रों से प्राप्त ज्ञान के स्थान पर स्व-अनुभूति को वरीयता प्रदान की और आध्यात्मिक साधना में जन्माधारित अधिकार-भेद को भी अमान्य क़रार कर दिया। उनके इस छोटे-से क़दम ने वेदान्तिक आध्यात्मिकता के लिए सार्वभौमिकता का दरवाज़ा खोल दिया। वेदान्त व्यवहार में कैसे प्रतिफलित हो,

इसके लिए शास्त्रज्ञ होने या किसी विशेषाधिकार की आवश्यकता नहीं रह गयी।

पश्चिम की प्रतिक्रिया के रूप में, विवेकानन्द के जन्म के पहले ही से, भारत में कई तरह की विचारधारायें और सामाजिक सुधार आन्दोलनों का जन्म हो चुका था। उत्तर में आर्य समाज, पश्चिम में प्रार्थना समाज और बंगाल में ब्रह्म समाज की स्थापना हो चुकी थी। विवेकानन्द को ब्रह्म समाज की कार्यप्रणाली और विचारधारा का व्यक्तिगत अनुभव था। धीरे-धीरे उनके सामने इन सुधार आन्दोलनों की सीमायें भी स्पष्ट हो चली थीं। इनका उच्च वर्ग-वर्णीय स्वरूप, व्यक्तिगत साधना के स्थान पर सामूहिक साधना पर बल और अपने को धार्मिक रीति-रिवाजों में परिवर्तन तक ही मुख्यतः सीमित रखने के कारण इनमें जन-आन्दोलन बनने की क्षमता नहीं थी। एक ओर राजा राममोहन राय और केशवचन्द्र सेन की उदारवादी-आधुनिक विचारधारा मानने वाले लोग थे जो परम्परागत धार्मिक रीति-रिवाजों में परिवर्तन के पक्षधर थे तो दूसरी ओर दयानन्द जैसे पुनरुत्थानवादी भी थे जो वेदों के कट्टर समर्थक थे और उन्हें ही समस्त ज्ञान का स्रोत मानते थे। सारे देश का भ्रमण करने के कारण विवेकानन्द के सामने भारतीय जनता की भूख, ग़रीबी, दरिद्रता, दासता की सच्चाई से मुँह मोड़ना सम्भव नहीं था। व्यक्तिगत साधना द्वारा मोक्ष-प्राप्ति की आध्यात्मिकता ही उनका एकमात्र सरोकार नहीं रह गया। वे बुद्ध के बड़े प्रशंसक थे और भूख के आगे धर्म की बात करना पाप समझते थे। भारतीय जनता को आर्थिक-सांस्कृतिक दरिद्रता से मुक्त कराना ही उनका मुख्य उद्देश्य था जो अन्य सुधारवादियों की तरह कुछ स्नातक बनाकर सम्भव नहीं था। अमेरिका की यात्रा के पीछे हिन्दू धर्म के प्रचार-प्रसार से ज़्यादा पश्चिमी मदद और पैसा जुटाना था जिससे भारत की ग़रीब जनता का उद्धार हो सके। उन्होंने अपने एक मित्र को लिखा भी था कि "In fact, I came here with the object of quietly raising some funds".[1] हमें यह भी नहीं भूलना चाहिए कि जहाँ उन्होंने पश्चिम में आध्यात्मिकता और निवृत्ति का उपदेश दिया, वहीं भारतीयों को प्रवृत्ति मार्ग और समाज-सुधार का न केवल सन्देश दिया बल्कि उसे पूरा करने में अपना जीवन होम कर दिया। दरअसल वे भारतीय ढंग की आधुनिकता के प्रवर्तक के रूप में हमारे सामने आते हैं जिसे भारतीय परम्परा और पश्चिमी आधुनिकता, दोनों ही स्वीकार हैं लेकिन वे किसी के अन्धभक्त भी नहीं हैं।

पूर्व के सामाजिक विचारकों और सुधारकों की सीमाओं से अपने अनुभव और देश-भ्रमण के आधार पर परिचित होने के कारण समाज-पुनर्निर्माण का जो मार्ग विवेकानन्द ने चुना, वह कई अर्थों में विशिष्ट और प्रगतिशील था। जिस वेदान्त को उन्होंने राष्ट्र-निर्माण का तात्त्विक आधार बनाया, उसमें सभी धर्मों के

सच होने और एकात्मकता पर बल दिया गया है। यह बात सुधार आन्दोलनों द्वारा प्रतिपादित धार्मिक सहिष्णुता के सिद्धान्त से अलग थी। सभी धर्म एक ही परम तत्त्व की प्राप्ति की ओर अग्रसर हैं, ऐसा कहकर जिस तात्त्विक एकता की स्थापना उन्होंने की वह आगे चलकर विभिन्न धर्मावलम्बी, स्वतन्त्रता सेनानियों के उपनिवेशवाद-विरोधी आन्दोलन का आधार बनी। सभी धर्मों को सच्चा मानने से एक-दूसरे श्रेष्ठ बताने वाले सम्प्रदायवादियों की जड़ ही कट गयी।

विवेकानन्द का दूसरा महत्त्वपूर्ण अवदान उनकी स्वतन्त्रता की व्यापक धारणा है। वे केवल आध्यात्मिक स्वतन्त्रता के ही पक्षधर नहीं थे, अपितु सामाजिक, आर्थिक, राजनीतिक स्वतन्त्रता तक उसका विस्तार करना चाहते थे। इसके लिए वे समान प्राकृतिक अधिकारों के सिद्धान्त को मानते थे। उन्हीं के शब्दों में, "स्वतन्त्रता का निश्चय ही अर्थ नहीं है कि यदि मैं और आप किसी की सम्पत्ति को हड़पना चाहें तो हमें ऐसा करने से न रोका जाये, किन्तु प्राकृतिक अधिकार का अर्थ यह है कि हमें अपने शरीर, बुद्धि और धन का प्रयोग अपनी इच्छानुसार करने दिया जाये और हम दूसरों को कोई हानि न पहुँचायें, और समाज के सभी सदस्यों को धन, शिक्षा और ज्ञान प्राप्त करने का समान अधिकार हो।"[2] उनका यह कथन उनको सभी को समान अवसर के सिद्धान्त के हिमायती के रूप में प्रस्तुत करता है।

उन्होंने अच्छी तरह समझ लिया था कि उच्च वर्ग-वर्ण तक सीमित, अंग्रेज़ी शिक्षा और धार्मिक सुधार आन्दोलनों से इस देश की दबी-कुचली, गरीब जनता का कुछ भी भला होने वाला नहीं है। इसलिए उन्होंने अपने प्रयास समस्त जनता के नैतिक, शैक्षिक, सामाजिक और सांस्कृतिक उत्थान की दिशा में केन्द्रित किये। इसके लिए उन्होंने न केवल निर्भयता और शक्ति का सन्देश दिया अपितु व्यापक रूप से रचनात्मक-सामाजिक कार्य को आगे बढ़ाने के लिए रामकृष्ण मिशन की स्थापना की। पिछले एक सौ वर्ष से अधिक समय में रामकृष्ण मिशन ने शिक्षा, चिकित्सा, प्राकृतिक आपदा प्रबन्धन आदि क्षेत्रों में सेवा का जो उदाहरण प्रस्तुत किया है, वह अतुलनीय है। सेवा का यही आदर्श और व्यवहार वह थाती है जो आज भी विवेकानन्द को प्रासंगिक बनाती है।

विवेकानन्द ने अपने को राजनीतिक संघर्ष से अलग रखा। उन्होंने कांग्रेस की आलोचना भी यह कहकर की कि उसके पास भारतीय जनता के उत्थान के लिए कोई रचनात्मक कार्यक्रम नहीं था। शायद इसके पीछे उनकी दूरदृष्टि थी जिसने देख लिया कि सदियों से पददलित, ग़ुलाम जनता को एकाएक क्रान्तिकारी नहीं बनाया जा सकता। इसके लिए नये मनुष्य का निर्माण करना होगा जो शिक्षा और सामाजिक सुधार से ही सम्भव था। शिक्षा का जो लक्ष्य उन्होंने निर्धारित

किया, उसमें पश्चिमी भौतिकतावाद और भारतीय आध्यात्म का अभूतपूर्व संगम देखने को मिलता है। उन्हें न केवल आत्मा की चिन्ता है अपितु वे भौतिक उन्नति के लिए भौतिक कार्यकुशलता को भी उचित स्थान देने के पक्षपाती हैं। आदर्श मनुष्य के उन्होंने चार गुण—अभय, अहिंसा, असंग और आनन्द, लक्षित किये और शिक्षा को मनुष्य में निहित पूर्णता की अभिव्यक्ति के रूप में परिभाषित किया। शिक्षक और शिक्षा का कार्य मानवीय क्षमता के स्वाभाविक विकास में आने वाली बाधाओं को दूर करना है जिससे वह पूर्णता को प्राप्त कर सके। शिक्षा को महज़ सूचना तक सीमित करने की प्रवृत्ति की उन्होंने जमकर आलोचना की। शिक्षा उनके अनुसार ऐसी प्रक्रिया है जिससे चरित्र का निर्माण होता है, आत्मविश्वास और आत्मनिर्भरता का विकास होता है, इच्छा-शक्ति, साहस, शक्ति और विपरीत परिस्थितियों में धैर्य धारण करने की क्षमता में वृद्धि होती है, विश्व-बन्धुत्व और मानव मात्र की एकता और सेवा-भावना का विकास होता है, साथ-ही-साथ बुद्धि की तीक्ष्णता और केन्द्रीयता में भी बढ़ोतरी होती है जिससे वह चिन्तन और व्यवहार में आत्मनिर्भर हो सके। इस तरह विवेकानन्द शिक्षा द्वारा व्यक्तित्व का बहुआयामी विकास करना चाहते थे जिसमें शारीरिक, मानसिक और नैतिक सभी पक्षों का सन्तुलित विकास सम्मिलित हैं। दरअसल शिक्षा का उद्देश्य उनकी दृष्टि में जीवन जीने की कला का प्रशिक्षण और तैयारी ही है जिसमें शिक्षक का कार्य मात्र एक सुसाध्यक (Facilitator) का है जो आत्मा पर पड़े अज्ञान के आवरण को हटाकर प्रत्येक मनुष्य में निहित प्रकाश को सामने ले आता है। विद्यार्थी ही उनकी शिक्षा के केन्द्र में है। उन्हीं के शब्दों में "The only true teacher is he who can immediately come down to the level of the student, and transfer his soul to the the student's soul and see through the student's eyes and hear through his ears and understand through his mind. Such a teacher can really lead and none else".[3]

मनुष्य-निर्माण की अपनी संकल्पना के अनुरूप ही शिक्षा के माध्यम के रूप में न केवल मातृभाषा को उन्होंने प्राथमिकता दी अपितु अंग्रेज़ी को भी विज्ञान और प्रौद्योगिकी की शिक्षा के लिए आवश्यक माना। साथ ही संस्कृत-शिक्षा पर भी बल दिया जिससे हम अपने क्लासिकीय ग्रन्थों का अध्ययन कर परम्परा का ज्ञान प्राप्त कर सकें। इसीलिए उनके अनुसार पाठ्यक्रम में शारीरिक, भाषिक, शास्त्रीय, धार्मिक, वैज्ञानिक, प्रौद्योगिकीय और सौन्दर्यात्मक, ज्ञान के सभी पक्षों को यथोचित स्थान मिलना चाहिए। संक्षेप में, विवेकानन्द शिक्षा द्वारा ही मनुष्य में निहित उच्चतम सम्भावनाओं के प्रस्फुटन द्वारा जिस नये मनुष्य को गढ़ना

चाहते थे, उसमें भारतीय परम्परा और पश्चिमी आधुनिकता के उत्कृष्ट तत्त्वों का समन्वय ही उनका उद्देश्य था।

"भारत के पतन का कारण स्त्रियों की उपेक्षा है" —ऐसे मौलिक विचार रखने वाले विवेकानन्द के नारी-सम्बन्धी विचारों की चर्चा भी यहाँ असंगत न होगी। आजीवन ब्रह्मचर्य व्रत का पालन करने वाले संन्यासी विवेकानन्द ने नारी को आध्यात्मिक मार्ग में बाधा मानने से इनकार कर दिया। परम्परा से अलग उनके इन विचारों के पीछे गुरु-माता का प्रभाव और उनका अपना वैश्विक अनुभव ही था। उन्होंने यह कहकर लिंग-भेद मानने से इनकार कर दिया कि जब वेदान्त के अनुसार एक ही आत्म-तत्त्व सभी मानवों में विद्यमान है तो फिर भेद कैसा? उनके अनुसार यह धारणा कि लड़के लड़कियों से श्रेष्ठ हैं, ग़लत पालन-पोषण का नतीजा है। यद्यपि दोनों की क्षमताओं में भिन्नता को उन्होंने यह कहकर स्वीकारा कि यदि पुरुष शारीरिक रूप से अधिक कठोर श्रम करने में सक्षम है तो नारी जन्मदात्री होने के कारण अधिक सहनशील होती है। लेकिन, उन्हीं के शब्दों में "In what scripture do you find statements that women are not competent for knowledge and devotion".[4]

विवेकानन्द जीवन के विविध क्षेत्रों में प्राचीन भारतीय नारियों की उपलब्धियों के प्रशंसक थे और यह मानते थे कि मुग़लकाल और ब्रिटिश ग़ुलामी का समय स्त्रियों की सामाजिक निम्नता का द्योतक है। वे स्त्रियों की शिक्षा और आत्मनिर्भरता के इतने हिमायती थे कि कह सकें कि स्त्रियों को अपनी समस्याएँ अपने ढंग से हल कर सकने की छूट और मौक़ा मिलना चाहिए। वे शक्तिशाली पदों पर कार्य कर सकने के सर्वथा योग्य हैं, उन्हें पुरुषों की पिछलग्गू होने की कोई ज़रूरत नहीं। अपने जीवन-व्यवहार में भी उन्होंने इस बात को निभाया और सिस्टर निवेदिता जैसी कई योग्य महिलाओं को रामकृष्ण मिशन में महत्त्वपूर्ण कार्यभार की ज़िम्मेदारी प्रदान की। उनका यह कथन बड़ा ही सारगर्भित है कि—"If you do not allow one to become a lion, he will become a fox."[5]

सीता उनकी दृष्टि में आदर्श नारी की प्रतिमा है क्योंकि वे नैतिक पवित्रता की क़ीमत पर बौद्धिकता को स्वीकार नहीं करते। उनके अनुसार, जहाँ पश्चिम में नारी का आदर्श-आदर्श पत्नी है, वहीं भारत में मातृत्व ही आदर्श नारीत्व है। स्त्री-पुरुष के दृष्टिकोणों में भिन्नता होती है और इसी कारण विवेकानन्द स्त्री-पुरुष सम्बन्धों में सन्तुलन के पक्षधर थे। यदि विधवा विवाह के उनके विरोध (जो इस आशंका से ज़्यादा था कि इससे बंग-समाज में पहले ही से लड़कियों के विवाह की समस्या और ज़्यादा बढ़ जायेगी) को आज न भी स्वीकारें तो भी स्त्रियों के

प्रति सम्मान और उनके विचार और कर्म आज भी प्रगतिशील जान पड़ते हैं। उन्होंने बाल विवाह का जमकर विरोध किया था जिस कारण अधिकांश स्त्रियों का जीवन नारकीय होने को अभिशप्त था।

यद्यपि विवेकानन्द वर्ण-व्यवस्था को, सैद्धान्तिक आदर्श के रूप में बुद्धिसंगत स्वीकारते हैं लेकिन उसके पतित, यथार्थ रूप-जाति व्यवस्था का विरोध भी करते हैं। यह उनके कथनों में दो प्रकार से व्यक्त होने के कारण कई बार विरोधाभासी-सा प्रतीत होता है। अधिक प्रबुद्ध श्रोताओं के सम्मुख वे जाति-व्यवस्था के परिष्कार और समाज के अवयवी सिद्धान्त का प्रतिपादन करते हैं। यह असमंजस हमारे समाज के चिन्तकों-सुधारकों, यहाँ तक कि गाँधी, में भी देखने को मिलता है। शायद इसके पीछे उनका यह भोला विश्वास रहा है कि ऊँच-नीच की पदक्रम वाली जाति व्यवस्था का परिष्कार सम्भव है, जो ऐतिहासिक रूप से सत्य साबित नहीं हुआ। लेकिन इसका तात्पर्य यह नहीं है कि विवेकानन्द ने भारतीय समाज के उच्च वर्गों की कुटिलता, अहंकार और धूर्तता को माफ़ कर दिया। देश की दरिद्र और असहाय जनता के प्रति उनके अत्याचार के विरुद्ध उनकी घृणा और क्रोध, विभिन्न अवसरों पर, अत्यन्त कटु शब्दों में व्यक्त हुआ है। उनके कथन को उद्धृत करने का लोभ-संवरण करना कठिन है—"भारत के उच्च वर्गों, क्या अपने को जीवित समझते हो? तुम तो केवल दस हज़ार वर्ष पुरानी ममियाँ हो। भारत में यदि किसी में तनिक-सी प्राणशक्ति शेष रह गयी है तो वह उन लोगों में है जिन्हें तुम्हारे पूर्वज चलती-फिरती लाश समझकर घृणा करते थे। ...तुम पुरातन भारत के शव के मांसहीन और रक्तहीन अस्थिपिंजर हो, तुम शीघ्र ही राख बनकर हवा में विलीन क्यों नहीं हो जाते? तुम अपने को शून्य में विलीन कर दो और तिरोहित हो जाओ, और अपने स्थान पर नये भारत का उदय होने दो। उसे (नये भारत को) उठने दो, हल की मूँठ पकड़े हुए किसान की कुटिया में से, मछुओं, मोचियों और भंगियों की झोपड़ियों में से। उठने दो उसे परचूनी वाले की दुकान से और पकौड़े बेचने वाले की भट्टी से। उठने दो उसे कारख़ानों से, हाटों से और बाज़ारों से। ...अतीत के अस्थिपिंजरों। यहाँ तुम्हारे समक्ष तुम्हारे उत्तराधिकारी खड़े हैं जो भविष्य का भारत हैं।"[6]

उपरोक्त उद्धरण से यह तो स्पष्ट है कि विवेकानन्द के अनुसार भारत के भविष्य का पुनर्निर्माण 'सामान्य जनता' की नींव पर होगा, पुराने अभिजात वर्ग और सामन्त वर्ग की क़ब्रों पर नहीं। इसके पीछे भारतीय समाज के ऐतिहासिक परिवर्तन को देखने की उनकी अपनी दृष्टि थी। उनके अनुसार भारतीय इतिहास में दो सामाजिक प्रवृत्तियाँ रही हैं। ब्राह्मण और क्षत्रिय निरन्तर जनता के शोषण में

लगे रहे। दोनों के बीच सत्ता-प्राप्ति के लिए संघर्ष और कभी-कभी सहयोग का भी इतिहास रहा है। अब इस आधिपत्य की समाप्ति का समय आ गया है। भविष्य में भारत राष्ट्र पर कमज़ोर जातियों का प्रभुत्व होगा, ऐसा उनको साफ़ दिख रहा था। इस अर्थ में वे सामाजिक विकास के चक्रीय सिद्धान्त को प्रतिपादित करते प्रतीत होते हैं जो एक ओर दलित वर्गों के शोषण की धारणा को समाहित करने के कारण मार्क्सवाद के क़रीब लगती हैं तो दूसरी ओर शोषक वर्गों के बीच संघर्ष की अवधारणा के कारण परेटो की 'विशिष्ट वर्गों के चक्रावर्तन' से मिलती-जुलती है।

विवेकानन्द ने एक बार कहा था—"मैं इसलिए समाजवादी नहीं हूँ कि वह पूर्ण व्यवस्था है, बल्कि इसलिए कि आधी रोटी न कुछ से अच्छी है।"[7] यहाँ यह प्रश्न उठना स्वाभाविक ही है कि वे किन अर्थों में समाजवादी कहे जा सकते हैं। उनकी रचनाओं में सामाजिक समानता का समर्थन और सामाजिक ऊँच-नीच का प्रबल विरोध देखने को मिलता है। साथ ही उन्होंने समान अवसर के सिद्धान्त का समर्थन यह कहकर किया कि "यदि प्रकृति में असमानता है तो भी सबके लिए समान अवसर होना चाहिए अथवा यदि कुछ को अधिक और कुछ को कम अवसर दिया जाये तो दुर्बलों को सबलों से अधिक अवसर दिया जाना चाहिए।"[8]

किन्तु विवेकानन्द को प्रचलित पश्चिमी अर्थों में समाजवादी या मार्क्सवादी नहीं कहा जा सकता। उनका विश्वास समाज के अवयवी विकास में था। वे समाजवाद के लक्ष्य की प्राप्ति के लिए हिंसात्मक क्रान्ति का समर्थन करने को तैयार न थे। और न ही उनका विश्वास ऐतिहासिक भौतिकवाद और आर्थिक नियतिवाद में था। क्रान्ति के लिए सर्वहारा के संगठित दल के स्थान पर उन्होंने ध्येयनिष्ठ, त्यागी संन्यासियों को संगठित करने का प्रयास किया। उनका उद्देश्य सामाजिक क्रान्ति नहीं, समाज-सुधार था जिसमें चरित्र की शुद्धता और भ्रातृत्व पर अधिक बल दिया गया है। फिर भी वे समाजवाद को एक बार परख लेना चाहते थे क्योंकि वे भारत में भुखमरी और दरिद्रता का अन्त करना चाहते थे। अतः अपने आध्यात्मिक आधार के कारण उन्हें वेदान्ती समाजवादी ही कहा जा सकता है।

कुछ लोग विवेकानन्द के विचारों में हिन्दुत्व की प्रचलित राजनीतिक विचारधारा का आधार भी खोजते हैं। किन्तु ऐसा सोचना ठीक नहीं है। यह सही है कि उन्होंने हिन्दू धर्म को (वेदान्त) धर्म की उच्चतम अवस्था (Religion Perannis) के सबसे करीब माना। किन्तु सभी धर्मों में सैद्धान्तिक एकता के आधार पर जिस सार्वभौमिक धर्म की स्थापना पर उन्होंने बल दिया, उसका किसी संकीर्ण हिन्दूवाद या कट्टर हिन्दुत्व से कोई मेल नहीं है। धार्मिक अनुभूति उनके लिए व्यक्तिगत साधना का विषय थी जिसे किसी धार्मिक संगठन या सुधार की ज़रूरत नहीं है। वे इस्लाम,

ईसाई धर्मों के श्रेष्ठ पक्षों के प्रशंसक थे। अतः किसी धर्म या उसके अनुयायियों के प्रति घृणा के आधार पर राजनीति के विरोधी थे। वे धर्मों के बीच संवाद और सामाजिक समरसता के पक्षधर थे। अतः विवेकानन्द को हिन्दू पुनरुत्थानवादी के स्थान पर राष्ट्र पुनर्निर्माणवादी के रूप में देखा जाना चाहिए। इसके लिए रामकृष्ण मिशन की स्थापना के द्वारा उन्होंने शिक्षा, सेवा और समाज-सुधार का मार्ग चुना और राजनीतिक कर्म को प्रधानता नहीं दी। उन्हें मात्र एक हिन्दू हीरो के रूप में देखना उनके राष्ट्रीय व्यक्तित्व का अपमान है। वे एक सच्चे देशभक्त थे जिसे किसी कट्टर राष्ट्रवाद से कुछ भी लेना-देना नहीं था। अतः धार्मिक अस्मिता पर आधारित आज की राजनीति के समर्थन में उनके कुछ बयानों का उपयोग करना एक राजनीतिक चाल से ज़्यादा कुछ भी नहीं है।

हिन्दू धर्म की श्रेष्ठता के आधार पर विश्व-विजय का सपना देखने वाले यह भूल जाते हैं कि विवेकानन्द, विज्ञान और कतिपय पश्चिमी मूल्यों—प्रजातन्त्रात्मक सोच, स्वच्छता, संगठनात्मक क्षमता, शारीरिक स्वास्थ्य के प्रति जागरूकता, कार्य-कुशलता और सभी को (विशेषकर स्त्रियों को) सामाजिक स्वतन्त्रता और विकास के समान अवसर देने के प्रयासों के प्रबल प्रशंसक थे। वे वेदान्त, विज्ञान और उपरोक्त आधुनिक मूल्यों के समन्वय द्वारा जिस भारतीय ढंग की आधुनिकता की स्थापना करना चाहते थे, उसमें आध्यात्मिकता के साथ-साथ भौतिक मूल्यों की स्वीकार्यता भी सम्मिलित हैं। यही सोच उन्हें भारतीय नवजागरण के अन्य पुरोधाओं के सामने एक विशिष्ट दर्जा प्रदान करती है, जहाँ एक ओर दयानन्द जैसे कट्टर पुनरुत्थानवादी हैं तो दूसरी ओर ज्योतिराव फुले ऐसे कट्टर अतीत विरोधी भी हैं।

आधुनिक भारत में दलित विमर्श और नारी विमर्श के पैरोकारों को विवेकानन्द के विचार आज अप्रासंगिक लगते हैं। तो क्या हम मान लें कि हमारी परम्परा में कुछ भी श्रेष्ठ नहीं बचा है जिसकी ओर विवेकानन्द इशारा कर रहे हैं? क्या समाज में समरसता लाने के लिए दलित-उत्थान के साथ-साथ ग़ैर-दलित उत्थान भी ज़रूरी नहीं है? क्या स्त्री-पुरुष सम्बन्धों में पत्नी की केन्द्रीयता स्वीकार करने के लिए मातृत्व की केन्द्रीयता को तिलांजलि देनी होगी? क्या भारतीय आधुनिकता की संरचना पूरी तरह परम्पराविहीन होगी? फिर उसमें और पश्चिमीकरण में क्या अन्तर रह जायेगा? क्या हमारे लिए यह वांछनीय है?

वर्तमान सांस्कृतिक संकट के सन्दर्भ में जब हम उपरोक्त प्रश्नों पर विचार करते हैं तो कई अर्थों में विवेकानन्द के विचारों को आज भी प्रासंगिक पाते हैं। अपने समय में हिन्दू धर्म में व्याप्त अन्धविश्वास, भ्रष्टाचार, संकीर्णता, अबौद्धिकता पर विवेकानन्द ने जो करारा प्रहार किया था, क्या हम आज भी उससे

पूरी तरह मुक्त हो सके हैं? नहीं। पुणे में तर्कवादी डॉ. दाभोलकर की हत्या और कतिपय धर्मगुरुओं का विचलन आज भी हमें धर्म को तार्किकता और नैतिकता की कसौटी पर भी कसने की ज़रूरत को रेखांकित करता है। अभी वह काम पूरा नहीं हुआ है जिसका प्रारम्भ विवेकानन्द ने अपनी वाणी और कर्मों से किया था। जिस अद्वैतिक अनुभूति की व्यक्तिगत साधना को वे आध्यात्मिकता की कुंजी समझते थे, वह धर्म के भूमण्डलीकृत बाज़ार में कहीं खो गयी है। आध्यात्मिकता की स्थापना करने की चाह रखने वालों के लिए आज यह बड़ी चुनौती है। भारत के सामाजिक जीवन में व्याप्त भ्रष्टाचार क्या शिक्षा के ज़रिये चरित्र-निर्माण की ज़रूरत को प्रासंगिक नहीं बनाता जिसकी समन्वित योजना हमें विवेकानन्द के शिक्षा सम्बन्धी विचारों में मिलती है? स्त्रियों के प्रति बढ़ती हिंसा भी क्या हमें माँ-बाप द्वारा लड़के-लड़की के पालन-पोषण में किये जाने वाले भेदभाव का निराकरण करने की ज़रूरत नहीं दर्शाती जिसकी ओर विवेकानन्द ने अपने नारी-सम्बन्धी विचारों में इशारा किया है? इक्कीसवीं सदी के परिप्रेक्ष्य में देखने पर शायद हिन्दू धर्म-सुधारक की भूमिका अब भले ही उतनी प्रासंगिक न जान पड़े, जितनी विवेकानन्द के अपने समय में थी किन्तु निःस्वार्थ सेवा का उनका विचार और कर्म आज भी प्रेरणादायी जान पड़ता है। विशेषकर जब समाजसेवा की धारणा NGOs द्वारा क़ैद कर ली गयी-सी लगती है। दया और करुणा से भिन्न दरिद्र नारायण की सेवा की उनकी संकल्पना और उससे जुड़े आत्म और समाज-निर्माण का उनका व्यावहारिक कार्यक्रम, जो सफलतापूर्वक एक शताब्दी पार कर चुका है, ऐसी थाती है जो सदियों तक विवेकानन्द को हमारे लिए प्रासंगिक बनाये रखेगी। उनमें हम गाँधी का पूर्वानुमान देख सकते हैं। आधुनिक भारत के निर्माताओं में उनका स्थान सदैव सुरक्षित रहेगा।

सन्दर्भ

1. स्वामी विवेकानन्द, *बानी और रचना (कलेक्टेड बंगाली वर्क्स),* कोलकाता, छठवाँ संस्करण, 1982, खण्ड सात, पृ. 25
2. *द लाइफ़ ऑफ़ स्वामी विवेकानन्द,* अद्वैत आश्रम, अल्मोड़ा, 1933, भाग दो, पृ. 752
3. *द कम्प्लीट वर्क्स ऑफ़ स्वामी विवेकानन्द* (आठ भाग), अद्वैत आश्रम, कोलकाता, भाग 4 पृ. 183
4. वही, भाग-7, पृ. 241-15
5. वही, भाग-7, पृ. 22
6. स्वामी विवेकानन्द, *द कम्प्लीट वर्क्स,* मायावती मेमोरियल संस्करण, 1936, जिल्द 7, पृ. 326-328
7. वही, जिल्द-6, पृ. 389
8. वही, पृ. 321

स्वामी दयानन्द और भारतीय राष्ट्रवाद

19वीं शताब्दी में भारतीय नवजागरण की पताका फहराने वाले अग्रदूतों में स्वामी दयानन्द का स्थान शीर्ष पर है। उनके द्वारा स्थापित आर्य समाज का सामाजिक सुधारों का इतिहास भी उल्लेखनीय रहा है। दयानन्द के चिन्तन और क्रियाकलापों ने भारतीय राष्ट्रवाद की नींव रखने और उसे एक ढाँचा प्रदान करने का काम भी किया है। आज भी जब स्वामी दयानन्द के देहावसान को एक शताब्दी से ज़्यादा समय व्यतीत हो चुका है, देशभक्ति और राष्ट्रवाद पर बहस जारी है। ऐसे में यह समीचीन जान पड़ता है कि हम भारत में राष्ट्रवाद के विकास में उनके योगदान की समीक्षा करें और देखें कि कालान्तर में उससे भारतीय राष्ट्रवाद का जो मॉडल तैयार हुआ है, वह हमारे लिए कितना वांछनीय है। लेकिन इसका मतलब यह नहीं है कि हम धार्मिक और सामाजिक क्षेत्रों में उनके योगदान का अवमूल्यन करें। दरअसल किसी भी महान चिन्तक-नेता के अवदान को दोनों दृष्टियों से देखा जाना चाहिए—एक, उसके अपने समय के परिप्रेक्ष्य में और दूसरे, आज के परिप्रेक्ष्य में। तभी हम उसके साथ पूरा न्याय कर सकेंगे। यह लेख ऐसा ही एक छोटा-सा प्रयास है।

(1)

दयानन्द के विचारों को समझने के लिए उस ऐतिहासिक सन्दर्भ को समझना ज़रूरी है जिसमें वे अवस्थित थे। इतिहासकारों का मत है कि अंग्रेज़ों से पहले जो आक्रान्ता—मुग़ल, तुर्क, अरब आदि भारत आये, वे आर्थिक और सांस्कृतिक दृष्टि से भारतीय सभ्यता से निम्न स्तर की सभ्यता के प्रतिनिधि थे जिन्हें आत्मसात करने में भारतीयों को किसी हीन भावना का शिकार नहीं होना पड़ा और वे यहीं रच-बस गये। किन्तु अंग्रेज़ एक ऐसी सभ्यता के प्रतिनिधि के रूप में सामने आये जो न केवल भारतीय सभ्यता से कई मायने में भिन्न थी अपितु श्रेष्ठता का दम्भ भी भरती थी। पहली बार भारत का सामना अपने से कई मायने में

श्रेष्ठ, एक तेज़, आक्रामक, विज्ञान और तकनीक से लैस, उपनिवेशवादी, सैन्य शक्ति से हुआ जो भारतीयों को बर्बर और जंगली समझते थे। यह दो संस्कृतियों की टकराहट थी जिसने भारतीयों को सोते से जगाकर, एक बौद्धिक-सामाजिक क्रान्ति को जन्म दिया। इसे ही हम नवजागरण की संज्ञा देते हैं। इस नवजागरण की कई विचारधाराएँ थीं। यदि सर्वथा परम्परावादियों को छोड़ दें तो भी उपरोक्त प्रतिक्रिया के फलस्वरूप तीन तरह की विचारधारायें सामने आयीं। पहली को हम पुनरुत्थानवादी जिसके अन्तर्गत प्राचीन भारतीय संस्कृति की एक गौरवपूर्ण संरचना को पुनर्स्थापित करने का प्रयास हुआ, दयानन्द इसी के प्रतिनिधि के रूप में सामने आये। दूसरी को हम सामंजस्यवादी धारा कह सकते हैं जिसके प्रतिनिधि राजा राममोहन राय और रानाडे जैसे सांस्कृतिक नेता थे जो अतीत की भारतीय परम्परा और पश्चिम के विज्ञान और तकनीक की परम्परा में तालमेल बिठाने की कोशिश कर रहे थे। तीसरी धारा के प्रतिनिधि ज्योतिबा फुले थे जो पूरी तरह परम्परा से कटकर स्वतन्त्रता, समता और न्याय के पश्चिमी विचारों को अपनाना चाहते थे। नवजागरण एक सांस्कृतिक आन्दोलन था जिसके ज़रिये, विपरीत परिस्थितियों में, भारतीय मानस अपनी अस्मिता तलाश रहा था।

उपरोक्त ऐतिहासिक सन्दर्भ में, स्वामी दयानन्द ने भारत की राजनीतिक पराधीनता पर विचार करते हुए पाया कि सामाजिक पतन ही इसका मुख्य कारण है। राजनीतिक स्वतन्त्रता के लिए सामाजिक कुरीतियों को दूर करना आवश्यक है किन्तु सामाजिक कुरीतियों का मूल आधार क्या है? उनके अनुसार वास्तविक वैदिक संस्कृति के भ्रष्ट हो जाने से ही कुरीतियाँ सामने आयी हैं। इसलिए मूल वैदिक संस्कृति की स्थापना ही हिन्दू समाज की कुरीतियों को दूर करने का मूल आधार है। इस प्रकार हम देखते हैं कि दयानन्द के विचारों में राजनीतिक स्वतन्त्रता, सामाजिक सुधार और वैदिक सभ्यता के पुनरुद्धार में कार्य-कारण भाव का सम्बन्ध था। अतः दयानन्द के तीनों रूप—धार्मिक उपदेशक, समाज-सुधारक और राजनीतिक सन्देश-वाहक एक-दूसरे में अनुस्यूत हैं। सुविधा के लिए हम तीनों का अलग-अलग वर्णन करेंगे किन्तु हमें इसके पीछे दयानन्द की वैचारिक दृष्टि की एकरूपता को ध्यान में रखना होगा।

धार्मिक सुधार—स्वामी दयानन्द ने देखा कि तत्कालीन हिन्दू समाज अनेक अन्धविश्वासों, जैसे—मूर्ति-पूजा, बहुदेववाद, अस्पृश्यता आदि से ग्रस्त था, जिनको वेदों के आधार पर प्रामाणिकता प्राप्त नहीं थी। उनकी दृष्टि में, इस प्रचलित धर्म का आधार पुराण-कथायें थीं, वेद नहीं। ये पुराण-कथायें न तो वेदों द्वारा समर्थित थीं और न स्मृतियों द्वारा। पुराणकाल में वेद के भाष्यकारों ने अपने

विचारों का समर्थन वेदों में खोजने की चेष्टा की और वेदों का भाष्य अपने ढंग से कर लिया। सायण और महीधर इसी ढंग के भाष्यकार थे। दयानन्द ने यास्क प्रतिपादित निरुक्त के सिद्धान्त के आधार पर वेदों का भाष्य किया और वेद-मन्त्रों का अत्यन्त सुरुचिपूर्ण अर्थ निकाला। अपने वेद भाष्यों के आधार पर उन्होंने प्राचीन भारत में अति उन्नत वैज्ञानिक संस्कृति होने का सत्य स्थापित करने का प्रयास किया।

स्वामी दयानन्द ने अपना प्रसिद्ध ग्रन्थ 'सत्यार्थ प्रकाश' हिन्दी में लिखा और उसमें यह स्थापना की कि वेद-धर्म एकेश्वरवाद का हामी है। वेद में एक ही ईश्वर का वर्णन है, यद्यपि उसे अनेक नामों से पुकारा गया है। अग्नि, वायु, सूर्य आदि पद विभिन्न देवताओं के वाचक न होकर एक ही सर्वशक्तिमान ईश्वर के विभिन्न विशेषण हैं। ये पद भौतिक पदार्थों के नाम भी हैं। उनका वास्तविक अर्थ उनके सन्दर्भ से ही निर्णीत हो सकता है। यह मत मैक्समूलर आदि के मत से भिन्न था और इसका विरोध भी हुआ किन्तु दयानन्द अपने परम्परा निरपेक्ष के सिद्धान्त पर अडिग रहे। सत्यार्थ प्रकाश में उन्होंने पौराणिक और तान्त्रिक मान्यताओं के विरोध के अलावा बौद्ध, जैन, चार्वाक आदि मतों की भी गम्भीर आलोचना की। शंकर के मायावाद का उन्होंने पुरज़ोर खण्डन किया और ऋग्वेद के आधार पर त्रैतवाद, ईश्वर, जीव और प्रकृति तीनों की स्वतन्त्र सत्ता को स्वीकार किया। उन्होंने नारा दिया कि 'वेदों की ओर लौटो' क्योंकि वेद ही सम्पूर्ण ज्ञान के भण्डार हैं, उनमें आध्यात्मिक तत्त्वज्ञान और वैज्ञानिक भौतिक ज्ञान दोनों का समावेश है। इस प्रकार उन्होंने हिन्दू धर्म को अन्धविश्वासों से मुक्त करने का प्रयत्न किया। हमें नहीं भूलना चाहिए कि उन्होंने एक तीर से तीन निशाने साधे जो उनके उद्देश्य के दुश्मनों के ख़िलाफ़ थे। इस तरह उन्होंने न केवल ईसाई और इस्लाम के धर्म-प्रचारकों के हिन्दू धर्म में अन्धविश्वास, बहुदेववाद और कर्मकाण्ड के ख़िलाफ़ प्रचार का प्रत्युत्तर देने का प्रयास किया बल्कि हिन्दू धर्म के भीतर कट्टरपन्थी ब्राह्मणों की सत्ता को भी चुनौती दी। इस कारण उन्हें सनातनियों का भयंकर विरोध झेलना पड़ा और कई बार उन्हें ज़हर देकर मारने का भी प्रयत्न हुआ।

सामाजिक सुधार–वैदिक संस्कृति के पुनरुद्धार के प्रयास के साथ ही दयानन्द को यह स्पष्ट हो गया कि हिन्दू समाज में व्याप्त तमाम कुरीतियाँ वेदों के आदर्श के विरुद्ध हैं जिसके कारण वे ईसाइयों और मुसलमानों के आक्रमण का शिकार होते रहे हैं। इसलिए उन्होंने इन सामाजिक कुरीतियों को दूर करने की चेष्टा प्रारम्भ कर दी। स्वामी दयानन्द ने मूर्तिपूजा का खुलकर कट्टर विरोध किया और

उसके ख़िलाफ़ सोलह आक्षेप लगाये। साथ ही उन्होंने बलि-प्रथा का भी विरोध किया। हिन्दुओं द्वारा विदेश-यात्रा के प्रतिबन्ध को हटाकर प्रोत्साहन देने की बात कही। वैदिक संस्कृति के आधार पर स्त्री और पुरुष की समानता के आदर्श का प्रचार करते हुए उन्होंने स्त्रियों पर लगाये गये अनेक बन्धनों का विरोध किया, स्त्री-शिक्षा और स्वतन्त्रता का समर्थन किया। वे बाल विवाह के विरोधी तथा विधवा विवाह के प्रबल समर्थक थे। स्वामी दयानन्द ने वैदिक वर्णाश्रम धर्म के पुनरुद्धार की चेष्टा की लेकिन यह भी माना कि किसी का वर्ण उसके जन्म से नहीं अपितु उसके गुण, कर्म, स्वभाव से निश्चित होना चाहिए। उन्होंने प्रचलित जाति-प्रथा का विरोध किया जिसकी प्रशंसा बाद में गाँधी जी तक ने की।

शुद्धि आन्दोलन के रूप में स्वामी दयानन्द ने एक क्रान्तिकारी योजना का सूत्रपात किया। उनका प्रयास था कि दूसरे मतों में चले गये खोये हुए हिन्दुओं को पुनः हिन्दुओं में मिला लेना चाहिए। हिन्दुओं का पुनः घर वापसी का यह आन्दोलन ही शुद्धि आन्दोलन के रूप में माना जाता है। इसकी मिसाल इससे पूर्व हिन्दू धर्म में नहीं मिलती। इसके परिणामस्वरूप ईसाई और इस्लाम धर्म में धर्मान्तरित अनेक हिन्दुओं को पुनः हिन्दू धर्म में प्रवेश दिलाने से ईसाई मिशनरियों के प्रयासों में कमी आयी।

स्वामी दयानन्द अंग्रेज़ों द्वारा लागू शिक्षा-व्यवस्था में आमूल परिवर्तन लाना चाहते थे क्योंकि उसका देश की सांस्कृतिक परम्परा से कोई सम्बन्ध नहीं था। यह व्यवस्था उन पर एक विदेशी दृष्टिकोण थोपती थी। इसलिए उन्होंने स्वदेशी शिक्षा-व्यवस्था की भूमिका रखी जिसका स्वदेशी आन्दोलन के दिनों में ज़्यादा प्रचार हुआ। उनके अनुसार शिक्षा का उद्देश्य मात्र ज्ञान प्राप्त करना नहीं अपितु चरित्र-निर्माण भी है जिससे छात्र समाज के अच्छे सदस्य बन सकें। इसके लिए उन्हें संस्कृत और वेद की ओर लौट जाना चाहिए। दयानन्द-एंग्लो-वैदिक कॉलेजों की स्थापना उन्हीं के आदर्शों के अनुरूप की गयी थी जिसमें संस्कृत और वेदों के अलावा पश्चिमी विज्ञान, दर्शन, इतिहास, अंग्रेज़ी आदि पढ़ाये जाते थे। इससे पता चलता है कि स्वामी जी का विरोध अंग्रेज़ी भाषा और पश्चिमी विज्ञान से नहीं था। लेकिन वे जातीय-राष्ट्रीय पुनरुद्धार के लिए वैदिक सभ्यता और संस्कृत भाषा का ज्ञान आवश्यक मानते थे।

अपने उपरोक्त आदर्शों को अमलीजामा पहनाने के लिए दयानन्द ने 'आर्य समाज' की स्थापना की जिसने नये समाज के निर्माण में महत्त्वपूर्ण भूमिका निभाई। बड़े पैमाने पर स्त्री-पुरुषों के लिए स्कूल-कॉलेज चलाने के अलावा बड़ी संख्या में अनाथालयों और विधवा सदनों की भी स्थापना उसने की है। स्त्री-स्वतन्त्रता

और दलित-उत्थान में उसकी भूमिका अग्रणी रही है। अकाल और बाढ़ जैसे प्राकृतिक प्रकोपों के समय राहत के काम में भी उसकी भूमिका सराहनीय रही है। इस सबके अलावा 'आर्य समाज' का एक महत्त्वपूर्ण पक्ष उसके द्वारा राष्ट्रीय चेतना का विकास भी है जिसने स्वाधीनता आन्दोलन को न केवल अनेक दिग्गज नेता दिये अपितु राष्ट्रवाद की एक परिकल्पना भी प्रदान की। हम लेख में आगे इसकी समीक्षा करने का प्रयास करेंगे।

राजनीतिक सुधार–अपने शाब्दिक-तकनीकी अर्थ में स्वामी दयानन्द कोई राजनीतिक चिन्तक नहीं थे लेकिन अत्यन्त धार्मिक होकर भी उन्होंने जीवन के भौतिक पक्ष की कभी अवहेलना नहीं की। राजनीति से बाहर रहकर भी राष्ट्रीयता का विचार उनका महत्त्वपूर्ण अवदान है। अपने कार्यों से उन्होंने राष्ट्रीयता के इस राजनीतिक विचार को सांस्कृतिक आधार प्रदान करने की चेष्टा की। उन्होंने वैदिक संस्कृति और पतनोन्मुख पौराणिक काल की संस्कृति में अन्तर दिखाकर जनमानस में वैदिक संस्कृति के प्रति गौरव का भाव पैदा करने का प्रयास किया।

यहाँ हमें स्वामी दयानन्द व समकालीन अन्य चिन्तक-विचारकों में अन्तर को भी समझना चाहिए। श्रीरामकृष्ण परमहंस और दयानन्द के विचारों में भेद यह है कि जहाँ रामकृष्ण ने भारत की समग्र प्राचीन संस्कृति को जनप्रिय बनाने का प्रयास किया, वहीं दयानन्द ने पौराणिक सभ्यता को त्यागकर केवल वैदिक सभ्यता के पुनरुद्धार की चेष्टा की। दयानन्द पौराणिक संस्कृति के बहुत सारे अन्धविश्वासी आचार-व्यवहार को स्वीकार न कर सके। इसी प्रकार हमें स्वामी दयानन्द और राजा राममोहन राय के दृष्टिकोणों की भिन्नता से मुँह नहीं मोड़ना चाहिए, यद्यपि दोनों ने भारतीय राष्ट्रीयता के सांस्कृतिक पक्ष को समृद्ध करने की चेष्टा की। जहाँ राजा राममोहन राय और ब्रह्म समाज की चेष्टा थी कि हिन्दू, मुसलमान और ईसाई आदि विविध-परम्पराओं के सामंजस्य से भारतीय संस्कृति का एक नूतन रूप बनाया जाये, वहीं दयानन्द विशुद्ध वैदिक परम्परा से भारतीय जनता को परिचित कराना चाहते थे और पश्चिम के विज्ञान और तकनीक को लेकर वैदिक सिद्धान्तों के आधार पर एक नूतन सभ्यता की सृष्टि करना चाहते थे।

दयानन्द ने यद्यपि स्वदेशी, स्वराज और राष्ट्रीयता के विचार का समर्थन किया किन्तु वे संकुचित राष्ट्रवादी नहीं थे। उन्होंने राष्ट्रभक्ति का समर्थन मिथ्या राष्ट्राभिमान के विरोध के साथ किया। उन्होंने विश्व-बन्धुत्व के विचार का भी समर्थन किया लेकिन यह भी राष्ट्रभक्ति के विरुद्ध नहीं था। दरअसल दयानन्द ने न तो भारतीय संस्कृति के सभी तत्त्वों का समर्थन किया, न ही प्रत्येक विदेशी वस्तु की निन्दा की। अंग्रेज़ों की कई बातों के वे बड़े प्रशंसक थे। इनमें अंग्रेज़ों

का राष्ट्रीय चरित्र, उनकी उच्चतर सामाजिक दक्षता, सामाजिक संगठन, आत्म त्याग एवं साहस और अनुशासनप्रियता प्रमुख है। पश्चिमी सभ्यता के इन गुणों को भारतीयों को भी अपनाना चाहिए, इसके वे क़ायल थे।

दयानन्द का राजनीतिक दर्शन राष्ट्रवाद के लिए मानसिक-सांस्कृतिक पृष्ठभूमि तैयार करने तक सीमित न था। मनुस्मृति से प्रेरणा लेकर उन्होंने आदर्श राजतन्त्र की जो रूपरेखा प्रस्तुत की, उसके सभी अंगों के निर्माण के लिए निर्वाचन के लोकतान्त्रिक सिद्धान्त को स्वीकृत किया। उनके अनुसार राजनीतिक सत्ता को आध्यात्मिक सत्ता और नैतिक सत्ता की सहायता से कार्य करना चाहिए। लेकिन उन्होंने धर्मनिरपेक्ष और भौतिकवादी मान्यताओं पर आधारित राष्ट्रवाद को सदैव शंका की दृष्टि से देखा। उनके द्वारा स्थापित आर्य समाज के सभी पदाधिकारी, ऊपर से नीचे तक चुनाव द्वारा चुने जाते थे। यह ब्राह्मण वर्ग द्वारा परम्परागत रूप से सत्ता-प्राप्ति के विपरीत था। उनके अनुसार विशाल राज्य की इकाई गाँव ही होनी चाहिए। वे न तो पूर्णतः शान्तिवादी थे और न ही निरपेक्ष रूप से अहिंसा के पालन में विश्वास रखते थे। निजी जीवन में अहिंसक रहते हुए भी उन्होंने सामाजिक जीवन में उचित हिंसा के सिद्धान्त का समर्थन किया। उनकी दृष्टि यथार्थवादी थी जिसके पीछे यह मान्यता थी कि निरपेक्ष अहिंसा के आधार पर राज्यतन्त्र का निर्माण असम्भव है। वैसे तो उन्होंने देशभक्ति का पोषण किया किन्तु निजी जीवन में वे अराजकतावादी थे और ईश्वर के अलावा अन्य किसी शक्ति की अधीनता स्वीकार नहीं करते थे।

(2)

मूल्यांकन—स्वामी दयानन्द को भारत का मार्टिन लूथर भी कहा जाता है क्योंकि जैसे लूथर ने पोप के ख़िलाफ़ लड़ाई लड़ी, उसी तरह दयानन्द ने भी उन सभी संगठित धार्मिक पीठों, चर्चों, सम्प्रदायों के ख़िलाफ़ जंग छेड़ी जो धर्म के एकाधिकार के जरिये भोली-भाली जनता का शोषण करते हैं। अपनी पुस्तक 'सत्यार्थ प्रकाश' के ज़रिये उन्होंने तर्क और दलील को धर्म में उचित स्थान दिलाकर धार्मिकता के बारे में मानवीय सोच में एक क्रान्तिकारी परिवर्तन ला दिया और वैदिक धर्म, जो अपने स्खलन के कारण दूसरे धर्मों की आलोचना का शिकार हो रहा था, में नयी जान फूँक दी। आर्य समाज की स्थापना से पहले हिन्दू एक 'फुसफुसिया जीव' था, दयानन्द ने आर्य समाज के जरिये उसमें इस्लाम जैसी संगठन क्षमता पैदा की। इसी कारण रामधारी सिंह दिनकर ने उसे 'हिन्दुत्व की वीर भुजा'[1] कहकर सम्बोधित किया है। दयानन्द का प्रयत्न प्रतिरोधात्मक गतिरोध से पीड़ित हिन्दू

धर्म को एक आक्रामक, प्रचारात्मक धर्म बनाना था जिसका उद्देश्य हिन्दू धर्म का पुनरुत्थान करना था। दयानन्द द्वारा ईसाई और मुस्लिम धर्मों की आलोचना से यह बात स्पष्ट जानकर कि पौराणिकता के मामले में वे भी हिन्दुत्व के समान हैं, हिन्दुओं का ध्यान अपने मूल स्वरूप की ओर आकृष्ट हुआ और वे अपनी प्राचीन परम्परा पर गौरव महसूस करने लगे। राजा राममोहन राय और रानाडे ने हिन्दुत्व के पहले मोर्चे पर रक्षात्मक लड़ाई लड़ी थी, स्वामी दयानन्द ने उसमें आक्रामकता का संचार किया। दिनकर के शब्दों में, "यह केवल सुधार की वाणी नहीं थी, जाग्रत हिन्दुत्व का समरनाद था।"[2] वे आगे लिखते हैं–

"केशवचन्द्र और रानाडे की तुलना में दयानन्द वैसे ही दीखते हैं, जैसे गोखले की तुलना में तिलक। जैसे राजनीतिक क्षेत्र में हमारी राष्ट्रीयता का सामरिक तेज पहले-पहले तिलक से प्रत्यक्ष हुआ, वैसे ही संस्कृति के क्षेत्र में भारत का आत्माभिमान स्वामी दयानन्द में निखरा।"[3]

दयानन्द की पुस्तक 'सत्यार्थ प्रकाश' पर अन्य धर्मों की कठोर निन्दा का आरोप लगाया जाता है। स्वयं गाँधी को भी 'सत्यार्थ प्रकाश' पढ़कर निराशा ही हुई थी। लेकिन आर्य समाज का ऐतिहासिक दृष्टि से अध्ययन करने पर पता चलता है कि दयानन्द की दावेदारी साम्प्रदायिक कम, 'यथास्थिति के धर्म' के मुक़ाबले 'प्रतिरोध के धर्म' के रूप में उभरती है। दयानन्द का आक्रामक रवैया उस समय धर्म को लेकर भारत में चल रही प्रतियोगिता की देन था। इसमें एक तरफ़ उपनिवेशवाद के समर्थन पर टिके ईसाई धर्म-प्रचारवादी थे तो दूसरी तरफ़ ब्रिटिश-समर्थन के आग्रही मुसलमान कट्टरपन्थी उलेमा। साथ ही हमें यह भी याद रखना चाहिए कि स्वामी जी केवल इस्लाम और ईसाई धर्म के ही आलोचक नहीं थे, वे पौराणिक हिन्दुत्व के भी कड़े आलोचक थे। उनकी कसौटी बुद्धिवाद थी।

स्वामी दयानन्द ने वेदों का हिन्दी में अनुवाद किया जो 17वीं शताब्दी की दृष्टि से एक रेडिकल बौद्धिक कार्यवाही थी जिसके लिए कट्टरपन्थी हिन्दू अभिजनों ने ख़ुद को ख़तरे में महसूस किया और दयानन्द का कभी समर्थन नहीं किया। साथ ही यह भी महत्त्वपूर्ण है कि भारत के इतिहास में वे पहले सुधारक थे जिन्होंने शूद्र और स्त्री को वेद पढ़ने, यज्ञोपवीत धारण करने, उच्च शिक्षा प्राप्त करने और ऊँची जाति के पुरुषों से बराबरी प्राप्त करने से जुड़ा आन्दोलन शुरू किया।

दयानन्द द्वारा भौतिक जगत की स्वतन्त्र सत्ता को महत्त्व दिया जाने का राष्ट्रीय महत्त्व है क्योंकि तभी सामाजिक, राजनीतिक कर्म और भौतिक समृद्धि का महत्त्व हो सकता है। इसी तरह शुद्धिकरण का उनका विचार ईसाई मिशनरियों

और मुसलमानों द्वारा कराये जाने वाले धर्मान्तरण को रोकने में काफ़ी कारगर साबित हुआ। हमें यह भी नहीं भूलना चाहिए कि स्वामी जी द्वारा स्थापित संस्था 'आर्य समाज' ने लम्बे समय तक न केवल हिन्दू समाज में सुधार की कमान सँभाली बल्कि राष्ट्रीयता की चेतना फैलाने, उसके लिए नेतृत्व प्रदान करने का कार्य भी किया। दयानन्द ने ज्वलन्त शब्दों में स्वराज्य का गुणगान किया और यह भी स्पष्ट किया कि सुराज चाहे कितना भी अच्छा हो, स्वराज्य का स्थान नहीं ले सकता। इस तरह उन्होंने हमारे स्वाधीनता आन्दोलन की पूर्वपीठिका तैयार की।

स्वामी दयानन्द पर अकसर हिन्दू धर्म का सामीकरण करने और आर्य समाज द्वारा इस्लाम की संस्कृत टीका तैयार करने का आरोप लगाया जाता है। यह भी विस्मय की बात है कि दयानन्द ने संहिताओं को तो प्रमाण माना लेकिन उपनिषदों, गीता आदि पर श्रद्धा नहीं दिखाई; कृष्ण, राम को भी परम पुरुष नहीं माना। कबीर, नानक, चैतन्य आदि मध्ययुगीन सन्तों के आदर्शों पर भी आक्रमण किया। वेदों को समस्त ज्ञान का कोष मान लेने से एक नये क़िस्म के अन्धविश्वास का जन्म हुआ जिसकी परिणति हम आज तक भुगत रहे हैं, जब हमारे ही प्रधानमन्त्री साइन्स कांग्रेस में यह कहकर हँसी के पात्र बनते हैं कि वेदकाल में हमारे यहाँ हाथी का मुँह काटकर मनुष्य के धड़ से जोड़ने का ज्ञान उपलब्ध था। हमारे यहाँ वायुयान होने की बात तो पुरानी हो गयी। दरअसल यह अन्तर्विरोध क़ुरान और बाइबिल की ही तरह वेदों को भी 'अपौरुषेय', ईश्वर की वाणी मान लेने के कारण पैदा होता है। जिस तर्क-शक्ति का प्रयोग उन्होंने अन्य धर्मों के विरोध में किया, उसे वेदों के सन्दर्भ में प्रयोग न करना एक विसंगति ही है। परम्परा, भंजक होने के बावजूद उन्होंने वैदिक परम्परा के कट्टर पालन का आह्वान भी किया, यज्ञ जैसे वैदिक कर्मकाण्डों पर ज़ोर दिया जिनका कोई वैज्ञानिक आधार समझ में नहीं आता। यहाँ यह भी सवाल उठाया जा सकता है कि भारतीय अतीत में व्याप्त 'वैदिक संस्कृति' का जो प्रारूप दयानन्द ने अपनाया और जिसके आधार पर पौराणिक धर्म की आलोचना की, वह ऐतिहासिक वास्तविकता है या उनकी स्वयं की कल्पना की उपज? इतिहासकारों में इस विषय पर काफ़ी मतभेद है।

अपने समय के सन्दर्भ में समाज-सुधार का व्यापक कार्यक्रम चलाने में दयानन्द की सफलता के बावजूद कुछ विसंगतियों से भी आज के सन्दर्भ में हम मुँह नहीं मोड़ सकते। उन्होंने स्त्रियों को शिक्षा का अधिकार देने की वकालत की लेकिन वे सहशिक्षा के पक्षधर नहीं थे। इसी तरह वे नियोग की प्रथा के हामी थे, तलाक़ के नहीं। वे विवाह के लिए स्वयंवर प्रथा को श्रेष्ठ मानते थे किन्तु

प्रेम-विवाह को उन्होंने उचित नहीं माना और स्वयंवर में माता, पिता और गुरु की सहमति पर बल दिया। ब्रह्मचर्य पर अधिक बल देने के कारण दयानन्द की विचारधारा और उसकी सांगठनिक अभिव्यक्ति एक सादगीपसन्द, शुद्धतावादी, अत्यन्त दुरुह और धर्म-प्रचारवादी संरचना के रूप में उभरी।

यह सही है कि दयानन्द ने राष्ट्रीय एकता के लिए आवाज़ उठाई, किन्तु राष्ट्रीय एकता की इनकी अवधारणा सभी भारतवासियों द्वारा वेदों की सत्ता और हिन्दू धर्म स्वीकार करने पर आधारित थी। अन्य सभी धर्मों की आलोचना करके उन्होंने भारतीय नवजागरण की परिधि को सीमित कर दिया। ईसाइयों और मुसलमानों को भड़काकर राष्ट्रीय एकता के आगे रुकावटें खड़ी कर दीं। दरअसल उनका उद्देश्य हिन्दू धर्म का पुनरुत्थान करना था, तभी तो उन्होंने 'वेदों की ओर लौटो' जैसे पुनरुत्थानवादी नारे दिये। किन्तु वे इस हिन्दू धर्म पर राष्ट्रीयता का रंग चढ़ाकर उसे राष्ट्रीय धर्म भी बनाना चाहते थे। वास्तव में, यहाँ हिन्दू राष्ट्रवाद की नींव पड़ रही थी और चूँकि यह हिन्दू राष्ट्रवाद था, उसका भारतीय राष्ट्रवाद बनना कठिन हो गया।[4]

दयानन्द द्वारा वेद और आर्य को अत्यधिक महत्त्व देने का एक दुष्परिणाम यह भी हुआ कि यह भ्रान्ति फैल गयी कि हिन्दू केवल उत्तर भारत में ही बसते हैं, उनकी भाषा संस्कृत है और वेद तथा आर्यावर्त के बाहर हिन्दुत्व नहीं है। परिणाम यह हुआ कि पश्चिम भारत के हिन्दू, तमिल भाषा तथा दक्षिण में बसने वाले हिन्दुओं को अपमान अनुभव हुआ और वे उनके विरोधी हो गये। आर्य समाज उत्तर भारत तक सीमित हो गया। पूर्वी भारत में सनातनियों का कट्टर विरोध तो पहले से ही था, अतः वह अखिल भारतीय आन्दोलन न बन सका। दयानन्द का सपना टूट गया। किन्तु अपने समय की चुनौतीपूर्ण परिस्थितियों में दयानन्द और आर्य समाज ने जो सीमित सफलता पायी, उसके लिए भारतीय नवजागरण के इतिहास में उनका स्थान सुरक्षित रहेगा। यह बात दूसरी है कि आज की सांस्कृतिक चुनौतियों के सन्दर्भ में उसकी क्या प्रासंगिकता है, यह विवाद का विषय है।

प्रासंगिकता–स्वामी दयानन्द को हम हिन्दू राष्ट्रवाद का जनक और पोषक मान सकते हैं। राष्ट्रवाद की इस धारा का विकास आज सांस्कृतिक राष्ट्रवाद के रूप में हमारे सामने है। भारतीय सामाजिक जीवन के अनेक अध्येताओं के अनुसार राष्ट्रवाद की इस परम्परा का साम्प्रदायिक शक्तियों से सम्बन्ध निर्विवाद है। यह मुस्लिम द्वेष को बढ़ावा देकर प्रतिक्रियास्वरूप साम्प्रदायिकता को पुष्ट करता है। इसी ख़तरे के प्रति सावधान रहते हुए स्वतन्त्रता आन्दोलन के हमारे

नायकों ने इसे महत्त्व नहीं दिया और राष्ट्रवाद का एक सेकुलर संस्करण संविधान में अपनाया। इसी से हम हिन्दू पाकिस्तान बनने से बच गये। किन्तु नवजागरण की यह विरासत हमें फिर से बहका न दे, इसके लिए सावधानी ज़रूरी है।

उपरोक्त नकारात्मक पक्ष के साथ-साथ एक सकारात्म पक्ष भी है जिसकी आज बड़ी ज़रूरत है। अपने और पराये धर्मों और परम्पराओं के प्रति बुद्धि-विवेक सम्मत आलोचना का निर्भीक स्वर जो दयानन्द समेत नवजागरण की विरासत है, आज दुर्लभ होता जा रहा है। हिन्दु, मुस्लिम, सिख, ईसाई कोई भी अवैज्ञानिक अन्धविश्वासों, अन्धी परम्पराओं से आज भी मुक्त नहीं है। उन अन्धविश्वासों से लाभ उठाने वाले न्यस्त स्वार्थों की ताक़त भी बढ़ी है। नहीं तो डॉ. नरेन्द्र दाभोलकर की हत्या की गुत्थी अब तक कब की खुल गयी होती। आज भी धर्मों की वैज्ञानिक, तार्किक आलोचना की प्रासंगिकता बनी हुई है और यहाँ हम दयानन्द से प्रेरणा ले सकते हैं।

सन्दर्भ

1. रामधारी सिंह दिनकर, *संस्कृति के चार अध्याय*, लोकभारती प्रकाशन, इलाहाबाद, 2004, पृ. 473
2. वही, पृ. 484
3. वही, पृ. 473
4. जवाहरलाल नेहरू, *विश्व इतिहास की एक झलक*, पृ. 436

निष्काम कर्म : अवधारणा और प्रासंगिकता

आज जब भूमण्डलीकृत बाज़ार द्वारा विज्ञापनों के माध्यम से निरन्तर नयी-नयी कामनाओं का सृजन किया जा रहा है, निष्काम कर्म पर विचार करना बहुत प्रासंगिक नहीं जान पड़ता। लेकिन जब साथ ही हम भारतीय संस्कृति को बचाये/बनाये रखने की बात भी निरन्तर सुनते रहते हैं तो यह सवाल भी मन में जागता है कि भगवद्गीता के प्रमुख सन्देश 'निष्काम कर्म' पर विचार करें और सोचे कि आज के युग में क्या या किस तरह उसकी प्रासंगिकता हो सकती है। इसके लिए ज़रूरी यह है कि हम कुछ महत्त्वपूर्ण सवालों के उत्तर खोजें, जैसे—निष्काम कर्म से हमारा क्या तात्पर्य है? क्या कामनारहित कर्म सम्भव है? यदि हाँ, तो उसका स्वरूप क्या होगा? यदि ना, तो क्या कामनाओं में ऐसा वर्गीकरण सम्भव है जो कर्म को शनैः-शनैः निष्कामता की ओर ले जा सकता हो? व्यावहारिक मनोविज्ञान की दृष्टि से निष्काम कर्म का क्या महत्त्व है? फलाकांक्षारहित कर्म की वकालत के पीछे सामाजिक दृष्टि से, क्या न्यस्त स्वार्थों द्वारा दुर्बल वर्गों के श्रम से उत्पन्न समृद्धि को हड़पने का षड्यन्त्र तो नहीं? फल में अनासक्ति और फल के प्रति उदासीनता क्या एक ही है या फल की प्राप्ति न होने पर उसके पीछे के कारणों पर भी विचार करना ज़रूरी है? प्रस्तुत लेख में ऐसे ही कुछ प्रश्नों पर खुली दृष्टि से विचार करने का प्रयास किया गया है। उपरोक्त प्रश्नों पर विचार करने से पहले यह स्पष्ट कर देना ज़रूरी है कि यहाँ भगवद्गीता को एक मानवीय (दैवी नहीं) ग्रन्थ मानकर उसके कथनों पर तथ्य/तर्क युक्तता के आधार पर विचार किया गया है, न कि किसी धार्मिक विश्वास के आधार पर।

(1)

निष्काम कर्म की अवधारणा दो प्रत्ययों—निष्काम और कर्म से मिलकर बनी है। वैसे तो 'कर्म' शब्द के अनेक अर्थ भारतीय दर्शन में देखने को मिलते हैं किन्तु गीता में यह मुख्यतः किसी भी कार्य (Action) के अर्थ में हैं जो किसी कर्ता

द्वारा किया जाता है। इसी तरह 'निष्काम' भी एक मिश्र प्रत्यय है जो निः और काम से मिलकर बना है। काम भी अनेकार्थों में प्रयुक्त होने के कारण भारतीय वांङमय में अस्पष्ट ही है किन्तु गीता में यह मुख्यतः इन्द्रियोपोषित कामनाओं के लिए ही प्रयोग हुआ है जिसके साथ 'आसक्ति' का प्रत्यय भी जुड़ा रहता है। कह सकते हैं कि कामनायें सुख के विषय के प्रति आसक्ति से ही जन्मती हैं। काम के पहले निः को जोड़ने का अर्थ भीतर में कामनाओं के प्रतिवाद से ही है। इसी तरह कर्म के दो रूप सामने आते हैं–निष्काम कर्म और सकाम कर्म। लेकिन निष्काम किसी कर्म का विशेषण नहीं हो सकता, केवल कर्ता ही निष्काम हो सकता है। इसलिए जब निष्काम कर्म का अर्थ 'कामनारहित कार्य' के रूप में लिया जाता है तो इसका मतलब कर्ता द्वारा कामना से रिक्त होकर किया गया कार्य ही है।

चूँकि गीता सभी प्रकार के कर्मों को दो भागों–सकाम और निष्काम में विभाजित करती है, इसलिए यह प्रश्न स्वाभाविक ही है कि इस वर्गीकरण का आधार क्या है? क्या कर्म में कामना के तत्त्व की उपस्थिति या अनुपस्थिति के आधार पर यह सम्भव है? शायद नहीं, क्योंकि जब हम 'कामनाविहीन कर्म' की बात करते हैं तो इसका तात्पर्य कर्म करने की इच्छा का न होना भी है जो कर्म-त्याग की ओर ले जाता है। कर्म-त्याग का मतलब कर्म-संन्यास या अकर्म ही हो सकता है जो मेरी दृष्टि में गीता के 'कर्म-योग' का सही तात्पर्य नहीं है। गीता में तो यहाँ तक कहा गया है कि यदि कोई कर्म-त्याग करना भी चाहे तो भी अपने मनोशारीरिक स्वभाव के कारण कुछ कर्म तो उसे करने ही पड़ते हैं। लेकिन ध्यान देने वाली बात यह है कि निष्काम कर्म एक चेतन, अभिप्रेत कर्म है जो कर्म करने की इच्छा के बग़ैर सम्भव ही नहीं है। अतः हम कह सकते हैं कि निष्काम कर्म की अवधारणा कर्म करने की इच्छा से विहीन नहीं हो सकती क्योंकि कर्म की अवधारणा अपने में कर्म करने की इच्छा को समाये हुए है, जो कुछ ऐसे चेतन कार्यों को किये बग़ैर सम्भव ही नहीं है जो यथास्थिति को बदल सकें और ये चेतन कार्य किन्हीं चेतन क्रियाओं के बिना सम्भव नहीं हैं। इसलिए इस समस्या से निपटने के लिए हमें मानना होगा कि गीता का निष्काम कर्म अपने अर्थ में कर्म करने की इच्छा स्वीकारने के लिए बाध्य है।

हमारे उपरोक्त विवेचन से यह तो स्पष्ट ही है कि गीता में सकाम और निष्काम कर्मों का विभाजन कर्म में कामना की उपस्थिति या अनुपस्थिति पर निर्भर नहीं है, तो फिर सवाल उठेगा कि यह वर्गीकरण किस आधार पर किया जा सकता है? गीता में यह विभाजन कर्मफल की इच्छा रखने या न रखने के

आधार पर किया गया है। अतः हम कह सकते हैं कि गीता में निष्काम और सकाम कर्म में अन्तर कर्म में इच्छा का होना या न होना नहीं अपितु कर्मफल की इच्छा का होना, न होना है। चूँकि कर्म करने की इच्छा तार्किक रूप से कर्मफल की इच्छा पर निर्भर नहीं है, इसलिए यह भी स्पष्ट है कि कर्म की अवधारणा, कर्मफल की अवधारणा से सम्प्रत्यात्मक रूप से भिन्न है। इसका यह आशय कदापि नहीं है कि दोनों अवधारणाओं में तार्किक रूप से कोई सम्बन्ध ही नहीं है बल्कि सच यह है कि दोनों तार्किक रूप से जुड़ी होने के बावजूद एक-दूसरे से भिन्न और अलग हैं। चूँकि कर्म की अवधारणा कर्मफल से पहले है और उस पर तार्किक रूप से निर्भर नहीं है, इसलिए ऐसे कर्म की भी सम्भावना बनती है जिसकी उत्पत्ति इच्छा से हो किन्तु वह कर्ता की कर्मफल की इच्छा से जुड़ी हुई न हो। इसलिए कह सकते हैं कि कर्मफल की इच्छा को छोड़ने का अर्थ सभी प्रकार की इच्छाओं के तिरस्कार से नहीं लगाया जा सकता जिसमें कर्म करने की इच्छा भी शामिल है।

उपरोक्त तर्क के विरुद्ध यह कहा जा सकता है कि कर्मफल की इच्छा भी कर्म करने का कारक हो सकती है। लेकिन ऐसा मान लेने पर भी यह तार्किक रूप से उपयुक्त नहीं जान पड़ता कि कर्म करने की इच्छा सदैव कर्मफल की इच्छा से ही प्रेरित होती है। ऐसा भी कर्म सम्भव है जिसको करने की इच्छा कर्म में अन्तर्भूत औचित्य के कारण भी हो सकती है जो तार्किक रूप से कर्मफल पर निर्भर न हो। अतः कामनारहित और सकाम कर्म के बीच गीता में किये गये भेद को कर्मफल की इच्छा होने और न होने से ही परिभाषित किया जाना चाहिए। इसी को आसक्त और अनासक्त कर्म भी कहा गया है।

निष्काम कर्म की अवधारणा का अर्थ इच्छाविहीनता नहीं है और अपने चरम रूप में इच्छाविहीनता का अर्थ कर्म करने की इच्छा का ही नकार होगा जो अकर्म के समानार्थक होगा, ऐसा गीता का मन्तव्य नहीं है। चूँकि गीता कर्म की पक्षधर है और कर्म बिना कर्म करने की इच्छा के सम्भव ही नहीं है, इसलिए निष्काम कर्म सर्वथा इच्छारहित नहीं हो सकता। समस्या तब उत्पन्न होती है, जब हम निष्काम कर्म की व्याख्या सन्दर्भ से काटकर निरपेक्ष अवधारणा के रूप में करते हैं। लोक-संग्रह और मोक्ष की इच्छा से किया गया कर्म गीता के अनुसार निष्काम कर्म ही है। अतः निष्काम कर्म का अर्थ हर प्रकार की इच्छा का निषेध नहीं है। साथ ही गीता यह मानकर चलती है कि कर्ता में इतनी योग्यता है कि वह कर्म की इच्छा और कर्मफल की इच्छा में सम्प्रत्यात्मक अन्तर को समझ सके। निष्काम कर्म करने की इच्छा भी एक प्रकार का निष्काम कर्म ही है।

कर्मफल और कर्मफल की इच्छा का न होना, दोनों सम्प्रत्यात्मक रूप से भिन्न हैं। कर्मफल की इच्छा मन की विशेषता है जबकि कर्मफल कर्म की विशेषता है, मन की नहीं। मन की इच्छा पर संयम करना हमेशा सम्भव है लेकिन कर्मफल के बारे में यह सच नहीं। साथ ही तार्किक रूप से भी कर्मफल की इच्छा, कर्मफल से स्वतन्त्र है क्योंकि कर्मफल की इच्छा, कर्मफल से सदा पहले ही आती है और जो पहले आता है, वह बाद वाले पर निर्भर नहीं हो सकता। कारण रूप में एक-दूसरे से जुड़े होने के बावजूद यह नहीं कहा जा सकता कि दोनों सम्प्रत्यात्मक रूप से भिन्न और तार्किक रूप से आत्मनिर्भर नहीं है। यदि ऐसा होता तो कर्मफल की इच्छा कर्मफल पाये बिना सम्भव ही नहीं होती, जैसा कि नहीं है। दोनों का एक साथ होना एक संयोग है, यह तथ्यात्मक है किन्तु तार्किक नहीं।

निष्काम कर्म का हमारा विवेचन तब तक पूर्ण नहीं होगा, जब तक हम इसकी सापेक्ष और निरपेक्ष व्याख्या के अन्तर को भी न समझ लें। अपने निरपेक्ष (Absolute) अर्थ में इसका मतलब 'सभी प्रकार, अच्छे या बुरे, परिणाम के प्रति पूरी तरह उदासीन या असम्मोहन का होना है', वहीं अपने सापेक्ष अर्थ में यह 'कुछ विशेष प्रकार के कर्मफल की इच्छा का न होना है केवल उन्हीं के प्रति उदासीन, असंप्रक्त होना है।' जो लोग उपरोक्त निरपेक्ष व्याख्या को स्वीकारते हैं, उनके अनुसार, गीता में, काण्ट के समान, कर्तव्य के लिए कर्तव्य करने का विधान है, किसी अन्य परिणाम के लिए नहीं। किन्तु जो विचारक निष्काम कर्म की सापेक्ष व्याख्या मानते हैं, उनके अनुसार, गीता में कुछ विशेष लक्ष्यों, मोक्ष और लोक-संग्रह की प्राप्ति के लिए कर्म करने की संस्तुति की गयी है। यह तो स्पष्ट है कि दोनों व्याख्याओं में सम्प्रत्यात्मक भिन्नता है। निरपेक्ष व्याख्या में परिणाम या उद्देश्य के विचार को पूरी तरह निरस्त कर दिया गया है, जबकि सापेक्ष व्याख्या में ऐसा नहीं है इसमें केवल विशेष प्रकार के परिणामों, जैसे स्वार्थी उद्देश्यों की प्राप्ति, को ही अस्वीकार किया गया है। ऐसे में सवाल उठना समीचीन है कि कौन-सी व्याख्या सही है? जब हम भगवद्गीता के सम्पूर्ण दर्शन के आधार पर इस प्रश्न पर विचार करते हैं तो लगता है कि निष्काम कर्म की निरपेक्ष व्याख्या सही नहीं है क्योंकि यदि ऐसा होता तो गीता के तीसरे अध्याय में इस बात की संस्तुति नहीं की जाती कि समाज के सदस्य के रूप में मनुष्य को लोक-संग्रह के लिए कर्म करना चाहिए जोकि दूसरों के भले के लिए हों। यदि यह कहा जाता कि ये कर्म केवल इसलिए करने चाहिए कि ये बाध्यकारी (Obligatory) हैं तो यह निरपेक्ष कर्म होता किन्तु स्वधर्म, सामान्य धर्म और वर्ण धर्म के आधार पर किये गये कर्मों को किसी उद्देश्य की प्राप्ति से अलग नहीं किया जा सकता।

लोक-संग्रह को धर्म से जोड़कर देखने का मतलब यह भी नहीं है कि गीता में धर्म को केवल लोक-संग्रह के उद्देश्य की प्राप्ति के लिए प्रयोग करने का विधान है, भगवद्गीता धर्म को मोक्ष-प्राप्ति के उद्देश्य से भी जोड़ती है। यह सही है कि दोनों उद्देश्यों, लोक-संग्रह और मोक्ष, एक-दूसरे से भिन्न दीखते हैं। जहाँ लोक-संग्रह अव्यक्तिवादी और लौकिक है, वहीं मोक्ष वैयक्तिक और अलौकिक है, लेकिन गीता के अनुसार दोनों में टकराव नहीं है। अतः इस बात का महत्त्व नहीं है कि हम निष्काम कर्म की अवधारणा को लोक-संग्रह से जोड़कर देखते हैं या मोक्ष से, महत्त्वपूर्ण यह है कि यह उद्देश्यपरक है। इसलिए हम कह सकते हैं कि निष्काम कर्म की निरपेक्ष व्याख्या सही नहीं है। यह एक सापेक्ष अवधारणा है जिसमें व्यक्तिगत, सामाजिक, सन्दर्भों का महत्त्व है। यह समाज में धर्म के संरक्षण के उद्देश्य से कर्म करने को महत्त्व देती है। यहाँ धर्म का अर्थ व्यक्ति और समाज के लिए शुभ-प्राप्ति से है।

कुछ विद्वानों, जैसे डॉ. राजेन्द्र प्रसाद ने निष्काम कर्म की अवधारणा की आलोचना करते हुए उसे एक नैतिक सिद्धान्त मानने से इनकार किया है। उनके अनुसार निष्कामता, नैतिकता के लिए न तो ज़रूरी है और न पूरक। ज़रूरी इसलिए नहीं है क्योंकि कोई इच्छाविहीन न होकर भी नैतिक हो सकता है और पूरक इसलिए नहीं है क्योंकि अनैतिक कार्य इच्छाविहीन होकर भी किया जा सकता है। यदि किसी कर्म को कर्तव्य के लिए ही किया जा रहा हो तो भी उसमें फल की इच्छा का होना उसकी गुणवत्ता को बढ़ा सकता है। साथ ही यह निर्णय कर पाना भी काफ़ी मुश्किल है कि कौन-सा कर्म इच्छा के साथ किया जा रहा है और कौन-सा इच्छाविहीन होकर। यदि हम निष्कामता को ही आधार मानें तो दो प्रकार के निष्काम कर्मों के बीच तुलना और चुनाव सम्भव नहीं होगा क्योंकि दोनों ही समान स्तर के होंगे। अतः परिणाम पर ध्यान दिये बिना केवल निष्काम कर्म का विचार असम्भव और भ्रामक जान पड़ता है।

दरअसल हम आज जिस आधुनिक समाज में जी रहे हैं या जीने के आकांक्षी हैं, वह अनियन्त्रित भोग पर टिका है जिसका आधार विज्ञापन द्वारा नित्य नयी-नयी इच्छाओं को जन्म देना है। ऐसे में यह सवाल उठाना भी समीचीन जान पड़ता है कि आधुनिक युग में जहाँ मोक्ष-प्राप्ति के चरम उद्देश्य से कर्म करने वालों का नितान्त अभाव-सा दीखता है, गीता के निष्काम कर्म की क्या प्रासंगिकता हो सकती है? एक बात तो तय है कि गीता संसार से पलायन की पक्षधर नहीं है। उसका सन्देश साहस के साथ जीवन की समस्याओं का सामना करने पर आधारित है। उसमें मन की निष्क्रियता और अन्धविश्वासपूर्ण

कर्मकाण्डों का समर्थन नहीं है। उसमें कर्म-त्याग नहीं, निष्काम भाव से किये गये कर्म की वकालत की गयी है। यह भी अपने आपमें कम महत्त्वपूर्ण नहीं है कि कभी इस सिद्धान्त का उपयोग सत्ताधारी वर्गों ने तत्कालीन समाज-व्यवस्था को बनाये रखने के लिए किया तो हमारे राष्ट्रीय आन्दोलन के कई दिग्गज नेताओं (तिलक, गाँधी आदि) ने सामाजिक-राजनीतिक व्यवस्था बदलने के लिए भी इसे प्रेरणास्रोत बनाया। हमारे सामाजिक जीवन में आज भी ऐसे कर्मयोगियों की कमी नहीं है जो अपने कार्यों में इससे प्रेरणा पाते हैं। जैसा कि हम ऊपर कह आये हैं, यदि हम निष्काम कर्म के अर्थ को सन्दर्भों के सापेक्ष दृष्टि से व्यक्तिगत स्वार्थी भावनाओं, इच्छाओं से अलगाव और लोकमंगल-प्राप्ति के उद्देश्य जोड़कर देखें तो आज भी सामाजिक सेवा के लिए यह एक दार्शनिक आधार हो सकता है।

व्यावहारिक मनोविज्ञान की दृष्टि से निष्काम कर्म की प्रासंगिकता इस बात में नहीं है कि यह किसी फल की प्राप्ति की इच्छा से विरक्त होकर कर्म करने की प्रेरणा देता है बल्कि उस मानसिक सान्त्वना में है जो उस समय मिलती है, जब हम अपने समस्त प्रयत्नों के बाद भी इच्छित फल पाने में असफल रहते हैं। ऐसे में यह समझना कि कर्म पर हमारा अधिकार है किन्तु कर्मफल, अनेकों अन्य संयोगों, कारणों का परिणाम होने के कारण हमारे वश में नहीं है, हमारे असफलता-बोध जनित कुण्ठा को ज़रूर कुछ कम कर सकता है, हमें हताशा का शिकार होने से बचा सकता है और हम शान्तचित्त होकर पुनः प्रयत्न करने में अपनी सारी शक्ति लगा सकते हैं।

कर्मफल पाने में कर्म की सफलता की दृष्टि से भी अत्यधिक फलाकांक्षा मनोवैज्ञानिक रूप से बाधक है। फल में डूबा चित्त भविष्य की कल्पना में इतना उलझ जाता है कि वर्तमान में कर्म पर न पूरा ध्यान केन्द्रित कर पाता है और न पूरी शक्ति लगा पाता है। इसके विपरीत जो चित्त फलाकांक्षा से सापेक्ष रूप से मुक्त वर्तमान कर्म में मन लगाता है, उसकी सारी शक्ति केन्द्रित होने के कारण फल-प्राप्ति की सम्भावना बढ़ जाती है। हम सभी अपने अनुभव से जानते हैं कि कई बार परीक्षा/इण्टरव्यू में असफलता का भय इतना बढ़ जाता है कि अत्यधिक तनाव के कारण हम ठीक से परीक्षा/इण्टरव्यू दे ही नहीं पाते और इसी कारण असफल हो जाते हैं। अपने काम में आनन्द अनुभव करने वाले खिलाड़ी, कलाकार, लेखक आदि लोग अपने काम में इतने डूबे रहते हैं कि फल की चिन्ता उन्हें ज़्यादा नहीं सताती और इसी कारण वे अपनी शक्तियों का अधिकतम उपयोग करके सर्जनात्मक परिणाम दे पाते हैं।

अकसर देखा गया है कि अधिक बुद्धि क्रमांक (I.Q.) वाले लोग जीवन

में असफल रह जाते हैं जबकि उनसे कम बुद्धि वाले लेकिन भावात्मक रूप से अधिक स्थिर व्यक्ति सफल हो जाते हैं क्योंकि उनका भावात्मक क्रमांक (E.Q.) अधिक होता है। आज हम आध्यात्मिक क्रमांक (S.Q.) की बात भी करने लगे हैं। फल-प्राप्ति की आसक्ति में कमी आने से निश्चित रूप से E.Q. और S.Q. में बढ़ोतरी होती है, मनुष्य का चित्त शान्त रहता है और वह अपने प्रयास अधिक दक्षता से कर पाता है। इसे ही गीता में 'कर्म-कौशल' की संज्ञा दी है।

जब हम इस बात पर विचार करते हैं कि क्यों हमारे स्वतन्त्रता संग्राम के बहुतेरे नायकों और क्रान्तिकारियों को गीता का निष्काम कर्म का सन्देश इतनी प्रेरणा दे पाता था तो ऐसा प्रतीत होता है कि सामाजिक सुधार और स्वतन्त्रता संग्राम के सामूहिक कर्मों की सफलता हमेशा सन्दिग्ध ही बनी रहती है, भले ही लक्ष्य कितने ही स्पष्ट क्यों न हों। ऐसे में कोई बलिदानी जब अपने जीवन को उस लक्ष्य के लिए समर्पित/न्योछावर कर देता है जो उसके अपने जीवन में कभी प्राप्त न हो सकेगा तो उसमें कहीं गहरे में, कम-से-कम अपने स्वार्थी मनोभावों से, निष्कामता आवश्यक जान पड़ती है। अतः हम कह सकते हैं कि व्यावहारिक जीवन में निरपेक्ष निष्काम भाव हमारा अभीष्ट नहीं है किन्तु कभी भी बड़े लक्ष्य को पाने में सापेक्ष निष्काम भाव हमेशा सहायक है। गीता में वर्णित 'लोक-संग्रह' का आदर्श तो इसके बिना पाया ही नहीं जा सकता।

सन्दर्भ ग्रन्थ

1. जगतपाल, 'द कन्सेप्ट ऑफ़ निष्काम कर्म : टिलियोलॉजिकल ऑर डिऑन्टोलॉजिकल', *इण्डियन फिलॉसोफिकल क्वार्टरली,* XXVIII, No. 2, अप्रैल 2001, 215-225
2. राजेन्द्र प्रसाद, *वर्ण धर्म, निष्काम कर्म एंड प्रेक्टिकल मॉरैलिटी,* डी.के. प्रिण्ट वर्ल्ड (प्रा.) लि., नयी दिल्ली, 1999